三《さん》竈《そう》島《とう》事件

日中戦争下の虐殺と沖縄移民

蒲 豊彦 編著
浦島悦子 著
和仁廉夫 著

現代書館

三竈島《さんそうとう》事件——日中戦争下の虐殺と沖縄移民　目次

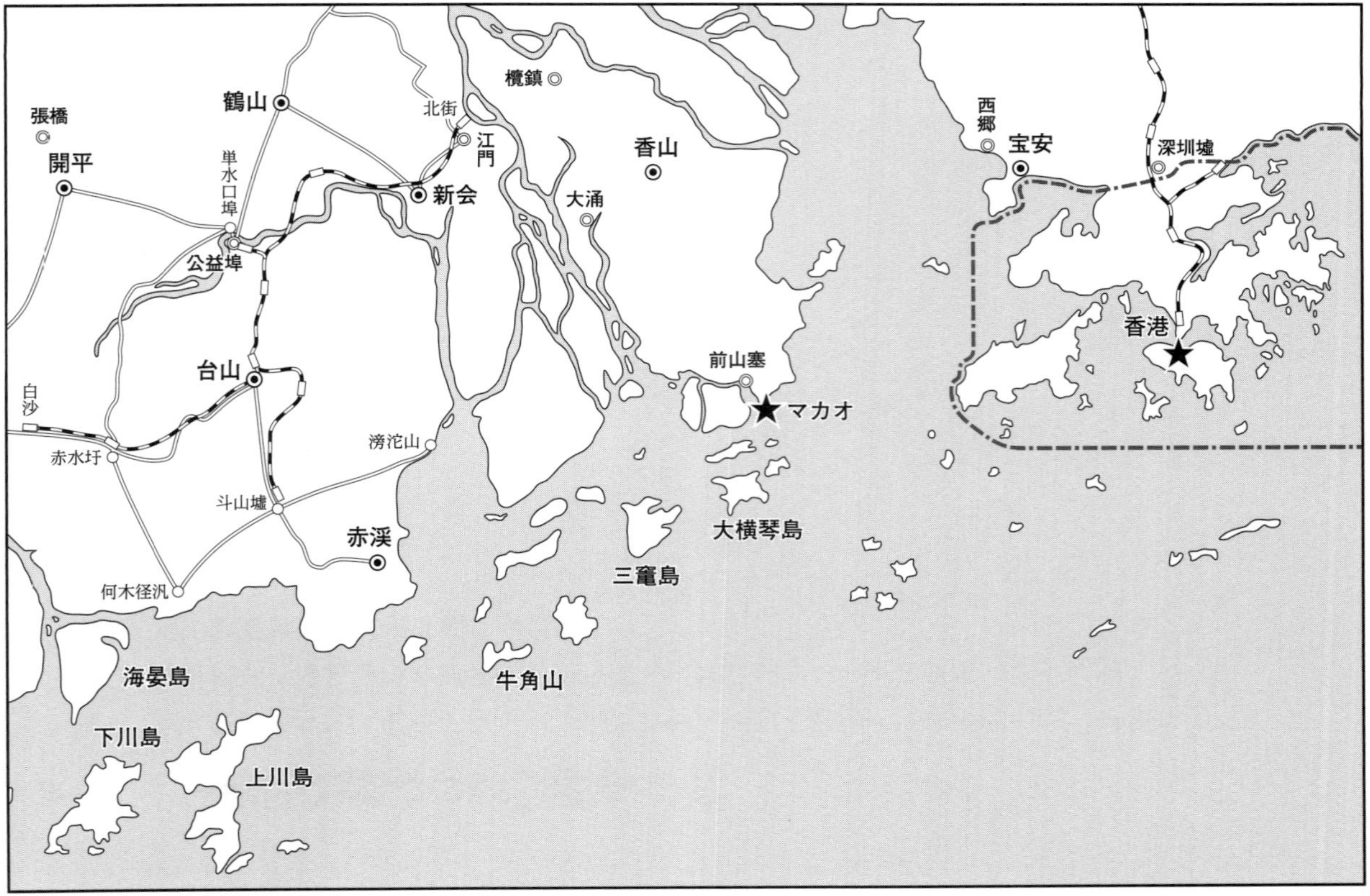

三竈島周辺図

（「広東香港明細地図」1938 年刊による）

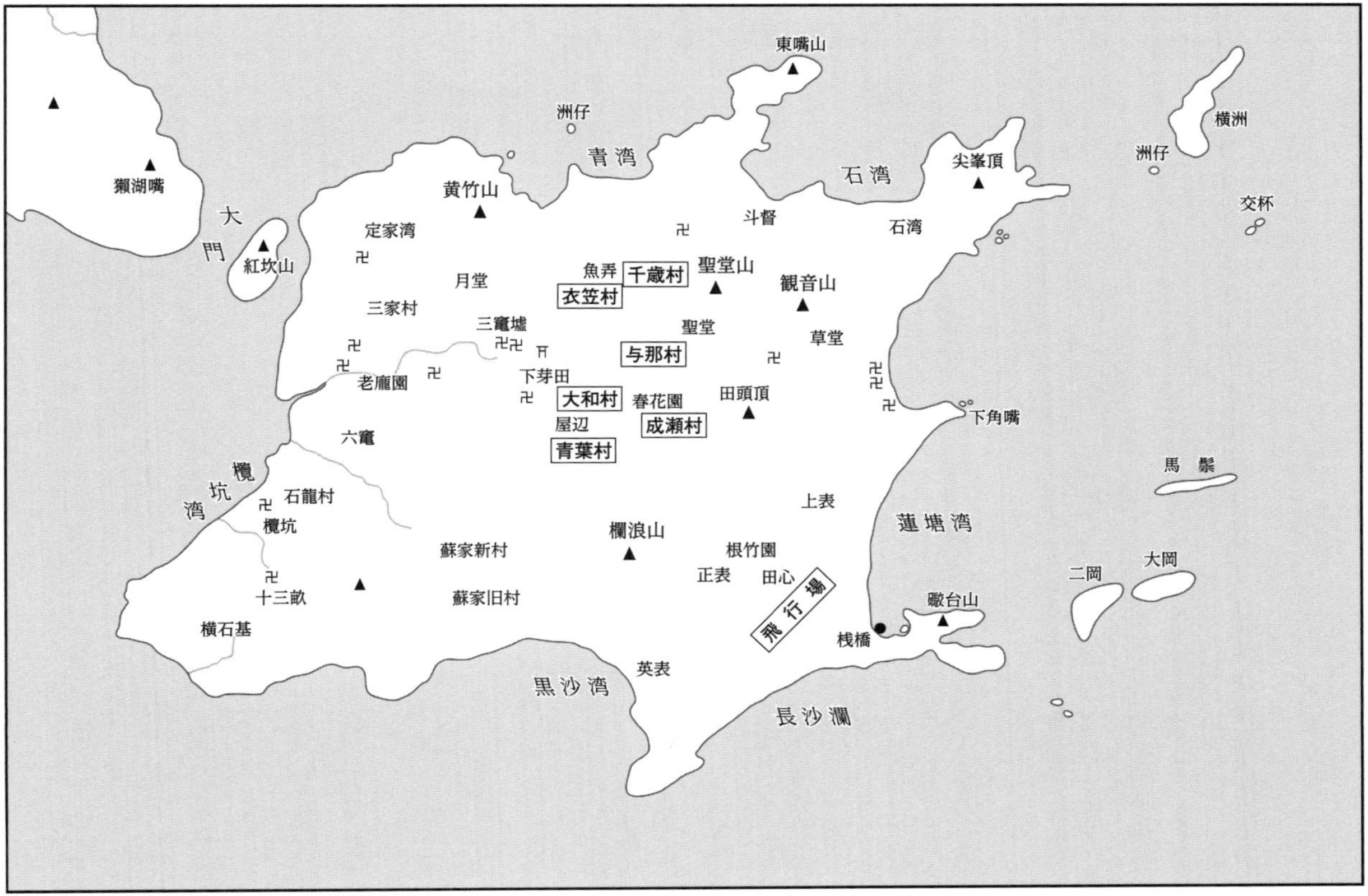

三竈島全体図

（日本陸軍陸地測量部地図「沙堆」1943年製版による）

三竈島《さんそうとう》事件——日中戦争下の虐殺と沖縄移民

＊三竈島の「竈」は、中国では現在「灶」と表記する。本書では日本で使用している「竈」を用いたが、一部で原史料の表記を尊重して「灶」字のままとした部分がある。

はじめに

一九九七年七月三十一日、私の泊まっているモーテルの部屋に、中年女性にともなわれてひとりの老人が現れた。やや頬骨のはった顔は肉が落ちているものの、背が高く、体は頑丈さを感じさせる。白っぽいスーツに紐ネクタイをつけ、杖をついている。

老人が余生を送るここアメリカ・テキサス州ヒューストンから、すべてが始まった。かれの名は甘志遠《かんしえん》。第二次世界大戦中に香港の日本海軍と協力関係にあった、中国人海上運輸業者である。とはいえ、船は武装して大勢の私兵を擁し、あぶない橋を渡る。その実態は海賊そのものであり、当時の日本海軍からも「海賊の親分」として知られていた。甘は日本の早稲田大学に留学の経験があり、日本語ができた。専門は電気通信だ。

中国に帰国して電力会社や放送局で働いたのち、中央砲兵学校の通信教官となるが、一九三九年に上海で日本海軍の須賀彦次郎《すがひこじろう》大佐と知己を得たことから、運命がおおきく転換しはじめる。そして香港に居をさだめて海上運輸業者に転身した直後、日本軍が香港を占領する。一九四一年十二月のことだった。そののち、甘志遠は急速に日本海軍と関係を深めてゆく。

さて、問題は敗戦直後のことである。日本海軍はマカオの近くにあった三竈島《さんそうとう》という小さな島を甘志遠の手にゆだねた。本書の舞台となる緑の島である。じつはこの島は日中戦争の勃発直後に日本の海軍が占領して航空基地を建設し、その基地を維持するために、沖縄から農業移民が送り込まれていた。こうして私たちは、日本の移民史研究者さえほとんど知ることのなかった、まったく新しい史実を知らされることになった。

私たちがアメリカで甘志遠に出会った翌年、台湾では八五歳になる羅時雍《らじよう》が、かつての自分の教え子を捜すために、香港へ手紙を送っていた。羅時雍は一九三八年に日本海軍の通訳として召集され、駆逐艦「芙蓉《ふよう》」に乗船して華南沿岸の海上封鎖に従事したのち、同年十二月から三竈島の海軍航空基地へ配属になった。そこで勤務していた三年半ほどのあいだに、通訳をしながら中国人児童の小学校で教えていたのである。かれらと連絡を取ることのできた羅時雍は、香港や三竈島でかつての教え子と再会した。そして二〇〇九年、私たちはついに羅時雍とも接触することができた。羅は戦時中の体験をまとめた詳細な手記（『羅時雍手稿』）を残していた。

一方、沖縄では、一九八〇年代のなかごろから、かつての農業移民が仲間の住所を調べあげ、集まりはじめていた。かれらは香港の魏福栄《ぎふくえい》とも再会を果たす。魏は三竈島の出身で、日本軍が島を占領していたころはまだ小学生だったが、日本語が達者で、沖縄の人たちのこともよく憶えていた。農業移民の一世、二世たちは魏福栄を沖縄に招待し、また魏に連れられて三竈島を訪問し、そのころまだ存命中だったかつての旧知の島民にも会うことができた。さらに名護《なご》市出身で移民二世の喜納安武《きなやすたけ》は、自分たちの移民史を後世に残すべく資料を集めようとしていた。喜納は自ら移民史の編集をめざす一方で、当時の名護市史編纂室を訪ねて手持ちの資料を提供した。この喜納の資料を手掛かりに、同編纂室は名護市出身の三竃島農業移民から聞き取りを行い、その一端が名護市史本編『出稼ぎと移民』に収録されることになる。

資料の収集は、沖縄だけで始まっていたのではない。三竃島出身三世の在米華僑ロバート・カップチョイが日本軍による三竃島占領史の研究に取り組んでいた。このようなとき、ドキュメンタリー番組「NHKスペシャル　日本海軍　400時間の証言　第三回　戦犯裁判　第二の戦争」(二〇〇九年八月十一日)が、元日本海軍軍令部大井《おおい》篤《あつし》大佐の「海軍反省会」における録音テープを放送する。「臭くて死臭が……」と語る三竃島上陸時のその体験は、島民虐殺にたいする海軍上層部によるはじめての、そしておそらくは唯一の証言となった。

こうして、一度はばらばらになった人々と、そのまま歴史のなかに埋没するかと思われた三竃島をめぐる物語が、戦後半世紀をへて、ふたたび私たちのまえに姿を現した。しかし、大井篤は一九九四年にすでに死去しており、私たちが会うことのできた甘志遠は一九九八年に、そして喜納安武は二〇〇九年に、また羅時雍は二〇一〇年に、あいついで世を去ってしまう。

本書は、かれらの記憶と資料を受け継ぎながらさらに調査を重ね、戦時の三竃島と沖縄移民について、その特異な歴史の全体像を示そうとするものである。

(蒲　豊彦)

第一章　緑の島と沖縄

緑の島

中国の古い書物が三竈島をつぎのように描く。

三竈は県の西南二百里の海中にあり、木々が青々と生い茂っている。そこに竈《かまど》のような岩が三つあり、このように名付けられた。田が三百余頃《けい》（一頃＝約六・七ヘクタール）あり、いずれもきわめて肥沃である。その西は浪白澳《ろうはくおう》、烏沙《おさ》、海匯《かいわい》、東は横琴《おうきん》島と向かいあい、いずれも南蛮の大洋に通ずる。古くは海賊が盤踞していたが、今では人々はそれぞれの仕事にいそしみ、文人は詩書を楽しみ、弦にのせて歌う声が明るく響いている（『香山県志』一八二七年）。

海賊の伝説に彩られた緑豊かなこの島は、もともと面積約八十平方キロメートルの、伊豆大島ほどの小さな島で、広東中部を流れる珠江《しゅこう》の河口に位置している。全体として丘陵がちの地形で、四つの峰（最高で海抜約三百メートル）と平野三カ所からなる。現在では完全に大陸と陸続きになり、行政区画上では広東省珠海市《しゅかい》に属す。香港から行くときは、マカオに近い珠海市拱北《こうほく》の埠頭までフェリーで渡り、そこでタクシーに乗る。途中でおおきな橋をふたつ渡るが、これは三竈島とは関係ない。ふたつ目の橋を渡ったところで進路を南にとり、工業地区のなかを走ると、いつのまにかかつての三竈島に入っている。

　島の東側に沿ってさらに南へと、片側三車線のおおきな金海東路《きんかいとうろ》が伸びる。その幹線道路を島の中央あたりで西に曲がれば、ほどなく三竈鎮《さんそうちん》に着く。島の中心街だ。商店、食堂、ホテル、そして広い敷地を備えた工場と、アパート群がならぶ。島の中心部はいまでは三竈科技工業園と呼ばれる工業地帯となり、日系企業らしい名前もいくつか見える。日中戦争当時とは、すっかり様変わりしてしまったようだ。喜納安武さんが一九八四年に訪れたときはまだあったという日本人小学校の建物も、いまでは敷地跡さえ見つけることがむずかしい。だが、さらに郊外へと足を伸ばせば、畑の小径の向こうにはガジュマルのようなおおきな木が緑の葉をいっぱいに茂らせ、その後ろには小さな祠が見えている。沖縄の田舎を思わせる風景だ。

　もう一度幹線道路に戻ってさらに南下すると、打って変わってそこには丘陵が広がり、さらに進むと島の南端に珠海金湾空港が現れる。かつて日本海軍が造成した航空基地の跡地を利用し、一九九五年に開港した空港である。日本軍の基地跡地は長いあいだ漁民が魚干し場や穀物干し場として使っていたが、一九九〇年に整備され、珠海と広州のみを結ぶ小さな飛行場としてまず運用された。そののち、ボーイング747型機が離着陸できる四千メートルの滑走路が整備され、一九九六年以降は、中国で唯一政府公認の航空ショーが隔年で開催されている。正式名称を中国

現在の村を歩く魏福栄さん（蒲豊彦撮影）

国際航空航天博覧会といい、航空と宇宙の両方に関連した博覧会としてロケットなども展示される。中国最新鋭の第五世代ステルス戦闘機である殲《せん》－31が一般に公開されたのも、二〇一四年のこの博覧会だった。

空港が位置するこの南部一帯と中部の三竈鎮地区とは東西に伸びる丘陵で隔てられ、その峰を越える細い路の峠はかつて藤田峠と呼ばれ、住民たちはいまでもそのように呼ぶ。日本軍の司令官（おそらく藤田友造《ふじたともぞう》）にちなむ名前だという。

華僑の故郷

村に入ると、古びてはいるがレンガ造りの立派な住宅を目にすることができる。島内にいまでも三百棟あまり存在するというこうした建物は、外国で稼いだ華僑が村に戻って建築した二階建て、三階建ての「華僑屋」であり、多くが清代の同治《どうち》、光緒《こうしょ》年間、すなわち一九世紀後半のものだという。三竈島は、華僑の故郷でもあった。

中国南部の華南地区では、一九世紀のなかごろから多くの住民が労働者として本格的に海外へ出はじめる。ある史料によれば、マカオからキューバへ渡った労働者が、一八五三年から二十年ほどのあいだだけでも十万人近くあったという。そのなかには三竈島の出身者も含まれていた可能性がある。

清代では、珠江の西南方面は、三竈島とその周辺の島を含めて黄梁都《おうりょうと》という行政区画に属していた。この黄梁都は、北米大陸にもっとも早く移民を出した地域のひとつであり、記録上で確認できるその最初の人物は三竈島田心郷出身の袁生《えんせい》だという。袁生は一八二〇年ごろにマカオから出航し、ヨーロッパをめぐったのちニューヨークに定住した。その後、商人としてカリフォルニアへ移り、キリスト教に改宗。またアメリカの市民権を得る。カリフォルニアでゴールドラッシュが始まると、中国人の第一波としてサンフランシスコに移った。一八五〇年ごろのことだ。

一八五二年には、中国人の移住を禁止しようとするカリフォルニアの行政長官にたいして、移民を擁護する公開書簡を発表している。アメリカで中国人移民を禁止するものとしては一八八二年の「中国人排斥法」が有名だが、ゴールドラッシュが陰りを見せる一八五〇年代からすでにそのような動きがあった。同じ年、袁生はさらに、華僑の保護と相互扶助のために仲間とともに陽和《ようわ》会館という組織を立ち上げた。これは現在も存続する。

一八六〇年代後半には、カリフォルニアの華人人口は二万人を超え、このころ黄梁都の人々はハワイにも移民を始める。北米西部のカリフォルニアが急速に発展するなかで、それがハワイの

現在の三竈島中心部（和仁廉夫撮影）

町の中心部を流れる川（和仁廉夫撮影）

砂糖産業の成長を促したのだった。史料のうえでつぎに名前が確認できる三竈島出身の華僑が、一八八〇年に一六歳でハワイのホノルルに渡った陳甲財《ちんこうざい》だ。サトウキビ農園での仕事を皮切りに、精肉店の店員、コーヒー店の店主など経て、一八九五年にはハワイ公民の身分を持つ中国人女性と結婚し、合法的な移民となった。その後、自分自身の精肉店を手に入れ、さらに牧場を経営して大成功を収める。時が移って一九九〇年代になると、長く連絡の途絶えていた親戚を捜しに陳甲財の孫たちが三竈島へやってきた。そのうちのひとりロバートが、日中戦争中にこの島で大虐殺があったことをはじめて知って衝撃を受け、資料を収集し、二〇〇五年に『日軍侵略三竈島暴行』を完成させることになる。

孫文が贈った「博愛」の扁額（蒲豊彦撮影）

さて、華僑は外地でしばしば同郷会を組織する。同郷の者が親睦を図り、またたがいに助け合うための団体だ。さきに紹介した袁生の陽和会館もそうしたもののひとつだった。現在、三竈島のみに関係している同郷会は四つあり、一番古いものが一八八一年に香港で設立された香港安瀾軒《あんらんけん》三竈同郷会、つぎが一八九五年にニューヨークで組織された三竈同郷会、さらに一九二〇年にひとつの村だけで集まった香港三竈魚弄《ぎょろう》同郷会、そして最後が一九六四年の澳門《マカオ》三竈同郷会である。三竈島自体はもちろんのこと、こうした同郷会でも島の戦前の様子を知る老人に会うことができ、われわれの調査でも非常にお世話になった。

香港安瀾軒三竈同郷会には、辛亥革命の立役者のひとりである孫文《そんぶん》にまつわるエピソードがある。孫文は清朝打倒にむけて武装蜂起を繰り返したが、その最初のものが一八九五年十月に広州で企てた乙未《いつみ》広州起義だ。しかしあっけなく失敗し、マカオから香港へと逃げる。そしてさらに香港から日本を経由してハワイへ亡命するとき、三竈同郷会の会員が船員の身分を利用して孫文の中国脱出を助けた。そののち孫文から同郷会に贈られた「博愛」の額が、いまでも残る。

林偉民と船員ストライキ

この逸話に船員が登場するように、近代以降、三竈島では船乗りになるものが多かった。もともと漁業が盛んだったことに加えて、付近にマカオと香港という二大貿易拠点が控えていたことによるのだろう。

やがて清朝が倒れて民国の時代に入り、一九二〇年代に至って労働運動が勃興すると、三竈島の船員からも著名なリーダーが現れる。林偉民《りんいみん》（一八八七〜一九二七）である。貧しい家庭に生まれた林は、一九歳のとき島の酒造所で働いたのち、香港に出て外国船の雑役夫となった。そこで孫文とも知り合い、連絡係や資金集めなどで協力する。一九一七年にロシア革命が起こると、その影響をうけて労働運動に身を投じ、一九二一年には仲間とともに香港で船員組合を結成した。そして翌年には、賃上げや待遇改善に端を発する香港船員ストライキを敢行した。二カ月近くに及んで勝利のうちに終わったこのストライキは、中国で最初の本格的なストライキであり、これを契機として、中国では労働運動が盛り上がることになる。林偉民はその後も上海のストライキや、香港と広州の連合ストライキなどに参加したが、かねてから患っていた骨関節結核が悪化し、一九二七年に病院で息を引き取った。

この年から翌年にかけて、日本は居留民の保護を名目として山東省に出兵し、中国をあからさまに侵略しはじめる。そして一九三二年には中国東北部で満州国を建国し、さらに五年後には日中間でついに全面戦争が勃発することになる。

沖縄と近代移民のはじまり

ここで話を、もうひとつの島である沖縄に移そう。

三竈島とおなじく、沖縄もまた海外移民の盛んな地域だった。ただし日本全体から見ると、移民が始まるのは若干遅い。近代日本で最初の本格的な移民は一八八五（明治十八）年のハワイ移民だったが、これにたいして沖縄では、一八九九年十二月にようやく二七人が横浜からやはりハワイにむけて出航し、翌一九〇〇年一月に到着したのち、二六人が上陸を許された。農作業に就くことがあらかじめ定められた契約労働者であり、契約期間は三年だった。三竈島出身の陳甲財と同様に、おもにサトウキビ農園で働いたのだろう。だが、一八九八年にアメリカ領になっていたハワイでは、一九〇〇年にアメリカ合衆国移民法が適用され、契約労働が廃止となる。そのため沖縄からの移民も実際はわずか三ヵ月で契約が解除され、それぞれ新しい耕地に移っていったという。

沖縄の海外移民は、このように日本本土にくらべて十年以上遅れて始まったが、その後の発展はめざましかった。とりわけ一九一四年以降に急増し、そののち、日本全体の移民数の十パーセントをほぼ毎年占め、二十パーセントに達する年もある。移民の実数ではなく、県民人口にたいする比率ではもちろん全国一であり、一九四〇年には沖縄出身の海外在住者数は県人口の一割に相当していた。渡航先はブラジル、ハワイ、ペルー、フィリピンを中心として、南米、北米、東南アジア、オセアニアの各地に及んでいる。このように多くの移民を送り出した要因としては、人口の過剰や、それにともなう貧困などが当初から指摘されていた。一九三〇年代になると、これに加えて国策移民が現れる。政府や軍部が中心となって、日本の中国政策を側面から援助させるために送りこもうとした移民だ。

ここで日本と中国との関係を振りかえっておくと、日露戦争に勝利したのち、日本は中国大陸への進出を本格化させ、一九一〇年には韓国を併合し、一九三一年には満州事変を起こして中国東北部の各地を占領し、さきにも触れたように翌三二年三月に満州国を建国する。満州国は独自の元首を擁して独立国の体裁を保っていたが、実際は関東軍にあやつられ、満州は日本の植民地となったのだった。

そしてすぐに移民計画が策定され、十月には第一陣五百人が出発した。「武装移民」もしくは

「試験移民」とよばれたこの移民団は、「満州国の辺境地帯に軍隊関係の武装移民を送って国防の見地から治安の維持に資する一方満州国の気候、風土、慣習…など一切の条件に日本人がどれほどまでに調和して行けるか」を研究するためのものだった（『東京朝日新聞』一九三三年九月十五日）。一九三六（昭和十一）年の第五次移民から本格的な集団移民に変更され、満州移民の第一段階はここで終了するが、このときまでに三千人以上が送られたとされる。

一九三六年八月には、広田内閣が「七大国策十四項目」を発表する。翌三七（昭和十二）年度以降に重点的に施行すべきものとして閣議で決定された国策だ。「一、国防の充実」から始まるこの「七大国策」の六番目に、「六、対満重要策の確立＝移民政策及び投資の助長策等」とあり、ここにいたって、満州移民が最重要国策のひとつとして位置づけられた。

この一九三六年には、関東軍司令部が「満州農業移民百万戸移住計画案」を作成する。これは、翌三七年から二〇年間に百万戸を送り出そうとするもので、これによって満州移民がさらに強化され、三七年度には、ほぼ計画通りの約六千戸が満州に渡った。しかしその後は移民を充分に集めることができず、それを補うために、尋常高等小学校を卒業した一六歳から一八歳の青少年を兵農移民とする「満蒙開拓青少年義勇軍」が送られることになる。

県民の新たな発展地

沖縄県内では、第一次近衛内閣の成立時に拓務参与官に就任した北谷町出身の衆議院議員・伊《い》礼《れ》肇《はじめ》が、一九三七年に満州や南洋群島を視察し、満蒙移民や南方移住をさかんに訴え、若者たちにおおきな影響をあたえた。国策移民としては一九三八年四月に第一次満蒙開拓青少年義勇軍に参加したものがもっとも早く、一九八人の青少年が沖縄から渡っている。

沖縄県は当初、満州移民の募集区域からはずされていたため、県当局はそれを加えさせるのに奔走したという。沖縄からの一般開拓民の入植は一九三九（昭和十四）年、現在の黒竜江省ハルピン市に入った小山子《しょうざんし》九州開拓団に二〇人が参加したのが最初だった。同年、沖縄県は遅れを取り戻そうとするかのように「三万戸一五万人分村計画」を打ちだし、「二〇町歩地主」などと唱って募集している。そして同年七月には、満州移住地視察のために中頭《なかがみ》郡と島尻《しまじり》郡から一五人が現地にむけて出発した。さらに翌八月ごろから、沖縄県による長期的な分村計画が打ちだされる。それは、豊見城《とみぐすく》、兼城《かねぐすく》、小禄《おろく》、恩納《おんな》のほか四カ町村から二男、三男および新分家者を選んで三万戸、約十五万人を送出しようとするものだった。ただし、日本の敗戦までの沖縄からの満蒙移民は目標達成にほど遠く、青少年義勇軍を含めて千五百〜千六百人に止まっている。

ところが沖縄では、満州への移民送出計画がこのように本格化していたまさにそのとき、突然、南方への移民論が同時に提起された。それを伝える最初の新聞記事が、一九三九年五月十二日付の『沖縄日報』だ。そこにはつぎのような見出しが見えている。

「県民の新たな発展地　海南島《かいなん》に沖縄村を建設
南方進出の画期的国策移民　渕上《ふちがみ》知事の奔走成功」

海南島は中国の最南端に位置し、台湾にわずかに及ばないだけの大きな島である。日本軍が同年二月に占領したばかりだった。県当局は、沖縄の移民史に特記すべき大計画のもとに、将来は県民の約半数三十万人ほどは送り出す意気込みだという(『大阪朝日新聞』五月十三日)。

五月十六日付の『沖縄日報』はさらに詳しく、

海なん島を一週する道路宋子文《そうしぶん》道路の改修其他に…沖縄県から一万人近く人夫を募集し…。なほ海なん島では日給四円其他土地の耕作を許しその土地をそのまま譲与するもので…

と伝えている。つまりこの移民計画は、占領間もない海南島の開発を進めるために労務者を募集し、その仕事のかたわらで農業にも従事させるものだった。

しかしすぐに、東京での打ちあわせを終えて戻った渕上知事のつぎのような談話が発表され、海南島以外にも送出先が想定されていることが明らかになる。

○○島と△△島方面への本県移民送出に就て当局より熱心な要望があったので、拓務、厚生両省を訪ねて色々と相談して来た、△△島には本県から五十家族程を早急に送出して欲しいと某方面から求められた、…一方○島の方は当分土木工事に従事して、…(『沖縄日報』五月十九日)。

のちほど説明するように、ここで伏せ字となっている〇〇島あるいは〇島は海南島を、△△島は三竈島をさす。海南島へはひとまず土木工事をするための労務者を、三竈島へは農業移民のための家族を送るというこの方針は、紆余曲折があるものの、その後この通りに実行される。つまりこの時点で中国華南方面への移民送り出しの骨格が定まり、沖縄県当局はすぐに計画を具体化させる作業に入ったのだった。

なお、渕上房太郎《ふさたろう》は一九三八年から四一年まで沖縄県の知事をつとめ、一九四〇年に柳宗悦《やなぎむねよし》とのあいだで方言論争が起こるきっかけとなった標準語励行運動、つまり沖縄方言を禁止して標準語を話すように強制する運動は、この渕上のもとで始められたものである。

六六〇〇戸送出計画

渕上知事の談話はさらに、「先《ま》ず西宮社会課長を台湾へやって総督府の関係当局者と打合させた上に同課長に職員を一人付けて実地調査に行かせることになっている」という。こうして県庁の西宮弘社会課長が五月二十三日に空路台湾へ飛び、台湾総督府の当局者に面会して二十五日には沖縄に戻り、打ちあわせの模様をつぎのように語った。

その厖大な計画を聞いて全く驚いてしまった、…本県のほかに鹿児島熊本和歌山等でも計画されているが…、第一〇〇島や第二〇〇島の埋蔵された資源の開発に大掛りな計画が樹立されている、…（『沖縄日報』五月二十七日）。

ここで「資源の開発」があらたに言及されているが、三竈島の場合これがその後どうなるのか、資料では確認できない。海南島では、一九三九年二月に日本軍が占領した直後、内務省とともに台湾総督府からも科学者が派遣され、全島の地下資源を調査している。

さて県は六月初旬には、三年間で六六〇〇戸を送るという、つぎのような大規模な移民送出計画を発表する。

第一〇〇島へは十四〔一九三九〕年から十六年まで毎年二百戸の予定でこれは満州移民と同様に分村計画を□（一字不明）て一村一部落より良質の農家を選定し資渡料として七百五十円を資給することになった

第二〇〇島へは十四年から十六年まで三年計画で毎年二千戸宛で主として十六歳から四十歳までの次男三男を送る計画である（『琉球新報』六月六日）。

移民の規模とその内容からみて、第一〇〇島が三竈島を、第二〇〇島が海南島をさすのだろう。

そしてこの間、拓務省の南洋課長が台湾へ向かう途中で沖縄に立ち寄り、飛行場で渕上知事と打ちあわせをしたり、南支海軍部に属する歌人の逗子八郎《ずしはちろう》が沖縄で、「出稼ぎの気持を捨て海南島の土となれ」という講演を行ったりしている。逗子八郎は本名井上司朗《いのうえしろう》。のちに内閣情報局に所属した人物である。

三竈島視察と海南島の状況

六月十八日、西宮社会課長と同課の浦崎課員、農務課の安保技師が、三竈島へ現地視察に出発した。一行三人は、まず台湾に渡ったのち、二十日に台北から飛行機で三竈島に飛んで二日間滞在し、二十二日には海南島の海口《かいこう》市に入った。そして西宮課長のみ、七月十六日にさきに沖縄に戻った。この視察の結果、移民計画におおきな変更が生じた。七月十七日の『琉球新報』の見出しが

「海南島への農業移民は　治安確立まで送出困難
差当り〇〇島へ五十家族送る　西宮課長きのふ帰県」

と伝える。〇〇島は三竈島であり、海南島の治安問題のために、移民送出先が三竈島に絞られたのである。ただし、海南島で働くための純粋な労務者は実際に募集され、送り出されている。

ここで、移民の送り出しが困難とされた海南島の様子をすこし紹介しておきたい。まず一年ほどまえの一九三八年十月に、広東省の省都である広州が日本軍によって占領された。これを契機として海南島では、同島に駐屯する中国正規軍のほかに、すでに同年十二月には共産党系の「広東省民衆抗日自衛団第一四区独立隊」が結成されていた。そこへ、翌三九年の二月十日から日本

軍が上陸しはじめ、またたく間に主要地域を占領する。ところが島内を完全に制圧するにはいたらず、共産系ゲリラが活発な活動を展開し、三月には「第一四区独立隊」が「第一四区独立総隊」へと拡充される。そして道路や橋を破壊して日本軍の侵攻を防ぎ、通信線を切断し、またたとえば三月七日には、日本軍の車両を道路上で待ち伏せして指揮官以下二十人あまりを殺害した。

これにたいして日本側は、ゲリラの根拠地を攻撃するなどしたのち、一九四〇年三月の「Y二作戦」から一九四五年の「Y九作戦」まで、全八次にわたってさらに本格的な掃蕩作戦を進める。しかし、ついに最後まで抗日ゲリラを根絶することはできなかった。これが、沖縄県当局に農業移民を断念させた海南島の状況である。

移民募集へ

西宮社会課長とともに現地視察に出かけていた安保技師は、七月二十二日に沖縄に戻るとつぎのように語った。

先月の廿日〇〇島に着いたが同島は水田一千町歩ばかり広漠として拡がり全くの沃野で、全く住民がいなくなってしまったから五十家族位行けば最も適当な耕地が得られる、…移住するとなると当分海軍の方の世話でやってゆくことにならうが、海軍でも歓迎しているし米なども いづれ海軍へ買込むことになるのではないかと思ふ、また野菜なども三反歩位作って海軍へ納入するやうな話しだった(『沖縄日報』七月二十三日)。

ここで初めて、この移民計画に海軍が関係していることが明らかにされる。つづいて二十八日の『沖縄日報』につぎの見出しが現れる。

「南支の宝庫三竈島へ　小禄《おろく》村から五十家族
農具はもとより家畜も支給　知事帰県後愈《いよい》よ着手」

「三竈島」という名称がはっきり示されるのは、じつはこの記事が初めてである。さきほどから紹介してきた新聞記事の伏せ字になっている島名のうち、海南島ではなく、また「五十家族」に関係したものが、ここから逆に推測して「三竈島」だとわかるのである。

ここにはまた、小禄村という具体的な村名が登場する。記事の内容は、上京中の渕上知事が中央各関係方面との折衝を完全に終わって具体案を決定した、というものだが、翌月二日の『沖縄日報』の記事もあわせて整理するとつぎのようになる。送り出し元としては小禄村を指定し、まず八月中に五〇人を送り出し、おもに蔬菜を栽培させ、そのかたわら稲作も平行させ、そして翌年に家族を呼び寄せる。移民はすべて家族移民として文字通り沖縄村の建設をめざし、産婆も幾人か随伴させ、また必要な一切の経費について補助金を交付する、という計画だ。

海軍の関与についてはさらに、「海軍当局の特別なる要求により今夏第一回同地行移民として五十送」云々とも報道され（『琉球新報』八月二日）、小禄村と野菜作りについては、「これを小禄より出すことになったのは先づ最初は野菜栽培に従事させることになっている為《た》めである」(『沖縄日報』八月二日)ともいう。

以上、七月下旬から八月上旬にかけての新聞報道から、五〇家族の移民先が三竈島であること、それは海軍の要求によること、などが確認できる。海軍は同島の航空基地を維持するためにこうした移民を求めた、と考えて間違いないだろう。

満州分村計画と南方

こうして一九三九(昭和十四)年五月から八月にかけて、中国南部の三竈島への移民計画があわただしく具体化していったが、満州移民との関係をもう一度見ておくと、この年の二月に一般の開拓民が沖縄からはじめて満州に渡ったのち、七月十六日には満州移住地視察団が出発している。七月十六日とは、西宮課長が三竈島と海南島の視察を終えて沖縄に戻った、まさにその日だ。そして県の長期的な満州分村計画がはじめて打ちだされるのが、翌八月だった。八月というのはまた、三竈島へ送り出す村と人数とが決まった時期でもある。つまり沖縄では、国策としての農業移民が、満州だけでなく三竈島にたいしてもはじめから並行して進められた。

ただし、じつはこのような移民政策にはおおきな問題があった。沖縄県当局は従来から一貫して移民奨励策をかかげ、たえず人口過剰、土地の狭隘、資源の不足を指摘してきたとされるが、移民奨励が本当に沖縄の実情を踏まえたものだったかどうかは疑問なのだ。一九三九年七月十七日付の『琉球新報』論説が、はやくもつぎのように県当局を批判している。

…殊《こと》に事変以来、…関東、関西、北九州方面の軍需工場地帯に対する労働力の移動も夥《おびただ》しきものがある…斯《か》かる事情のもとに最近農村の一部では労力不足の声すら聞かされる…そこへ持って来て満州分村計画も実行する、海南島移住も進めるで果して実現性ありや否や疑問なきを得ない。…

ここで「事変」というのは「支那事変」、つまり一九三七年七月から本格化した日中戦争のことだ。それ以降、戦争が長引くにつれて、多くの若者も徴兵されていった。このような労働力不足は沖縄だけでなく、日本全体でも問題となっていた。「△△島」と伏せ字ながらはじめて三竈島が出てくる五月十九日の『沖縄日報』でもすでに、「先づ問題になるのは、本県農村の労力問題だが、県農民が他県農村民並に働けばもっと労力には余裕が出ると思ふ。事実又一万人程の余力は、事変が一段落付けば容易に出来る」と、中国との戦争を機に労働力に不足が生じつつあることを暗に認めている。だが、「国策」としての移民はそのまま強行されていくことになる。

小禄村

さて、当時の新聞記事からは、三竈島の海軍航空基地ではとくに野菜をはじめとする食糧が不足していたことがうかがえる。戦後に編集された『海外移民の手引』は、三竈島移民の目的をはっきりとつぎのように説明している。

当時其処《そこ》には日本海軍航空隊の基地があって、其《そ》の食料（米、野菜、豚魚類）の現地補給をさせる目的で、亜熱帯の気候に順応している沖縄人に指定されて入植した…。

本来こうした食糧は、戦地では「徴発」という名の略奪か、もしくは戦地で軍が使用する「軍《ぐん》票《ぴょう》」などで手に入れていたはずである。ところが次章でくわしく見るように、海軍はこの島で多くの住民を殺し、生き残った人たちも多くが逃げ出してしまっていた。さきに引用したように、安保技師が「水田一千町歩ばかり広漠として拡がり全くの沃野で、全く住民がいなくなってしまった」と述べるのは、その結果出現した風景なのだ。海軍の行き過ぎた掃蕩戦のために、その後の食糧の調達に支障をきたしたのだろう。

小禄村はたしかに野菜栽培で特色のある村だった。この村のおもな産物はサトウキビ、サツマイモ、大根、人参などで、一九二五年には県立農業試験場ができ、各字《あざ》に県外用蔬菜出荷組合がつくられ、県外出荷用蔬菜の栽培が盛んだった。

ただし実際に移民に選ばれたのは、小禄村の三五人のほか、名護村、大宜味《おおぎみ》村、羽地《はねじ》村からそれぞれ五人、合計五〇人で、仕度金二五円ずつが支給されるほか、現地では水田二町歩に畑五反歩を耕作地として提供されることになったという（『琉球新報』八月二十三日）。二町歩は六千坪で約二万平方メートル、五反歩は千五百坪である。

最終的には、「島尻郡小禄村ほか六ヶ村より身体強健なる優秀者を五〇名ピックアップ」し、

「年少者二十五歳より四十八歳の年長者」からなる三竈島への移民予定者（『大阪朝日新聞』「鹿児島沖縄版」九月二十六日）が、九月十八日から十日間、開洋会館で合宿訓練を受けた。開洋会館は、移民の教育機関として沖縄県海外協会が一九三四年に島尻郡役所跡に建てたものである。そして、九月二十六日には、午後三時から同じく開洋会館の三階ホールで壮行式が行われ、翌二十七日、海南島行きの労務者五百人とともに那覇港から中国へ向けて出航した。三竈島へは、常駐農業技術員として県職員の与那《よな》永徳《えいとく》技手《ぎて》が同行した。
『沖縄日報』（九月二十六日）はそのときの様子を、「〇〇島行き農業移民の壮行式はきょう午後三時から開洋会館で挙行、南支第一線の〇〇島に永住の地を求めて開発挺身の意気に燃えた拓士の行を壮んにすることになっている」と伝える。農業移民の「信条」はつぎのようなものであった。

我等南方開発挺身隊員一同は皇祖の神勅を奉じ、心を一にして□（一字不明、「精」？）進し、神明に誓って国家的使命の達成に邁進せんことを期す。

第二章　三竈島占領

日中戦争の勃発と海上封鎖

一九三七（昭和十二）年七月七日、北京郊外で盧溝橋事件が起こると、日本はその機会をとらえてついに中国との全面戦争に突入した。満州国建国につづく、中国侵略の第二段階の始まりだ。日本軍は圧倒的な軍事力で、この年のうちに天津（七月三十一日占領）、北京（八月四日占領）、上海（十一月十一日進駐）、南京（十二月十三日占領）といった主要都市をつぎつぎに陥落させる。そしてその後もひきつづき、こうした華北華中の一帯が日中戦争の主戦場となった。

しかし、中国の南部地区が戦禍を免れていたわけではない。はやくも八月二十五日には、日本海軍が「第一次交通遮断」を宣言した。この「交通」とは沿岸の海上交通のことをいい、長江河口から広東省東端部の港町・汕頭《すわとう》までの海上を封鎖し、中国船舶の出入りを遮断しようとするものである。これにさきだって、八月十二日に汕頭領事が日本人居留民の引き揚げを命じたのを皮切りに、広州、福州などでも居留民が香港や台湾へ向かい、最終的には二十八日までに日本人居留民がすべて引き揚げを完了した。

九月五日には「第二次交通遮断」が行われ、北は北京東方の海岸部に位置する万里の長城の東端である山海関から、南はベトナムとの国境地域まで、中国のほぼ全沿岸が封鎖の対象となる。ただし青島《ちんたお》は除かれた。つづいて十一月二十日には海軍封鎖部隊の改編にともなって「第三次交通遮断」が宣言されたのち、十二月二十六日には、残る青島も海上封鎖される。これが「第四次交通遮断」である。青島の日本人居留民は八月にはすでに引き揚げていた。なお、イギリスの植民地だった香港、おなじくポルトガルのマカオ、またフランスが租借していた広州湾は、当然のことながら以上の封鎖からは除外される。こうして一九三七年末までには、日本海軍によって中国のほぼ全海域に封鎖体制が敷かれることになった。

物資と送金の遮断

封鎖の目的は戦闘ではなく、中国の対外貿易を阻止することにあった。中国は国内だけで経済が成り立っていたのではなく、現在とおなじく、諸外国との貿易が欠かせなかった。貿易が滞れば、中国政府の重要な財源だった関税収入も途絶えることになる。これに加え、中国軍の武器や弾薬も海外から多く輸入されていた。海上封鎖は、中国沿岸への物資の流入を遮断することによって中国の抗戦力を弱め、できるだけはやく戦争にけりをつけようという作戦だった。

貿易上の物資に加え、とりわけ福建から広東にかけての沿岸一帯では、華僑からの送金も無視できなかった。この両省からは、とくに東南アジアへ多くの華僑が出ていたが、かれらはいわば出稼ぎで、普段から郷里の家族に多額の送金をしていた。福建、広東の留守家族は、いわばこのお金で生活が成り立っていたといってもよい。

こうした海外の華僑たちは、一九三七年七月に日中戦争が本格化すると、すぐさま「抗日救国運動」を本格化させ、フィリピン華僑援助抗敵委員会、ビルマ華僑救済総会、ベトナム南圻《なんき》華僑救国総会等々の抗日組織をつぎつぎに結成し、翌三八年十月十日には、南洋諸国の抗日救国団体を統括する南洋華僑籌賑《ちゅうしん》祖国難民総会が成立する。

それらの具体的な活動は、おおきく分けて三種類あった。ひとつは、中国を援助するための募金や物資を集めること、もうひとつは日本製品のボイコット、そして最後に、実際に中国本土に戻って各種の抗日活動に参加することである。この第三の活動として有名なものに、中国西南部でトラック輸送に従事した団体や、広東東部で抗日宣伝を行ったものなどがある。華僑のこのようなさまざまな援助を断ち切るのも、日本による「交通遮断」の目的のひとつだった。

海南島の近くで交通遮断に携わった海軍大尉が、津村敏行というペンネームで『戦記　南海封鎖』（一九四一年刊行）を残している。それによれば、「遮断」はたとえばつぎのように行われた。

ある日の夕方、見張兵が一三キロメートルかなたの海上にジャンクを一艘発見した。すぐさま「臨検用意」が号令されて臨検隊が銃に弾丸をこめる。しかし五百メートルにまで迫ってもジャンクは帆を下ろそうとしない。ジャンクに向かっていっせいに発砲が始まる。これは、日本の軍艦が見えたらただちに帆を下ろして臨検にそなえるよう、沿岸の漁船にたいしてあらかじめ通告してあるためだ。ジャンクからは、さかんに何かを海中に捨てている。軍艦を横づけして臨検隊が乗り込んだとき、船内で銃声がした。機銃をジャンクに降ろして船内を掃射したあと、武器を置いて出てくるよう台湾人の通訳が怒鳴る。なかからは十人ほどの男がつぎつぎと現れた。中国の軍隊から脱走して海南島へ行くところだったという。結局、男たちは捕虜となり、ジャンクはその場で焼却された。

海軍航空部隊の華南爆撃

海軍は海上の交通遮断に加え、航空機によって陸上の各種施設を攻撃した。

さきに触れたように、一九三七年七月七日に北京郊外の盧溝橋で日中両軍の衝突が起こると、日本軍は本格的に中国に侵攻しはじめ、天津、北京といった華北の主要都市をつぎつぎと占領する。そして海軍の謀略によって上海で大山中尉殺害事件を起こし、それを口実として八月十三日には上海でも戦闘に入る（第二次上海事変）。こうして、戦場を華北からさらに華中へと拡大した。そして、八月上旬にすでに台湾の台北に移動していた海軍航空隊にたいして、同十三日には、翌十四日から上海、南京、杭州などを爆撃する命令が下される。また十五日には、長崎の大《おお》村《むら》基地から発進した海軍の航空機が、東シナ海を飛び越えて南京を爆撃した。一方で中国空軍も十四日には上海近くに停泊中の日本の艦艇やまた上海特別陸戦隊本部などを爆撃した。日本海軍の航空隊は、上海周辺だけではなく、福建省の漳州《しょうしゅう》や広東省の潮州《ちょうしゅう》、汕頭、広州などの飛行場および関連施設を攻撃し、輸送路を絶つために十一月から十二月にかけて漢口・広州間の鉄道である粤漢《えっかん》線および広州と香港北部の九龍とを結ぶ広九線などにも爆撃を繰りかえす。

これらの作戦に参加したのは、長崎の大村基地、朝鮮半島南部の済州《さいしゅう》島、台湾の台北などから飛びたった鹿屋《かのや》海軍航空隊と木更津《きさらづ》海軍航空隊、さらに航空母艦である加賀《かが》、神威《かむい》、香久丸《かぐ》、神川《かみかわ》丸などの艦載機だ。一九一六（大正五）年の「海軍航空隊令」によって海軍の航空隊はその所在地の名前をつけることになっており、鹿屋、木更津両航空隊はもともと一年ほど前にそれぞれ鹿児島県鹿屋町（現・鹿屋市）と千葉県君津軍木更津町（現・木更津市）で編成されたものである。それらが、八月までには台北に移動していたのだった。

当時の日本には空軍というものはなく、陸軍と海軍とがそれぞれに航空部隊を擁していたが、日中戦争の勃発にともなって一九三七年七月十一日に「陸海軍中央協定」が結ばれ、航空作戦にかんしては陸軍がおもに華北方面を、海軍はおもに華南方面を担当するよう定められた。

こうして、海軍の航空隊が華南の爆撃に従事した。ところが日中戦争の緒戦段階では、海軍は、中国華南に近い陸上の飛行場としては台北の基地があるだけだった。このため済州島や台北から東シナ海を越えて攻撃を行う必要があった。これを渡洋爆撃と呼び、その戦果がそのころの新聞等でさかんに宣伝された。また爆撃機も、前年に完成したばかりで当時としては桁外れに長い航続距離を誇る九六式陸上攻撃機が投入された。

九月になってようやく上海の公大《こうだい》飛行場が使えるようになり、まもなく本格化した南京空襲では、海軍の航空隊がこの基地から飛び立った。しかし、これより南には、やはり陸上基地はなかった。

華南の島々

香港の西南方には、大陸沿岸にそって数多くの島が点在する。おもなものをあげれば、まず香港南方には担杆《たんかん》列島、その西に万山群島、そして現在は橋でマカオともつながっている横琴島、そのさらに西が三竈島、高欄《こうらん》島である。三竈島のすぐ上には小霖《しょうりん》島、大霖《だいりん》島があった。このふたつは島といっても実際はクリークで隔てられているだけで、ほとんど大陸と陸続きといってよい。現在では小霖島、大霖島は三竈島を含めてほぼ完全に大陸と接合し、半島状になっている。また三竈島の西に浮かぶ上川《じょうせん》島は、かつて日本での布教を終えてやってきたフランシスコ・ザビエルが上陸したことで知られる。

一九三七年の八月以降、この海域がにわかに騒がしくなる。日本海軍の船艇が担杆、万山、高欄、横琴、マカオ東北方の内伶仃《うちれいてい》島などに攻撃をしかけ、その後占領したのだ。海上封鎖作戦の一環である。さらに九月三日には香港東南沖の東沙《とうさ》島を、同二十一日には香港近辺の牛角山《ぎゅうかくざん》島を占領し、後者には水上飛行機の飛行場を設けた。また福建省でも、十月二十六日にアモイ沖の金門島、十一月に入ると高欄島、大襟《だいきん》島、上川島などに上陸し、掃蕩。十二月末には大横琴島を占領してタングステン鉱石を調査している。タングステンは電球のフィラメントの原料としても知られるが、鉄に混ぜるときわめて堅い鋼鉄を作ることができ、兵器製造に欠かせない鉱物である。

これらのさまざまな上陸作戦は、タングステン探査は別として、飛行場を設営することがおもな目的だったと考えられる。ただし詳しいことはわからない。これにたいして日中双方の複数の史料にもとづいて、占領から航空基地建設にいたる経緯をある程度あきらかにできる島が、三竈島だ。

日本人による調査

現在、農林水産技術会議事務局の筑波産学連携支援センターに『三竈島概説』という小冊子が所蔵されている。「福大公司《ふくだいこんす》」が一九三九年一月に作製した二十数ページの報告書で、表紙には「厳秘」のスタンプが押してある。福大公司はのちほど詳しく紹介するように、華南で活動した一種の国策会社である。報告書の冒頭には、「本稿は比較的長期に亘る同島駐在中の調査記録なれば……」とあり、末尾には「斎藤駐在員稿」と記されている。その内容はほとんどすべて、日本軍が占領する直前のものと思われ、そのころの三竈島の様子が、経済面を中心にまとめられている。こうした文献は中国にも存在せず、一九三〇年代の島の様子を知るうえで、きわめて貴重なものといえよう。しかも福大公司が三竈島に駐在員を置いていたことがわかるとともに、内容も長期間の調査にもとづいており、かなり信頼できるものと判断できる。

本報告書によれば、一九三二年以来、まず行政機関として中山県政府第七区公安分局と第七区区公所が設置されていた。公安分局は裁判所、警察署、役場等を合わせたようなもので、区公所は学校、道路、郵便、交通などを管轄し、そして全島に郷長が一人置かれていた。外部との交通は、五トンの発動機船がマカオとの間を毎日一往復するほか、香港その他をジャンクが行き来する。教育は、八歳から四年間の初級学校が、島内の各村にほぼひとつずつ、合わせて一四校あり、そのうち三校には二年間の高等科が併置されていた。これ以上の学校に進む場合はマカオや香港、広州、上海などに出ることになる。

おもな農産物は米と野菜で、米は島の人口を一年半養えるほどの収穫があったが、三分の一を大陸に移出し、かわりに安い安南米を買っているという。二期作で、一期目は四月中旬に植え付けて七月下旬に収穫、二期目は八月中旬に植え付けて十一月下旬に収穫する。野菜は、サツマイモ、大根、落花生、里芋、とろろ芋などがおもなもので、マカオその他にも出荷していた。また島の南部では、田心郷に売店があり、島民が持ち込む野菜をここで売った。田畑の所有形態は、「個人持ち」「郷有」「会有」「祖先有」の四種類があり、小作にも出す。「郷有」は村有、「会有」は親戚やその他のものとの共有、「祖先有」は一族で所有するものである。興味深いのは、一九三六年に公安分局がこうした田畑の所有権登記を行ったものの、その後は自由に売買でき、しかも登記が不要なため、現在、当事者以外には所有権が不明になっているのだという。

男たちは大部分が漁業に従事し、魚類のほか、カニ、エビ、カキ、海苔などが獲れた。近くの大霖島にはタングステンの鉱山があり、三竈島の林小山《りんしょうざん》、周聖才《しゅうせいさい》、蔡文修《さいぶんしゅう》の三人が共有し、マカオや香港に相当量輸出している。そのほかに重要な収入源として、華僑からの送金があった。華僑は、アメリカに約七百人、南洋に百人、イギリスに六十人、日本に三十人、ドイツ、イタリアに各十五人、香港、マカオに各六百人が居住しており、一年間の総送金額は約一二〜一三万元と言われているという。

郷名と戸数、人口

『三竈島概説』の最後には、表のような郷名、戸数、人口の一覧がついている。やはり中国にも残っていない貴重な統計資料である。それぞれの一戸あたりの平均家族数を計算してみると、おおよそ五、六人となり、それほどおおきなばらつきはない。この点からも、ある定度信頼できるものと思われる。

三竈島の戸数と人口

郷名	戸数	人口
魚堂	115	560
石基	65	285
列聖	78	250
魚弄	286	1346
根竹園	61	320
六竈	104	520
聖堂	140	750
屋辺	80	478
草堂	165	835
欖坑	146	744
田心	210	1298
英表	136	766
正表	134	777
春花園	175	824
月堂	65	410
茅田	40	257
三竈街	230	1300
上蓮	230	1450
合計	2460	13170

三竈島第一次占領

日本軍はこのような三竈島を、すこし時間を置いて前後二回にわたって占領した。第一回目が一九三七年十二月四日であり、これは、いわゆる「A作戦」に伴うものだった。香港の東には、大鵬湾《だいほう》をはさんで大陸から大鵬半島が突き出し、そのさらに東は、大亜湾《だいあ》（バイアス湾、Bias Bay）をはさんで稔平《ねんぺい》半島が位置する。日本側がそのころ平海《へいかい》半島と呼んでいたこの半島を陸海軍が共同で占領し、そこに航空基地を建設しようとしたのがA作戦だ。これにさきだって三竈島にも航空基地を設営し、あわせて広州方面の中国側補給路を遮断する計画だった。

第一回目の占領直前、十一月二十八日に軍艦夕張《ゆうばり》、芙蓉、妙高《みょうこう》の陸戦隊が上陸して島を調査し、即日帰艦した。『香港華字日報』の記事によれば、このとき日本の水兵三百余人が武装した漁船に分乗して上陸し、島の自衛団員が抵抗したが多くの犠牲者を出し、日本兵は食料や衣服などを洗いざらい奪っていったという。

ここで、中国の海域に日本の海軍がどのように配備されていたのかを見ておこう。日本の海軍はもともと常設の第一、第二艦隊に加え、日露戦争以降、そのときどきに応じて第三艦隊が編成されていた。やがて一九三二年一月に第一次上海事変が起こると、翌二月に第三艦隊が編成される。そして三七年七月に日中が全面戦争に入るや、十月に第四艦隊が新設され、第三艦隊とともに支那方面艦隊を構成した。十一月の段階では、このうち第四艦隊が中国の全海域にたいする封鎖部隊の主力となり、華南を担当する「南支封鎖部隊」には第四艦隊麾下の第九戦隊が、また

「南支空襲部隊」には第二航空戦隊が充当されていた。

十二月三日、支那方面艦隊が第四艦隊長官にたいして三竈島の占領と陸上航空基地の設営を命じ、それをうけて第九戦隊司令官が妙高、芙蓉、刈萱《かるかや》の三艦を島の沖合に集結させる。翌四日には、さらに第四艦隊旗艦の足柄《あしがら》が加わり、これらの連合陸戦隊が午前十一時に三竈島に上陸した。第一次占領の始まりである。

宣伝ビラの投下

現在は香港で暮らす魏福栄さんが、このときの上陸を目撃していた。香港には三竈島の旧島民がたくさん住んでいる。日本軍による三竈島占領をはじめ、さまざまな理由で移住してきた人たちだ。その長老の一人が魏さんである。日本語を話すことができ、日本の古い歌謡曲が好きな愉快な老人だ。一九三七年に日本軍がはじめて三竈島を占領したとき、魏さんはまだ六歳だった。そのころの家は狭いため、夜はみな外で寝ていたが、上陸の前夜、長沙《ちょうさ》湾沖の軍艦がサーチライトで島を照らしたという。

翌日、丸めて束にしたビラを水上飛行機がたくさん投下し、恐くないので心配しないように、みなさんを守るために来た、と呼びかけた。中国側の史料によると、このビラにはほかに、「日本の皇軍が村に来たならば、村の年長者たちはみな村の入り口に並び、両手を高く挙げて出迎えること」、また「隠し持っている武器や刃物はすべて提出すること」などと書かれていた（『中山文献』）。

昼の二時ごろ、魏さんは日本兵が十何人かに分かれてやってくるのを遠くから見つけ、家に帰って父親に告げた。家は田心郷にあった。村人のなかには、鉄砲で抵抗しようとする人もいたが、弾もないし抵抗できないから鉄砲を埋めて隠すようにいう人もいる。その話が終わらないうちに兵隊が十何人かやってきて、みな逃げだした。畑も乾燥し、水もない時期だった。この上陸のとき、飛行機は水陸両用の複葉機で、戦車も二、三台、蓮塘湾《れんとうわん》で見たという。

逃げなかった人もいたが、魏さんは兄弟二人、村人二、三人と山へ逃げた。あとで人が来て心配ないというので、その日の夜には家に戻り、次の日にまた逃げた。子どもは足が遅くて心配なので逃げたという。夜になると、父親が山へご飯を持ってきてくれた。

島内進軍

日本側や中国側の史料を総合すると、十二月四日の占領初日は、陸戦隊約四百人が東南部の蓮塘湾から上陸した。その奥に位置する田心郷その他の村を通って午後三時半までには島の半分を占領するとともに、島の北部に回り込み、聖堂《せいどう》、三竈街をへて、島の中央に位置する春花園《しゅんかえん》に入った。このとき蔡祥《さいしょう》なる人物や、また日本にいたことのある包《ほう》某が道案内をしたという。日本軍は、各地にビラをまき、また村に貼ってあった救国スローガンをやぶいてまわった。若者は抵抗するものもあったが、四方へ逃げ、年寄りと子ども、女だけが残った。この日はまた、妙高から桟橋の架設隊が派遣された。

翌五日にはさらに軍艦多摩《たま》が到着し、それもあわせた連合陸戦隊が掃蕩を完了して全島を占領する。さきにも紹介したように三竈島は行政区画としては中山県の第七区に属し、警察任務は第七区公安分局長の徐雲裳《じょうんしょう》が担っていた。徐は郷民を集めて抵抗しようとも考えたが、力の差がおおきすぎるため、局内の重要書類を携えて局員とともに船で南水島《なんすい》に渡り、この五日に県長に報告した。

六日には桟橋の架設が終わるとともに、この日から七日にかけて多摩、刈萱、芙蓉などの陸戦隊が順次撤退し、入れ替わりに上海から急遽派遣された佐世保鎮守府第二特別陸戦隊（佐二特）が八日に三竈島に上陸した。この佐二特はもともと遼東《りょうとう》半島の旅順《りょじゅん》に派遣されていたところ、この年の八月十三日から始まった上海戦のために、九月初旬に上海へ移動していた。そして上海戦が終了したのち、さらに三竈島へと南下したのであった。十二月九日には妙高の陸戦隊も三竈島を去り、これ以降、佐二特が島の守備にあたることになる。本部は蓮塘郷の譚《たん》一族の家祠（祖先を祀る建物）に置かれたようだ。

島にはまもなく、台湾人の設営隊百人ほどがやってきて、島民の家を壊し、また沿岸の一部を掘り返してさらに桟橋を造った。十三日の夜には、対岸の中国側守備隊が望遠鏡で偵察したところ、輸送艦四、五隻が島の東南角に停泊し、食糧や軍需品と思われるおおきな荷物を陸揚げしたという。

魏さんによれば、この第一回目の上陸のときに殺された人はいなかったというが、当時の『香港華字日報』によれば、すでにかなりの犠牲者が出ていた。桟橋を造るとき、日本軍は島民を使役して土石を運ばせ、それを拒んで刺し殺されたものが三十人ほどあったとされる。

撤退

日本軍は蓮塘湾に上陸用の桟橋を造ったほか、近くの山に無線のアンテナを設置したり、小屋を建てたりしていたが、航空基地の造成が困難という理由で十二月十日には設営が中止された。しかし占領はそのままつづけていたところ、二十三日になって日本海軍の中央から守備の撤収が発令され、二十六日までに守備隊も島を去っていった。

占領からわずか二〇日あまりで日本軍が島を離れたのは、「A作戦」が突然中止されたためだったようだ。さきにも紹介したように、そもそも三竈島の占領と航空基地の建設は「A作戦」、つまり香港東方の平海半島を占領する計画に伴うものだった。A作戦が実際に動きはじめたのは十二月七日だ。まさに、三竈島が占領されたころである。そして平海半島の占領は十二月二十五日の朝に予定されていた。ところが十二日に南京付近でパナイ号事件が起こってしまう。日本海軍がアメリカの砲艦パナイ号を誤爆して沈没させた事件である。このために軍部は、英米との関係をさらに悪化させることを恐れて、平海半島での占領作戦中止を作戦部隊に伝達した。二十二日のことである。そして翌二十三日には、すでに準備を完全に終えていた現地の海軍部隊がA作戦を中止し、艦隊の編成を解く。

ただし当時の香港の新聞によれば、三竈島にたいしては、日本軍は完全に島を放棄したのではなく、わずかな兵力を残し、また繰りかえし上陸していたようだ。十二月三十日には日本の軍艦が三竈島沖に停泊し、島内では日本兵三十人ほどが、賭博を開いて近隣の住民を誘っているという。かれらを何かに利用しようとしているというのだ。そして一方で、陣地などを破壊し、艦へ戻ろうとしていた。翌一九三八年になっても、一月三日には軍艦がまた一隻現れて日本兵百人ほどが島に上陸し、前年に建築した桟橋を引きつづき破壊し、一月中旬になってもなお百数十人が残留していた。

なお、現在香港に在住している魏さん以外の三竈島出身者にも話を聞いてみると、一九三七年の三月ごろに、すでに台湾人の鍾勤珍《しょうきんちん》というものが三竈島へ調査にやって来ていたという。島に来て皿と交換でくず鉄を集め、戦後は長くマカオにいたが、二、三十年前に亡くなった。この鍾を派遣したのは、燕山《えんざん》大学を卒業し天津でスパイの高官になった宮本松太郎だという。

第七区社訓大隊

このような状況のなか、中山県の難民救済委員会は一九三八年一月中旬に開いた会議で、事務所を民族路第一五八号に置くこと、衣類を携えて七区分局とともに三竈島一帯の難民を、また二〇〇〇元の予算で中山県沿海の漁民や難民を救済することを決定する。

さらに二月初旬には、三竈島を管轄する中山県第七区公安分局長にあらたに任じられた蔡棟材《さいとうざい》が、救援のための衣類や食糧を三竈島で配布した。十三日には、中山県の視察員であり、また民衆抗日自衛団の統率委員でもあった周守愚《しゅうしゅぐ》が、救援金や衣類などを持って視察に訪れる。周はベトナム北部のハイフォンで生まれ、若いころにホー・チミンの革命運動に参加したという人物だ。そののち中山県に戻り、一時は学校の校長などをしていた。さきの蔡棟材とこの周守愚が三竈島で住民を集め、第七区社訓《しゃくん》大隊という自衛団体を組織し、蔡局長が隊長に、呉発《ごはつ》（呉発仔）という人物が副隊長に任命された。呉発はまもなく、日本軍を相手にゲリラ戦を展開して活躍することになる。

ここで、中国側の全体的な防御態勢について見ておこう。この当時、中国全体が七つの「戦区」に分けられ、広東省は第四戦区に属していた。そして三竈島を管轄する中山県には正規の政府軍として独立第九旅団が駐屯していたが、一九三七年十一月以降、中山県長の張恵長《ちょうけいちょう》を総隊長として中山県独自の地方守備総隊が別に編成された。ほかに警察大隊、また広東省が住民を動員して組織した半官半民の「民衆抗日自衛団」などがあった。この民衆抗日自衛団は行政区域ごとに組織されることになっており、第七区社訓大隊もそれに沿って編成されたものと思われる。これらの諸団体が軍事面を担当したのにたいして、日中戦争が本格化した直後の一九三七年秋には、おもに後方支援にたずさわる民間組織として中山県民衆抗敵後援会が、県の指導でできあがっていた。

第七区社訓大隊では、民間の武器を調査して島民に訓練を施し、翌三八年二月十五日に集合し、沿海の各郷を守ることになった。ところがちょうどその翌日、日本軍が再び三竈島に押し寄せてきた。

三竈島第二次占領

これにさきだって日本海軍は、華南方面を担当する部隊として二月一日にあたらしく第五艦隊（長官、塩沢幸一《しおざわこういち》中将）を編成していた。十一日、支那方面艦隊が第五艦隊長官にたいして三竈島の占領と陸上航空基地の設営を命じる。兵力は軍艦の妙高と、第五水雷戦隊(夕月、望月)、多摩、長良による連合陸戦隊、そして警備と通信にあたる第五水雷戦隊の刈萱である。十六日、望月が妙高の陸戦隊を、また夕月がその他の陸戦隊を乗せて、停泊地の万山諸島を出航した。

連合陸戦隊は十二時三十五分から上陸を開始し、夜の七時までには島の大半を掃蕩した。翌十七日には全島を占領し、夕月と望月は島を離れて両艦の陸戦隊も撤収。十八日には妙高の桟橋架設隊が作業に入り、長良の陸戦隊が撤収するとともにあらたに第二防備隊が上陸して、陣地の設営を始めた。翌十九日には一二メートルの仮設桟橋が完成。二十日には妙高、多摩の陸戦隊および桟橋架設隊が撤収。二十三日には、第二防備隊を援助するために一部残留していた妙高陸戦隊も帰艦する。こうして、十六日の上陸時からわずか一週間ほどで、第二防備隊を残して初期の作戦が終了した（「主要作戦研究26　三竈島占拠作戦」）。防備隊は、当該地区の防御や警備にあたるとともに、港務や、軍需品、診療なども管理する後方機関で、侵攻作戦終了後に陸戦隊や砲艇隊が防備隊に転じ、場合よってはさらに特別根拠地隊に拡張された。三竈島の第二防備隊は上陸直前の二月十一日に編成され、翌一九三九年十月二十五日まで存続することになる。初代の司令官は藤田友造中佐だった。

日本側の史料では、これ以上くわしいことはわからない。つぎに、おもに当時の香港の新聞によりつつ、四月ごろまでの島の様子をまとめてみよう。

日本軍は前回とおなじくやはり四百人ほどが蓮塘湾から上陸した。そして北部の春花園、三竈街まで入り、財物や食糧を奪い、婦女を姦淫していたという。魚弄村では、年寄りや捕らえた男百人ほどを祠廟の前に並ばせて写真を撮った。日本軍が住民に歓迎されているという宣伝に利用するらしい。その一方で、島民をすぐに労役に使いはじめる。二月十六日には、各郷に人夫を送るように求めたが断られ、四方を捜索して四十人ほどを連れ去った。かれらは艦艇で荷物の揚げ下ろしをさせられ、翌日になって解放された。さらに、陣地を構築し、六堡《ろくほ》や蓮塘郷などで防空遮蔽物を建築し、蓮塘湾近くの田心郷ではおおきな家を三軒封鎖して住民に掃除をさせた。この家に日本兵が入るのだという。また食糧や電灯、電柱などを運ばせ、三竃街では民家の壁を壊してつなぎ、そこに軍事物資や食糧を蓄えた。三竃街の第七区公安分局は兵舎となり、「昭和十三年多摩中隊」という看板がかかった。軍艦多摩の陸戦隊ではないかと思われる。ところが二十四日には、船が二隻残っているものの、島の敵兵は大半がいなくなったという。つまり中国側は、二十三日までに陸戦隊がすべて撤退したことも正確に探知していた。

魏さんの村である田心郷では、第二回目上陸のとき村人二百人ほどが横琴島のとなりの深井《しんせい》に逃げた。村の人の田んぼがここにあったのだ。田心の人はほとんど半農半漁なので船があり、焼き米やサツマイモの粉など乾燥したものを持ってその船で逃げた。前年の上陸のときは三日間ほどで帰ることができたため、このときも一週間ぐらいの食糧を携えただけだった。しかしそのまま一カ月ほど、さらにどこへ逃げるのがいいのか、ルートを探していた。のちに魏さんの奥さんとなる人も田心出身で、このときマカオに逃げた。ただ、魏さんは島に残ったという。

新長崎の経営

三月に入ると、香港の新聞からは、日本軍があらためて島の軍事化に本腰を入れはじめたことがうかがえる。台湾からの陸戦隊や台湾人の労働者五、六百人が加わって、日本側の兵力は千二百から千五百人ほどとなり、桟橋、兵舎、倉庫を建設し、民家を壊して完全な飛行場を造り、陸空軍の根拠地にしようとしているという。また魚弄村の裏山では、山頂にトーチカを数カ所造り、高射砲や高射機関銃を備えつけた。そして台湾から自転車をたくさん運び込み、毎日それで各村をまわって略奪や姦淫を働き、抵抗する島民があれば殴りつけ、すでに数人が死亡し、重軽傷者が七十余人出ているという。

さらに黒沙《こくさ》湾から田心、上表《じょうひょう》、草堂《そうどう》など島の東側をまわって魚弄、三竈街にいたる軍用の「環島公路」を計画し、沿路の島民を工事に駆り出した。そして「三竈島を新長崎として経営する」という布告を貼り出した。「新長崎」とされた理由は不明だが、三竈島の占領に佐世保の特別陸戦隊がかかわっていたことと関係があるかもしれない。なお沖縄移民団への郵便物の宛先も「佐世保局気付」とされた。

日本軍は島民の管理にも本腰を入れはじめた。長老に案内させて各戸をまわり、三日までに全島の人口調査を終えている。そして保甲法にならって長老に一〇戸もしくは二〇戸ずつを管理させることとした。保甲法とは中国に古くからある制度で、もともとは自衛や治安維持のためのものだが、ここではとくに住民を管理するために導入されたものだろう。こうして人口調査を終えた後、各種の工事に村人を駆り出し、財産のあるものからは一〇〇元にたいして一〇元から二〇元の税を徴収し、拒めば捕らえて極刑に処した。貧しいものは五日から十日、二十日等の労役で税にかえることができたが、その間は賃金も食事も支給されず、仕事の時間に五分でも遅れれば罰としてさらに一日増やされた。

三月八日に島を脱出した陳某の話では、飛行場は完成間近だが、飛行機が一〇機しか収容できない臨時の小型のものだという。さらに周囲には木が生い茂っているために離陸がむずかしく、すこしまえに飛行機四機を運び込んで試験飛行をしてみたところ、うち一機が木に引っかかって墜落し、隊員二人が重傷を負った。そこで連日村人に木を伐らせた。ところが五日になってふたたび事故が起こり、木の伐採にあたっていた村人が怠惰だったせいだとして、見せしめに四人を銃殺し、遺体を川へ投げ込んだ。また飛行場の工事に駆り出された人たちは、毎日麦粥二碗と銅貨一〇元があたえられるだけで、すこしでも怠ければ鞭で打たれ、牛馬にも及ばない状態だという。工事には各村から一〇人、二〇人と徴用され、このころは全体で九十人ほどが働いていた。

こうした記事はすべて、島から逃げだしてきた人たちの伝聞にもとづいているのだろうが、このように、賃金や食事が出なかったという記事もあれば、出たとするものもあり、証言はかならずしも一定しない。

娯楽倶楽部

『香港華字日報』によれば、三月十五日に三竈島を脱出して十八日にマカオのさらに北にある唐家湾《とうか》に到着した盧《ろ》という四五歳の女性が、島のもうひとつの状況を伝えた。盧はもともと五人家族で、夫の杜才《とさい》は漁船を二艘所有し、中山県に出向いて漁をしていた。ほかに六歳と四歳の長男と次男、そして一八歳になる長女の亜木《あぼく》が家族である。このうち下の男の子二人は、二月に再上陸した日本兵に攫われ、夫の杜才は漁船を奪おうとする日本兵に抵抗して殺され、海に投げ込まれた。

さて、盧の家は三竈島の蓮篷坊《れんほうぼう》にあったが、三月になってその近くで日本兵が娯楽のための「倶楽部」を開設したという。その建物は、日本兵が民家の戸口をはずして木材を集め、それを使って建てた木造家屋だった。この倶楽部に島の三〇歳以下の女性五〇人が集められ、蹂躙されているという。三月十日、娘の亜木が水汲みに出かけたところ、軍用犬を連れた日本兵九人に見つかって後をつけられ、家に戻ったところを捕まった。そしてむりやり引きずって行こうとする日本兵に必死で抵抗すると、銃剣で体中を滅多突きにされて殺された。その遺体は見せしめとして倶楽部の前に丸一日放置され、翌日、川に投げ込まれた。夫と娘がこうして殺され、幼い子ども二人もどこかへ連れ去られ、ひとり残った盧は、復讐しようにもどうすることもできず、隣人三人といっしょに暗闇にまぎれて島を抜け出したのだという。

第二次占領の直後から日本兵がすでに婦女を姦淫していたという話はさきにも触れたが、三月ごろには、夜間に島民が家の扉を閉ざすのを禁じていた。捜査のためとされたが名目に過ぎず、それに名を借りて強姦し、すこしでも美しい女性がいると数人で輪姦したとされる。

魏さんの記憶では、夜の十二時になると兵隊が四、五人来て、日本軍が作った青年会の青年七人ほどに案内をさせて村をまわって帰った。毎晩、かならず一回来た。とくに女の子がいると、兵隊が夜にやってくる。田心でも二、三人が強姦されたという。

島にはまもなく本格的な慰安所が設置された。戦中にここを訪れた小説家の長谷川伸《はせがわしん》が慰安婦についての文章を残すことになるが、これについてはのちほど触れたい。

脱出する島民

日本軍による支配が進むなかで、島民ははやくから島を脱出しはじめ、そして日本軍はそれを阻止しようとしていた。日本軍は一九三七年十二月につづいて三八年二月にふたたび島に上陸すると、汽船二十数隻で島を取り囲んで水も漏らさぬかまえを取り、軍艦が停泊している蓮塘湾近くの上蓮《じょうれん》、英表《えいひょう》などの村では漁民の船を押さえてしまい、住民の脱出がむずかしくなった。二月中にはまた「三竈島はすでに〔日本軍の〕統治に帰し、島民の出入りには届け出が必要である」という布告が各郷村に貼り出される。

三月のはじめにはマカオの湾仔《ワンチャイ》で三竈島からの難民が急増した。かれらは親戚や友人のところに身を寄せるのだが、なかには通りで寝泊まりするものもあったため、マカオの住民が湾仔や前《ぜん》山《ざん》にアンペラ（筵）掛けのおおきな小屋を建て、また祠廟などにも難民を収容した。季節がしだいに暖かくなっており綿入れが一枚あれば過ごせるが、食糧には毎日相当な資金が必要となり、当地の有力者と社会団体が協力して救済の募金を呼びかけた。難民の話では、三竈島の日本軍のなかには朝鮮人や台湾人の部隊が混ざっており、かれらが島民に、この戦争では日本はきっと勝つことはなく、負ければ腹いせに手当たりしだい島の住民を殺すことになるため、はやく逃げた方がいいと勧めているという。八日の『中山日報』では、マカオや中山県に逃げたものが、すでに七、八千人に達しているとも報道された。さきに引用した福大公司の『三竈島概要』も、いつの時点のことをいうのかはっきりしないが、「尚今事変に際し約五千六百人の逃走者があり所有主のない土地が相当出来ている」と記している。

『香港工商日報』によれば、朝鮮や台湾の兵隊は、機会があれば外出して島民と話をし、中国の抗戦にたいする同情と、侵略戦争への反感を口にしていたが、それが司令官に知られ、前後して十余人が捕らえられて台湾の軍事法廷に送られた。べつの記事でも、各種の建設工事に携わるもののなかに「台鮮兵」がいるとされているが、これら台湾や朝鮮の兵隊は、おそらく軍夫として連れてこられた人たちのことだろう。中国東北部の出身者もおり、なかには日本兵の虐待に耐えかね、また祖国のことを思って日本兵のすきをついて逃げ、軍服を脱ぎ捨てて島民に服を求めて島を逃げだそうとするものもあった。ところが島民は東北部の人たちのことばが理解できず、かかわり合いになることを恐れ、そもそも東北の同胞かどうかもわからないために拒絶し、そうした逃亡兵たちは結局は日本兵に捕まることになった。このような事件が時折起こっていたという。

三月の中旬ごろまでには、日本軍は飛行場近くの村を出境禁止とし、また銀や食糧の持ちだしを禁じ、郷民で島を出るものには、島に留まるもの三人以上による保証を求めた。それでも十五日の朝には突然、三百人という大量の島民が船に分乗してマカオに押し寄せた。しかしすぐには宿泊するところが見つからず、泉洲《せんしゅう》の船着き場に百人ほどが留まり、宿はすでに満員で午後になっても行き場がなく悲惨な状況になった。このように大勢が慌ただしく逃げてきたのには、つぎのような理由があった。日本軍が島民を強制的に徴用して村ごとに男を三〇人ずつ出させ、拒めば村を焼くと脅したため、この知らせを聞いた人々がつぎつぎと山に隠れて一夜を明かし、十五日の明け方になって逃げだしてきたのだという。

また、漁民の船は一〇〇香港ドルの手数料で司令部から日章旗と許可証を取得することが義務づけられ、日程を申請してはじめて出漁でき、漁場も日本軍の目の届くところに限られることになった。

抗日ゲリラの逆襲

三竈島はもともと一万二千人から、『三竈島概説』が示す一万三千人ほどの人口があったと思われるが、第二次占領によって、約半数がマカオや島外の近隣地区へ逃げたとされる。その逃亡先で、三竈島民によるゲリラ活動が活発化した。

日本軍が島に再上陸したのは一九三八年二月十六日だが、はやくも二月二十六日の『香港商工日報』が、「壮丁の一部がすでに某所に集まり、約二千余人に銃が千余丁、ゲリラ的に出没して敵を襲撃している」と伝えた。壮丁とは老人以外の成年男性のことだ。ゲリラは森を利用してもっぱら夜間に活動しており、そのために日本軍は各地で樹木を伐採したり、火を放って焼いたりしたという。三月五日の夜にはゲリラが飛行場の倉庫を焼き、十日の新聞では、ゲリラ隊が地形を利用して日本軍を攻撃し、連日砲声が聞こえ、高欄島の日本兵百余人も三竃島に増援に向かった。十五日ごろには、監禁されていた女性たち数十人が日本兵のすきをついて小屋にガソリンをかけて燃やし、脱走する事件も発生する。女性は大半が逃げおおせたという。三竃島から脱出した難民が二十一日に語ったところによれば、十九日の夜には、つぎのような戦闘があった。ゲリラ隊を追って山深くに入った日本軍にたいして、ゲリラ隊は一部を日本軍の後方に迂回させて飛行場を襲撃し、燃料庫を爆破し、日本兵十数人を倒した。二十二日の夜には、「偽軍」の一部が寝返り、日本側に数十人の死傷者を出す。「偽軍」というのは、日本軍に編入された中国人部隊のことをいう。この場合はおそらく台湾人の部隊だろうが、当時、三竃島にどのような台湾人が送り込まれていたのか、日本側に史料が存在せず不明だ。さらに二十五日までには、田鹹《でんかん》村で人夫として徴用された一三人が途中で日本兵の歩兵銃四丁を奪って七人を撃ち殺す事件が発生したが、一三人はすぐに包囲されて、全員射殺される。

中国紙によれば、こうした情勢のなか、二十五日の夜には「田川」司令官が島に戒厳令を敷き、つぎのような布告を発した。

一、夜六時から翌朝八時まで、島民は何人《なんぴと》といえども特別許可証なしに自由に出入りすることを禁ずる。

二、銃器、刀剣などの武器を隠し持つことを禁じ、発見しだい銃殺とする。

三、武器を携えて警戒区域に入ったものは銃殺とする。

四、島民は、許可を得ることなく勝手に島を離れてはならず、違反者は銃殺とする。

さて、ゲリラ隊の中心になったのは、第七区社訓大隊の隊長でもあった公安分局長の蔡棟材と、三竈島の社訓大隊副隊長の呉発だった。島が日本軍に占領されたとき、公安分局は焼き払われ、蔡棟材は一部の巡査や隊員をつれて三竈島北方にある小霖島に逃れた。また呉発は一時日本軍に捕らえられ、母と妻、そして子ども三人が離ればなれになってしまう。しかしかろうじて脱出し、島民とともに小霖島の蔡棟材のもとに合流する。家族は安全なところに避難したことが判明するが、娘二人は、生死不明のままとなった。さきに見たように、日本軍が三竈島を占領したのち、島民はつぎつぎと難民となって島外へ逃げ出したが、貧しい者の多くは遠くまで行くことができず、近くの大霖島、小霖島方面に渡った。

大霖島、小霖島攻撃

これら呉発や難民らが組織したゲリラ隊と日本軍とのあいだで、三月二十七日に大規模な戦闘が発生する。最初に戦場になったのは三竈島内の西北部だった。そのころ日本軍はまだ島の全域を完全には支配しておらず、残された西北部に軍を進めようとしたのだ。それにたいして「鉱夫」三百余人が島民とともに高地や森の険阻なところに陣取って抵抗した。三竈島には鉱山はなく、ここで鉱夫というのは大霖島、小霖島のタングステン鉱山で働く人たちのことだろう。攻めあぐねた日本軍は大霖島、小霖島、さらにその北の大陸側にある乾霧《かんむ》郷に兵力の一部を回し、ゲリラ隊の退路をあらかじめ断とうとする。二十七日の午前八時（もしくは午後二時）ごろ、日本の陸戦隊三百余人が船に分乗し、航空機の援護をうけながらまず乾霧郷に侵攻した。ところが乾霧郷では、抗日ゲリラ隊が普段から訓練を積み、相当な準備をして待ち構えていた。結局、上陸した先頭部隊に数十人の死者を出して撤退し、その途中で船も一艘撃沈された。

同日午前十時（もしくは午後四時半）ごろから、日本軍は二百余人の兵力であらためて大霖島、小霖島に攻撃をしかけ、同時に航空機で爆撃した。ここでも、現地の壮丁七百余人に三竈島からの脱出者三百余人が加わり、すでに訓練を積んでいた。これら約千人のゲリラ隊が呉発に率いられて抵抗するが、日本軍の爆撃や機関銃による猛攻に耐えきれず、ついに乾霧郷に撤退する。ゲリラ隊員を含めて三百余人の死者を出し、家を焼かれた漁民たちもまた乾霧郷方面へ逃げた。日本軍はこの日の午前中には、ゲリラが抵抗するなかで三竈島の西北角も爆撃して住民百余人を殺し、多くの家を焼き払った。なお、日本軍は翌二十八日には両島から撤退する。

そののち、各島を逃れて内地の乾霧郷方面へ逃れた壮丁たちはつぎつぎと再集合し、蔡棟材と呉発のもとでふたたび千余人のゲリラ隊を組織した。そしてまだ三竈島を脱出していない壮丁たちと連絡を取り、繰りかえし日本軍を襲撃することになる。

地方維持会結成される

四月の初旬になると、あたらしいニュースが島外に伝わってきた。南部の飛行場近くに位置する田心郷や正表《せいひょう》郷の一帯で「三竈地方自治委員会」が組織され、湯聘臣《とうへいしん》が会長となったのだ。

当時の中国の新聞では横浜の華僑だったともいうが、じつは現在、湯聘臣の娘・湯洪青《とうこうせい》さんが香港で健在である。上品なマダムといった印象のこの女性によれば、父親の湯聘臣は一八七〇年ごろの生まれだという。日本軍の上陸時には六六、七歳だったことになる。もともと三竈島人ではなく、本籍は僑郷として知られる現在の広東省江門《こうもん》市新会《しんかい》にあった。聘臣の曾祖父の父はアヘンの常習者で、アヘンを手に入れるために六人いた子どもたちをつぎつぎと売り飛ばしてしまった。このままでは跡取り息子もいなくなると危機感を抱いた曾祖父の母親は、一人残った曾祖父を何としても守るため、夫のもとを離れ、それまで何のゆかりもなかった三竈島に身を寄せた。そもそも湯家は都会人であり、親子には高い教養があったため、やがて村人たちの尊敬を集めるようになった。孫の聘臣はやがて教師となり、香港のQueen's College（皇仁書院）で教えたこともあった。これは一八六二年に創設された香港初の官立男子中学校で、かつて孫文も学んだことがある。その後、まだ清朝だった時代に南洋サモアの領事館の秘書などをしたあと、広州に移り住む。ところが日本軍が空襲を始めたため、三竈島に逃げてきたのだった。

湯は前年に日本軍がはじめて島を占領したときすでに案内役を務め、このときも一種の住民組織が作られて会長に納まり、島内の二一郷の郷長も誘ったが、参加するものはなかったという。湯聘臣は若いころ清朝に仕えた外交官だったことから「反中華民国」の立場で、日本に好意的だったという。まもなく日本軍が一旦撤退すると湯はマカオに身を潜め、この年の二月に日本軍がふたたび上陸するや、また姿を現した。日本海軍の極秘資料『三灶島特報』によれば、湯は前年に日本軍に友好的であったため、日本軍が一時撤退したあと「漢奸」として逮捕されそうになり、ほかの島に逃げていたところ、三竈島がふたたび占領されたのち、「救い出された」のだった（『三灶島特報』第一号）。このとき逃げたのは、隣の横琴島だったともされる。この湯聘臣の第三夫人の娘が湯洪青さんである。まだ幼かった彼女は木場《こば》一丸《いちまる》第三聯合航空隊警備隊指揮官に可愛がられ、夕方になると毎日のように湯家を訪れていた木場司令官の愛馬に乗せてもらい、近隣の村々を闊歩してまわったという。日本海軍は湯聘臣一族の信望を利用して海沿いの村々を支配しようとしたともいえよう。

こうして湯はふたたび自治会長となり、各郷に働きかけたが、このときも参加する郷長は三、四人に止まった。香港の新聞によれば、湯は日本人のために食糧を購入したり女性を強姦させたり、略奪に手を貸すなどして住民の恨みを買い、祖先の墓を掘り起こされて燃やされてしまったとされる。

湯聘臣と日本軍幹部
（ニューヨーク三竈同郷会提供）

四月に入ると、「自治委員会」が「地方維持会」と改められ、また会長を廃して委員制となり、湯聘臣らが委員に選ばれた。こうした組織は、いずれにしても日本軍が島内を統制してさまざまな政策を遂行するにあたって、日本軍と島民とのあいだをつなぐための協力機関であり、日本軍が組織させたものである。湯はその後、六月中旬には、広東省政府から指名手配されることになる。

そののち三竈島に赴任した台湾人通訳・羅時雍は、手記のなかに湯の暮らしぶりを書き留めている。湯聘臣は正表郷の郷長でもあったが、すでに七〇歳近くで、いつも中国式の長袍を着て丸い「瓜皮帽」を被っていた。郷の真ん中あたりにある祖先を祀る祠堂に「三竈島自治維持会」の看板を掲げているものの、なかには机と椅子があるだけで、普段の連絡などは湯の家で行う。夫人は白髪で顔はしわだらけ。曲がった腰で家畜の世話や野菜畑の仕事をして、中年の息子や孫たちと母屋で生活していた。湯自身は西側の離れで四〇歳ぐらいの妾と暮らしていたという。

このほか北部を中心とした一三の村では、三月二十三日に三竈街の聖母廟に「治安維持会」が設置され、李宏楽《りこうらく》が会長の座についたとされる。

盤古廟襲撃

他方で、この間もゲリラの活動はさらに激しさを増し、島の全域に及んだ。そして維持会の委員ら七人がひそかに島を去り、また雅敦墟《がとんきょ》では日本軍の協力者たちが集まっていた廟をゲリラが襲い、多くの死者を出した。

四月十一日、ついにおおきな衝突が起こった。島の北西の端に定家湾《ていかわん》という名前の村がある。その海岸から幅わずか二キロメートルほどの海を渡れば、向こうはもう大陸に隣接する大霖島、

三竈島のゲリラ隊、右端が呉発（『良友』137 期）

小霖島だ。そのころ日本軍は、島内の各地に兵隊を派遣していたが、定家湾でも村の外の盤古《ばんこ》廟《びょう》に分隊が駐屯して警備にあたっていた。この分隊をゲリラが攻撃したのである。廟というのはさまざまな神様を祀る一種の神社で、「盤古」というのは中国の創世神話に登場する神様だ。

帰還後にゲリラたちがマカオで語った話を中心にして、事件の経緯を再現してみよう。十日の深夜、第七区社訓大隊長の蔡棟材と副隊長の呉発が決死隊三二人を選びだし、小船六艘に分乗して大霖島を出発した。定家湾の盤古廟近くに到着したのは、十一日未明の三時ごろだ。日本兵は三人が外で警戒にあたっていたが、そのうち二人は廟の両側で銃をかかえて座り込み、一人があたりを行ったり来たりしている。ゲリラ隊が近づくと犬が激しく吠える。しかし日本兵は気にすることもなく、犬を廟へ追い込む。このときゲリラ隊が突入し、拳銃を乱射した。

歩哨にあたっていた日本兵がまず倒れ、廟のなかは不意をつかれて布団で身を隠す者、ベッドの下に潜り込む者など、狼狽をきわめた。ただ指揮官だけはやや落ち着き、片手で壁の銃を取り、もう一方の手で灯りを消す。ゲリラはその銃を奪って指揮官を射殺すると、呆然とする日本兵に一斉に襲いかかった。

こうして、指揮官を含めて二二人の日本兵を倒し、軽機関銃一丁、小銃七丁、銃剣、日章旗二枚を奪って持ち帰った。日本側で逃げおおせたのは歩哨に出ていた二人、ゲリラ側の死者は二人だった。呉発らが大霖島に戻ったときは、もう午前九時を回っていたという。

こののち、中山県長の張恵長は県の公費から功労金五〇〇元を呉発らに贈り、また広東省に表彰を申請した。それをうけて省では、死亡した隊員には一人一〇〇元の見舞金、また負傷者には五〇元の治療費、またそのほかの隊員には計一〇〇〇元の報奨金を贈った。かれらは戦利品を中山県の前山《ぜんざん》鎮などで展示し、その功績は上部にも報告されておおいに賞賛されたという。そのころ中国で発行されていた写真雑誌『良友』に、戦利品を展示したさいの写真が載っている。日本側の記録では、このとき第二防備隊員三人が死亡し、四人が負傷したという。

三竈島惨案

日本軍は、三竈島を含めさまざまな島を占拠していたが、このころ部隊の多くが中国東部の戦場へ向かうために北へ、つまり大陸方面に移動したという。この間隙をついて、三竈島をはじめとして大霖島、小霖島、高欄島などでも島民がいっせいにゲリラ活動を活発化させたのだった。

三竃島の東南方面にある荷包島《かほう》でも、十四日夜に決死隊三十余人が飛行場を襲撃し、日本兵十余人を倒し、飛行機数機を焼き払った。

だが四月十一日の三竃島定家湾での襲撃は、すぐさま日本側の過剰な反撃を誘発することになる。当日午前九時から午後二時まで、日本軍の爆撃機一八機がまず南水島、北水島《ほくすい》を繰りかえし爆撃し、被災民数百人を出す。このときまた「有毒性」の爆弾を五、六十発落とした。十一日から十三日まで、日本兵が各郷村に入り、さらに飛行機が爆撃し、西北の各村では、民家七、八十軒が壊され、数百人の死傷者を出した。

千人塚（和仁廉夫撮影）

島の北部のなかほどに魚弄という村がある。現在、そこに通称「千人塚」が建っている。沖縄の亀甲墓のように、山の斜面の一部がおおきく半円状にコンクリートで固められ、その前の広場に、やはりコンクリートで掩《おお》われたゆるやかな土饅頭風のものがある。そしてさらにその前に、高さ三メートルほどの四角い石碑が建つ。正面には「三竃抗戦殉難人民之墓」、また側面には「殺身成仁　民国三十八年季夏」とある。民国三十八年は一九四九年、その夏とは、日本との戦争は終わったが、まだ中華人民共和国が成立していないときのものである。

一九三八年の四月十二日から十三日にかけて、この千人塚近くで凄惨な大量虐殺事件が起こっていた。日本軍が魚弄郷とその近隣の住民を関家祠《かん》に集め、機関銃を掃射したのである。関家祠は、関一族の祖先を祀る建物だ。二〇〇五年九月にわれわれが三竈島を訪れたとき、一九二〇年生まれの関歓氏の話を聞くことができた。当時、なかには倒れたまま生きていた人もいて、夕暮れになって逃げようとしたが、見つかってまた撃たれた。そのなかで沈朋《しんぽう》という人が首尾良くその場を逃れ、香港に渡った。この人物のおかげで、この惨劇が後世に伝えられることになったのだという。この事件は当時の香港の新聞でも伝えられた。日本軍は、「定家湾の陣営をわれわれに襲われたため報復しようとして、もっとも残酷な手段を惜しまず、まったく無抵抗の非武装の民衆をいたるところで惨殺し、憤りを晴らし」ているのだという。そして十一日の午後三時ごろに、魚弄郷で男女百四十余人をしばりあげて関氏の廟に閉じ込め、夜の八時ごろにその郷民を外の空き地に引き出して、つぎつぎと銃殺した。死体は山のように積み上がり、それに火をつけて燃やしたうえで、穴に埋めた。さらに夜の十時には魚弄郷の東頭《とうとう》で民家を焼き、十三日には聖堂や草堂の各郷でやはり火を放ち、郷民を殺した。そのとき、三竈島の港はすべて日本軍が封鎖し、出入りをすることができず、状況はきわめて厳しかったという。以上は三竈島から脱出してきた「沈文卓《しんぶんたく》」が語ったものだというが、これがさきの「沈朋」とおなじ人物かどうかは不明である（『香港華字日報』四月二十五日）。また犠牲者数は四百人ほどだったという証言もある。

現在ニューヨークに、一九三三年生まれで魚弄村出身の莫孟頑《ばくもうがん》という人物が住んでいる。二〇一一年にニューヨークの三竈同郷会で話を聞くことができた。それによれば戦後、一九四九年の旧暦五月のはじめに、かれの父親が中心となって三日にわたって犠牲者の遺体を掘りおこし、千人塚を建てて埋葬したという。

日本側の記録

以上はおもに、当時の中国や香港の新聞記事と、現在の聞き取り調査にもとづいている。つぎに日本側の記録を見てみよう。十一日に定家湾で日本兵襲撃事件が起こると、日本側はすぐさま第二三駆逐隊、刈萱、勝力《かつりき》の陸戦隊を派遣し、西澳島《せいおう》沖に停泊中の航空母艦「加賀」から攻撃隊を出動させた。『戦闘詳報綴　軍艦加賀』によれば、天気は晴れ。北島中尉に率いられた艦上攻撃機六機、九五式艦上戦闘機三機が九時二十五分に発進し、四十五分に三竈島上空に達すると、その北部と西部の村や「機銃陣地らしきもの」、また三竈島西方の半島部にある南水島と、その北方海上に浮かぶジャンクを爆撃し、十二時に帰艦した。つづいて井口大尉の指揮するおなじ編成の第二陣が午後二時五十分に飛び立ち、三竈島と大霖島付近を偵察し、大霖島と、南水島、北水島の部落を爆撃し、四時四十五分に帰艦した。この二陣の攻撃隊はいずれも「敵兵」を発見することができなかった。

航空機による爆撃と平行して、地上ではやはり島内西北部の村々にたいして掃蕩作戦が行われ、長良、多摩、第二三駆逐隊、第一六駆逐隊、第二九駆逐隊、勝力の陸戦隊を順次交代で五月上旬まで派遣した。このとき標的となった北部や西部は、特別な意味を持っていた。この直前、三竃島の全二一郷のうち北側の七、八郷はまだ日本軍に占領されておらず、しかも最近になってゲリラが奪還した地区もあり、日本軍の支配地は実質上、東南沿海部の八、九郷に限られていたのである（『香港工商日報』四月十三日）。しかも北部、西部は狭い海を挟んで大陸に隣接し、ゲリラ隊がかねてから出入りしていた。日本軍は、十一日の襲撃事件を機に北部、西部地域の問題を一挙に解決しようとしたのだろう。このようななかで発生したのが、四月十二日、十三日の魚弄村での事件だった。翌十四日には、日本軍は北部東寄りの聖堂郷で住民を集め、安心するようにという訓話を行ったという。つづいて十五日には二手に分かれて、東北部と西北部の村々で同様の訓話を行い、治安維持会の李宏楽らが住民を呼び集めた。そのころ少年だった前述の魏福栄さんの記憶でも、清明節のころ、日本軍からみんなに戻るように言ってきたという。清明節は四月五日前後にあたる。日本軍が、やはりこのころに一度、住民に呼びかけたのだろう。

ところが住民が出てくると、日本軍はそれを縛りあげて上蓮郷《じょうれん》、草堂、蓮塘湾、春花園《しゅんかえん》等々へ連れさり、殺害してしまった。このときの犠牲者は二千人に及び、治安維持会の李宏楽もいっしょに殺された。ほかに、漁船や民船が一六四艘焼きはらわれた。『琉球新報』が伝える「安田少佐」の話によれば、「四月十二日〔十一日の間違い〕の敵襲において」、「島内北部一帯の土民は敵匪と合流して叛乱を企図した」。そして「この掃蕩戦において全島は全く海軍旗のはためくところとなった」という（一九三九年八月十一日付）。徹底した掃蕩作戦が遂行されたようだ。

宮崎久次郎

このときの虐殺には、設営隊の一部もかかわっていた可能性がある。鹿児島の時吉秀志《ときよしひでし》という竹細工師が、それが「宮崎久次郎」だったと証言している（『週刊　金曜日』二八七号、一九九九年九月）。宮崎久次郎は長崎を本拠地とする有名なヤクザで、海軍の要請によって子分三六五人を連れていまだ戦闘がつづく上海に渡り、飛行場を建設したという人物である。一九三七年の八月中旬のことだった。この話は軍国美談「誉れの飛行場」という浪花節に組み立てられて、浪曲師の木村友衛《きむらともえ》が上演したほか、田口哲《たぐちさとし》監督の軍事映画『鉄火部隊』（一九三八年）、茂木了次《もてぎりょうじ》作詞、鈴木哲夫《すずきてつお》作曲の歌謡曲「鉄火部隊」（一九三九年）などにも仕立てられた。宮崎久次郎は上海だけでなく、その後もラバウルや南方の島々でも飛行場を設営したとされる。その腕を買われて三竈島の飛行場建設にもかかわったことは、おおいにありえる。つまり、時吉秀志の話と総合すれば、三竈島の設営隊には宮崎久次郎配下のものたちが加わっており、四月の掃蕩作戦のときに、防備隊といっしょになって島民の虐殺に参加したのだろう。

家族七人がすべて殺され、三竈街のあたりで一人だけ生き残った少年がいた。三、四歳で、日本名を付けられ、そののち部隊長が日本へ連れていったという。春風という飛行機で発ち、魏さんも旗を持って見送った。小さなときの記憶を残したまま日本で暮らしたのか、すべて忘れたのか、あるいはもう亡くなっているのか、すべて不明である。沖縄からの移民のなかにも、「秋山」という兵隊が男の子を日本へ連れ帰ったと記憶している人がいる。そのような子どもは複数いたのかもしれない。

なお、十三日には、早朝に中国軍機が飛来し、建設中の飛行場や格納庫、倉庫などを爆撃した。

中国側の史料では、日本軍に占領されていた八年間のあいだに、三竈島で殺害されたもの二八九一人、餓死者約三千五百人を数えたとされる。これらの事件にたいして、戦後、「千人塚」のほかに、茅田《ぼうでん》村に「万人塚」が建てられた。

万人塚（和仁廉夫撮影）

無人と化した北部

四月の掃蕩作戦の際、その後の三竈島に深くかかわることになる人物が、海軍の通訳としてやってきた。一九一八年生まれの台湾人、羅時雍（―二〇一〇）である。もともと台北の学校教師だったが、一九三八年三月に通訳として召集されていた。台湾南部の高雄《たかお》から駆逐艦に乗船し、香港、マカオ近くの海上で駆逐艦「芙蓉」に移った。芙蓉には前任者として父親の友人だった沈《しん》石財《せきざい》が通訳として勤務していたが、封鎖作戦にともなうジャンクの臨検中に怪我をして仕事を離れることになり、その後任として羅時雍が指名されたのだった。

四月になると、三竈島で通訳が欲しいという呼び出しがかかる。羅時雍が書き残した手記（『羅時雍手稿』）から、当時の様子をすこし拾い出してみよう。島に到着してみると、海軍第二防備隊と、飛行場建設の設営隊員がかなりいて、民家とテントに居住し、付近には建築資材が所狭しと積みあげられ、トラックが行きかっていた。島のなかほどには、高さ二百メートルほどの山が東西にならび、これによって、三竈島は北部と南部に分かれている。防備隊は、蓮塘湾近くの本部のほかに、北方の海岸の要所に駐屯し、また島民は南側の五つの部落にまとまり、北方側にはすでにほとんどいなかった。

羅時雍は到着した翌日から特務士官が指揮する掃蕩隊に加わって、西回りの方向で島を回り、島民を捜索していった。部落と部落のあいだは、せいぜい牛車が通るほどの道しかなく、また田んぼのあぜ道などをつたい、手分けして民家を一軒ずつ調べていく。ほとんどが空き家で、長く耕作した気配のない田や畑は荒れ放題となり、荒涼とした景色だった。掃蕩の時点で、北部はすでに住民が逃げ出してしまっていたのだろう。ただ、羅時雍は「路傍の屍体から発散の臭気で鼻をつかれたこと」もあった。手記には一部欠落があり、文脈がはっきりしないが、他の掃蕩隊が捕らえた十数人の「便衣兵」が銃殺される場面も目撃したようで、「戦争の残酷を数日間で体験した」と記す。便衣兵とは、民間人に偽装した軍人である。羅時雍の以上の記述は、日本軍側から掃蕩戦に参加した当事者による、おそらく唯一の直接的な記録である。

日本軍の報告書『三灶島特報』もまた、もとは約一万二千人いた住民が、日本による占領にともなって、「其の大部は大陸に逃亡し、又四月中旬北部部落民を掃蕩したるにより」、六月の時点では、「現在南部々落民約一八〇〇名を残すのみとなれり」という。ただし、「草堂、三竈街等の裏山には猶《なお》掃蕩に漏れたる島民約五百名余も逃げ込み居る」状況だった。

さらに、翌年八月に三竈島を訪れた朝日新聞の今井特派員は、島内の村落を、「海軍守備隊では警備の必要上、英表、田心、正表、根竹園《こんちゅくえん》、蓮塘の五ヵ村にまとめ、全島民を結集せしめて五郷治安維持会を結成、島の有力者湯聘臣を治維会長とし」たという説明をうけた（『東京朝日新聞』一九三九年八月十一日）。日本軍が住民を、南部の飛行場建設予定地周辺に、政策的に集めたのである。また峠から今井特派員に見える北側の風景は、「住民の唯一名も残らぬ無人の村許《ばか》り、其村には必ず一二軒づつ似合はしからぬ立派な洋風の建物があるのは、島を出て成功した華僑の故郷に錦をかざった邸宅である」といったものだった。そして「静まり返った無人の村を幾つか通りすぎて」、山奥の派遣隊を訪ねたという。

第一章でも紹介したように、今井特派員よりも二ヵ月はやく、三九年六月に三竈島を視察した沖縄県職員の安保技師は、前述のように、おなじ風景をべつの観点から、「同島は水田一千町歩ばかり広漠として拡がり全くの沃野で、全く住民がいなくなってしまったから五十家族位行けば最も適当な耕地が得られる」と報告した（『沖縄日報』一九三九年七月二十三日）。住民のいなくなった北部地域のことをいうのだろう。このような無人の北部に、まもなく沖縄から移民が入ることになる。

なお、任務を終了した羅時雍は、三八年四月下旬には一旦三竈島を離れた。

第二遣支艦隊参謀・大井篤

二〇〇九年八月、NHKが「日本海軍　400時間の証言」を放送し、その「第三回　戦犯裁判　第二の戦争」のなかで、大井篤・元海軍大佐の証言が紹介された。大井はそこで、「三竈島事件」というのがあって、「わたしはそのあとで行ったんですけど、臭くて死臭が。あの三竈島に海軍の飛行場を造ったんです。飛行場を造るのに住民がいるもんだから、全部殺しちゃったんですよ。何百人か殺した」という。全部殺したというのは間違いだが、大井が感じたという島に漂う「死臭」が、事件の規模のおおきさをよく物語っている。

大井篤（一九〇二〜九四）はアメリカ留学を経験し、海軍大学校を卒業後、第三艦隊司令部参謀、海軍軍令部部員、第二遣支艦隊参謀、海軍省局員、さらに太平洋戦争時には連合艦隊参謀などの要職を歴任した海軍のエリートである。大井は戦争中の日記を残しており、現在、防衛研究所の図書室で一般に公開されている。上記の証言にあるように、大井は三竈島の占領そのものにはかかわっていないが、日記によれば、第二遣支艦隊の参謀当時、この島に二回立ち寄っている。一回目は一九三九年十二月二十八日だ。飛行機で台北から海南島の三亜《さんあ》へ行く途中で補給のために三竈島に着陸したところ、飛行機のブレーキが故障し、昼のあいだしばらく警備隊で休憩することになる。このとき島を簡単に一巡して「慰安隊」まで見学し、「三竈島の認識を深めた」という。さらに、「此処に投じた金額を考えるとぞっとする」とも記す。

二回目は翌一九四〇年の三月二十七日で、視察のためにふたたび訪れた。前回も今回も、いずれも三竈島の占領から丸二年ほど経過している。それでもなお、死臭が鼻をついたというのである。この第二回目の日記は英文で書かれているが、非常に重要な内容を含むため、三竈島に関係する部分を全文訳出してみよう。

島の指揮官がわれわれに、この島のいろいろなことを説明してくれた。島の占領史にはきわめて重大な汚点がある。侵入してきた部隊が非常に多くの住民を虐殺してしまったのである。その理由は、かれらのなかに、日本の将校を殺した中国人部隊といっしょになって陰謀を企てたものがいると思われたためだ。もともと二万人ほどいた住民のうち、島に残ったのはわずか二千人となった。ただ残ったものたちには、現在の日本の部隊がとてもよくしている。

虐殺のニュースは広がらないようにしてあるのかもしれないが、いずれにせよこの事件は日本と中国との友好関係だけでなく、偉大な名誉ある強国として大日本帝国が発展するにあたって、深刻な障害となるだろう。

大井篤はここではっきりと、虐殺（massacre）ということばを二度も使っている。ポルトガルの駐広州総領事だったモルガード（Vasco Martubs Morgado）も、掃蕩戦直後の一九三八年四月二十六日に、本国へすでにつぎのように報告していた。三竈島や万山群島で日本の「海軍と兵士が女性や子どもにたいして行ったことは、南京事件の繰りかえしです。これらの島からやってきてマカオにいる中国人難民の話が、このことを裏付けています」（莫嘉度『従広州透視戦争』）。

被害数値

戦後の一九四七年に刊行された『中山文献』に「抗戦史料」が収録され、そのなかに「七区災情調査表」が付いている。おそらく正確さには欠けるが、被害の実数に言及する唯一の詳細な史料であるため、以下に再録しておく。

さきに紹介した『三竈島概説』（四三ページ）と比較すると、戸数や人口、また郷名自体も一致しない部分が多い。ただ、戦後の一九六六年に作成された毛筆手書きの『三竈島血難史』が、全島で二七一三戸、人口一万二五七七人としており、『中山文献』と人口がぴったりと一致しているのが、かえって不思議だ。何か基本的な原史料があるのかもしれない。日本軍の『三灶島特報』はもともとの島の人口を一万二千人と見積もっており、日本軍が占領する以前の島の人口はやはり一万二千人から一万三千人前後だったと考えられる。

また、日本軍による本格的な掃蕩作戦からやや遅れて三竈島に到着した羅時雍は、島内を西回りの方向で捜索していったが、「七区災情調査表」の「被害日時」と「郷名」を整理すると、日本軍の掃蕩隊も島の西南端を廻って西北部に入り、さらに中央部に進むという進路をとったことがわかる。日本軍にとってもっとも問題とされたのは西北部であり、日本側におおきな被害の出た盤古廟がある定家湾も西北端に位置する。「七区災情調査表」の「被害日時」は、日本軍の進路をそれなりに正確に反映していると見てよい。

七区災情調査票

郷名	現有住戸	現有人口	被害日時	脱出人数	惨殺人数
魚 弄 郷	312	1700	4月12日	1523	176
春 園 郷	198	879	4月15日	504	276
雅 墪 郷	270	1500	4月12日	1350	150
屋 辺 郷	120	700	4月15日	655	33
上 蓮 郷	279	1297	4月	1027	80
聖 堂 郷	176	656	4月15日	547	58
杭 坑 郷	212	745	4月 9日	646	99
魚 塘 郷	205	800	4月 9日	744	56
横 石 郷	324	1470	4月 9日	1394	76
六 竃 郷	78	480	4月15日	472	13
茅 田 郷	78	352	4月15日	343	40
大小霖郷	284	1256	4月28日	900	9
草 堂 郷	180	742	4月15日	408	334
列 聖 郷	105	763	4月15日	763	無
合計	2716	12577		11187	1400

第三章　日本海軍第六航空基地

第一四航空隊の誕生

三竈島の第二次占領から掃蕩戦にいたる時期には、中国方面の日本海軍航空部隊がおおきく編成替えされつつあった。一九三七年七月に日中戦争が勃発すると、海軍では第一聯合航空隊（木更津隊、鹿屋隊）と第二聯合航空隊（第一二航空隊、第一三航空隊）を編成し、八月八日には、このうち鹿屋航空隊が台湾の台北に移り、八月末以降、華南方面の航空作戦に従事した。ここに十月から第一航空戦隊（軍艦「加賀」「疾風《はやて》」「追風《おいて》」）、しばらくのちに第三航空戦隊（「神威」「神川丸」「香久丸」）、「妙高」「多摩」の水上偵察機などが加わることになる。このうち加賀は航空母艦、そして神威、神川丸、香久丸が水上機母艦であり、また「妙高」「多摩」などの巡洋艦は水上偵察機を一、二機搭載することができた。

第一聯合航空隊は、もともと大陸航空作戦ではなく、対米の洋上航空作戦兵力として育成されていたものだ。ところが、中国方面で一定の戦果をあげながらも、三八年二月までにすでに約三十機を失っていた。これでは本来の目的に支障をきたす可能性がある。そこで、三月二十二日、第一聯合航空隊は日本内地に帰還することとなり、これと入れ替わるように、華南にかんしては、この方面を主要作戦地域とする高雄航空隊が、四月一日に台湾の高雄で編成された。

つづいて四月六日には鹿児島の鹿屋で第一四航空隊が編成された。初代の司令官は阿部弘毅《あべひろあき》大佐。この第一四航空隊用基地として華南にあらたに建設されたものが、三竈島の飛行場であり、まもなく第六航空基地と命名されることになる。航空基地の番号は第一から第五まで順に、済州島、台北、周水子《しゅうすいし》、北京南苑《なんえん》、石家荘《せっかそう》の飛行場につけられ、このほかに記号で表される基地もあった。

羅時雍が目にしたように、一九三八年の四月にはすでに、基地建設の準備がさかんに進められていた。海軍の設営隊は、二月十八日に第二防備隊とともに到着しており、四月の時点では、兵舎や設営隊の宿舎をはじめとして、それなりに作業が進んでいたようだ。そして蓮塘湾と田心村をはさむ地点ですぐに飛行場建設の準備に取りかかった。

「三竈島防備に関する意見」

島内の掃蕩戦も一段落を告げたと思われる四月十八日、第五水雷戦隊では参謀二人を三竈島北部に派遣して視察させ、「三竈島防備に関する意見」を上部の第五艦隊に具申した。そこには、日本軍があらたに進めるべき建設工事について、意見もしくは計画が具体的に記されているが、なかでもとくに大がかりなものは道路工事と、そして本来の目的である飛行場の建設である。

日本軍の本部は、南部の蓮塘湾近くに置かれている。三月から四月中旬にかけて抗日ゲリラの

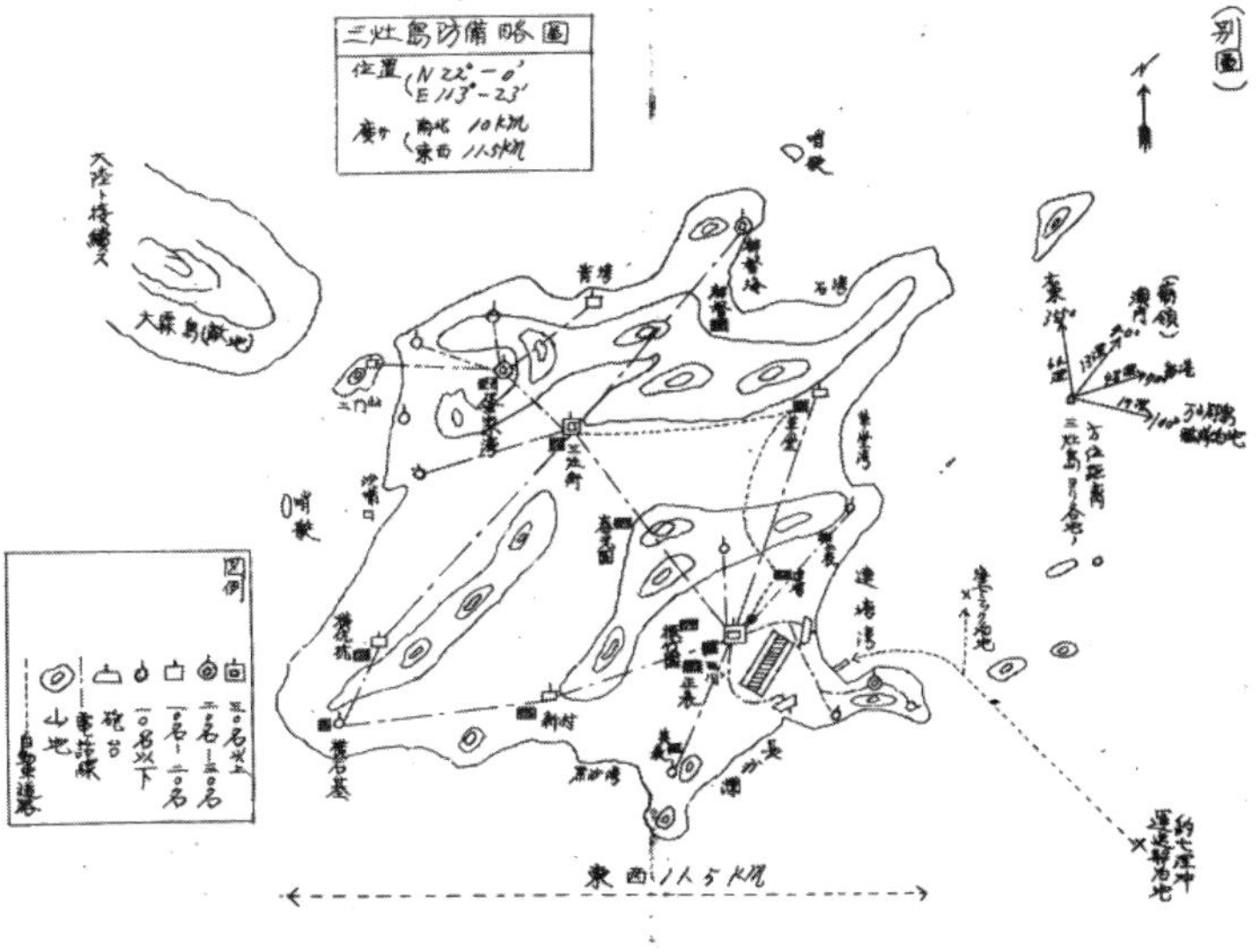

三竈島防備略図（『三灶島特報』）

襲撃があったのは、そこから見て島の反対側にあたる西北部の村である。そこはまた中国大陸に近く、容易にゲリラが侵入でき、今後もそのような可能性が考えられた。そのような緊急時にすばやく北部へ兵力を送らなければならない。ところが羅時雍も記すように、当時はせいぜい牛車が通るほどの道しかなかった。

第五水雷戦隊の意見書は、この島内の道を、すくなくとも小型トラックや側車付機銃車が通れるように整備することを求めている。具体的なルートは、まず北部の中心地である三竈街から、おなじく北部の東側に位置する草堂までの、平地約六キロメートル。つづいて草堂から、中央部の山を越えて日本軍の本部がある蓮塘にいたる道で、推定距離は「不明」。最後に、三竈街からおなじく北部の魚堂《ぎょどう》等への道である。以上のうちもっとも重要なのは草堂から蓮塘にいたるルートだが、「山道岩石あり工事相当困難」と予想されている。

現在、草堂から蓮塘までは、島の中央部を東西に走る山地を迂回するように、東側の海岸沿いをよく整備された広い道路が通っている。ただし、日本軍がその後作製した地図を見ると、草堂と蓮塘を結ぶ道路は海岸に沿ってはおらず、より直線的に伸びて中央部の山地を縦断している。その縦断部分に、第二防備隊司令官藤田友造の名前にちなむと思われる「藤田峠」がある。おそらくこれが、第五水雷戦隊の意見書にしたがって造られた山道のなごりで、もともとの環島道路の一部だろう。

一方の飛行場については、南部平地の田心付近に、長さ八百メートル幅三百メートルのものを造成し、付属施設として兵員九百六十人、工員二千人用の居住設備、格納庫、通信および防空設備、燃料および爆弾庫などを建設する計画だった。

前述の魏福栄さんが聞いた話では、海軍は第一回目の上陸のときすでに飛行場を造るつもりだった。しかし土地がなかったため横琴島へ行ったところ、やはり土地がないので、また戻ってきたのだという。飛行場を造った場所は、それまでは林と田んぼだった。

中国軍戦闘機対日本海軍航空隊

中国の新聞によれば、四月末、日本軍は、それまで北部の三竈街に置いていた司令部を、東南の飛行場近くに移し、また兵士や軍需品、兵舎や船着き場を造るための大量の杉板を陸揚げして蓮塘郷に集中させ、防空避難所や兵舎も造っているという。また島に残った住民は十分の二にもならず、食糧が欠乏し、日々、物価が上昇していると伝えられた。

五月上旬には島民を使って運河を掘らせた。これはもともとゲリラに襲われたときに艦に逃げ帰るためのものらしい。五月中旬までには高射砲三基が備え付けられ、また艦長の命を狙っているとして、島民を大勢捕らえて殺しているとされる。このことについては、ゲリラが実際に艦長を殺したとの報道もあるが（『天光報』五月二十八日）、真偽は不明だ。

この年には、中国沿岸の封鎖をさらに徹底させるために、中小港の占領作戦が発動された。その一環として五月三日には大本営が廈門《アモイ》攻略を命令し、十日に上陸が始まる。この作戦を支援するため、華南の日本海軍航空機が廈門方面に向かったすきをついて、十日と十一日の二日間、中国軍の戦闘機と爆撃機各一〇機が三竈島に飛来し、飛行場や、蓮塘湾、定家湾の日本軍陣地を爆撃し、また日本軍機と空中戦を演じた。中国側の史料では、このとき日本兵百四十人あまりが死亡し、日本軍の三機を撃墜したという。『琉球新報』では、戦闘機一五機、爆撃機三機の空襲を二回にわたって受けたが、いずれも地上砲火によってこれを撃退したとされている（一九三九年八月十一日朝刊）。

航空母艦「加賀」からの報告によれば、このとき飛来したのは湖南省の衡陽《こうよう》、江西省の南昌《なんしょう》方面に身を潜めていた中国空軍のG型戦闘機隊だという。加賀が五月十日からこの海域を離れた機会をとらえ、爆撃機をともなって南下し、十一日早朝に三竈島基地と万山群島の海軍停泊地を奇襲したのだった。加賀はすぐに帰還したものの、中国機は奥地へ逃げこんでしまった。

この年、香港で『大炸三竈島』という記録映画が作られ、爆撃の様子や、蔣介石《しょうかいせき》夫妻の談話などが収録されているとされる。現在この映画がどこにあるのか確認できないが、おそらくこの五月の襲撃時のものだろう。

このころ衡陽や南昌に展開していたのは、中ソ連合航空隊だった。日中戦争中に中国空軍に協力した外国人部隊としてはアメリカ義勇部隊のフライング・タイガーズがよく知られているが、ソ連も一九三七年以降、義勇軍を送っていた。擁する戦闘機はI－16、I－152、爆撃機はSB－2、TB－3などだ。そして一九三八年二月には、南昌を離陸した二八機のSB－2が台湾海峡を超え、台北の松山《しょうざん》飛行場を爆撃した。この飛行場は、さきにも触れたように日本海軍の航空隊が中国本土を渡洋爆撃するための基地であり、それを逆襲したのだ。さらに五月には、中国人パイロットが乗り込んで重慶《じゅうけい》を飛び立ったアメリカ製爆撃機が九州に飛来し、ビラを投下する事件もあった。中国空軍機が日本の植民地や、また本土自体に侵入するのははじめてのことであり、またこれが最後だった。一九三八年五月中旬の三竈島への爆撃は、この時期に活性化した中国空軍の反攻の一環だったのだろう。

ここで中国全体の戦況を見ておくと、一九三七年十二月十三日に、それまで首都だった南京を日本軍が占領する。しかし中国は政府中枢を西南部奥地へと移動させ、日本側の和平交渉には応じなかった。中国の実質的なあたらしい首都となったのは、長江上流に位置する漢口《かんこう》（武漢）である。それにたいして日本軍は、漢口攻略を念頭において、六月三日に長江遡行作戦を決定する。

すでに見たように、前年の七月に日中戦争が本格化して以来、海上封鎖作戦にともなって、中国南部の福建省や広東省の陸上でも日本軍の航空機が爆撃を繰りかえし、広州もしばしば攻撃にさらされてきた。しかしここにいたって、広州の爆撃がさらに本格化し、このころ福建、広東方面の航空作戦をおもに担っていた海軍第一航空戦隊（「加賀」「疾風」「追風」）が、中国中部方面のこの作戦に協力するため、五月二十八日から三日間にわたって広州市内を爆撃した。陸上の航空基地ではなく、航空母艦の加賀から飛び立った艦載機による空爆だ。この日の様子を『東京朝日新聞』は、「広東中枢部を始め　全支に猛爆加ふ　きのふ海軍機の活躍」（五月三十日付）、翌三十一日には「軍事施設潰滅へ　広東を連日空爆　省政府、軍司令部炎上」、「海軍機三日間の猛爆　広東大混乱に陥る　住民雪崩打って逃避」などと伝えた。「広東」とは「広州」のことである。

航空部隊の進出

このような時期に、いよいよ三竈島の第六航空基地へ飛行部隊が到着する。日本から台湾の屏東《へいとう》まで移動していた第一四航空隊の半分が、その第一陣として六月二日に航空母艦「加賀」にひとまず収容されたのち、三日に三竈島の第六航空基地に移った。そして翌日から、第一航空戦隊の作戦を援助するかのように、広州とその周辺に、連日のように爆撃を繰りかえす。

四日　広九鉄道石龍《せきりゅう》付近
五日　広九線石龍付近鉄橋

七日　広東天河《てんが》飛行場
八日　広東天后廟《てんこうびょう》高角砲陣地
九日　広東白雲《はくうん》飛行場
十二日　粤漢《えっかん》鉄道江村鉄橋
十三日　大霖島及マカオ南方ジャンク及陣地
十五日　広東省政府
十八日　韶関《しょうかん》飛行場

すべて六〇キロ爆弾を二発ずつ投下し、帰還後に「効果甚大」と報告している。中国側の記録では、日中戦争中の広州で日本軍による爆撃がもっとも激しかったのが、五月二十八日から六月十六日までのこの時期だったとされる。死者は二千人、負傷者は一万人以上に及んだ。この爆撃に、三竈島から発進した航空機も加わっていたわけである。

この空襲について中国政府は、非武装地帯の非戦闘員にたいするものだとして非難したが、日本側は、広州は近代的な防空武器によって完全に防備されている「武装都市」であり、また「非戦闘員に若干の死傷者を出した」が、「我が海軍航空隊は常にその空爆目標を軍事施設のみに限定」していると反論した（海軍武官野村少将の声明『東京朝日新聞』六月八日）。

滑走路の完成

航空隊が到着して基地が機能しはじめると同時に、「第六航空基地司令官」の名前で『三灶島特報』が作成されるようになった。「軍極秘」のスタンプが押されたこの報告書は、現在、第一号（六月十五日）から第五号（十月一日）までが残り、当時の飛行場とその付属施設建設の進捗状況、飛行機の種類、兵員、道路等の建設、島と島民の様子などが詳しく記載されている。この『特報』を使って、六月から九月末までに三竈島の軍事基地化がどのように進んだのかを整理しておこう。

飛行場をはじめとするさまざまな施設を建設するためには、大量の建築資材やそのほかの必需品をまず三竈島に運び入れなければならない。飛行場は島の東南部の、蓮塘湾と長沙湾のあいだに造成されることになっていた。蓮塘湾は、一九三七年十二月の第一次占領時に日本軍が上陸したところであり、そのとき上陸用の桟橋が造られた。この桟橋がどの程度の規模のものだったのかはわからないが、一九三八年六月の時点では、蓮塘湾の南の端から沖に向かって百四十メートルのものができあがっていた。

ただし、この島はそもそも珠江が運んでくる泥砂によって海水が濁り、それが沈殿するためか蓮塘湾沖はかなりの遠浅になっている。そのため外洋から物資を運んでくる大型の貨物船は桟橋にさえ近づくことができず、七海里（約十三キロメートル）ほどの沖合で「海上トラック」と呼ばれる小型の輸送船に一旦積みかえる。三竈島では、百五十トンほどの船が三隻使われていた（第一〇長運丸、第一一長運《ちょううん》丸、丸神《まるがみ》丸）。しかしこの海上トラックでも桟橋に横付けすることはできず、三、四海里の海上で発動機艇である「大発」にさらに積みかえ、桟橋まで運ぶ。それでもなお、潮の引く一時間ほどは使用不能になった。この桟橋の建設に島の住民が使役されたことは、さきに紹介した通りである。桟橋から飛行場横の本部庁舎までの道は、一九三八年六月までに半分まで舗装が終わっていた。

すでに見たように第五水雷戦隊の「三竃島防備に関する意見」（四月十八日）は、長さ八百メートル幅三百メートルの飛行場を提案していた。しかし六月の時点ではさらに拡張され、長さ千二百メートル幅四百メートルに変更されている。ただし、これは滑走路ではなく飛行場全体のおおきさである。そして地均《なら》しを始めたものの、雨期に入って地盤が軟弱になった。そこで長さ千二百メートルの飛行場のうち幅四十メートル分を舗装することになり、まもなく幅六十メートルに増幅され、これが主滑走路となる。この舗装路は六月の時点で七百五十メートルまで完成していた。飛行場は南北を結ぶ線上から北端部を東に三六度傾けて設計されたが、この方向からの風がもっとも多く、横風をうけないようにするためだ。ところがこれと直角に近い方向の風も少なくない。そこで、さらに東に一五度傾けて、長さ八百メートル、幅四十メートルの副滑走路を一本造ることになる。この飛行場にかんしては、六月下旬から七月上旬ごろに海軍航空本部の梅《うめ》谷薫《たにかおる》中佐と、海軍省建築局の藤後《とうご》技師が三竃島に出張して設計に加わっている。

滑走路の舗装は、敷石をしたうえで、五メートル四方の枡型に区切りながらコンクリートを流し込み、舗装路と地面との継ぎ目に段差が生じないように整えられた。敷石は、採石用の機材を

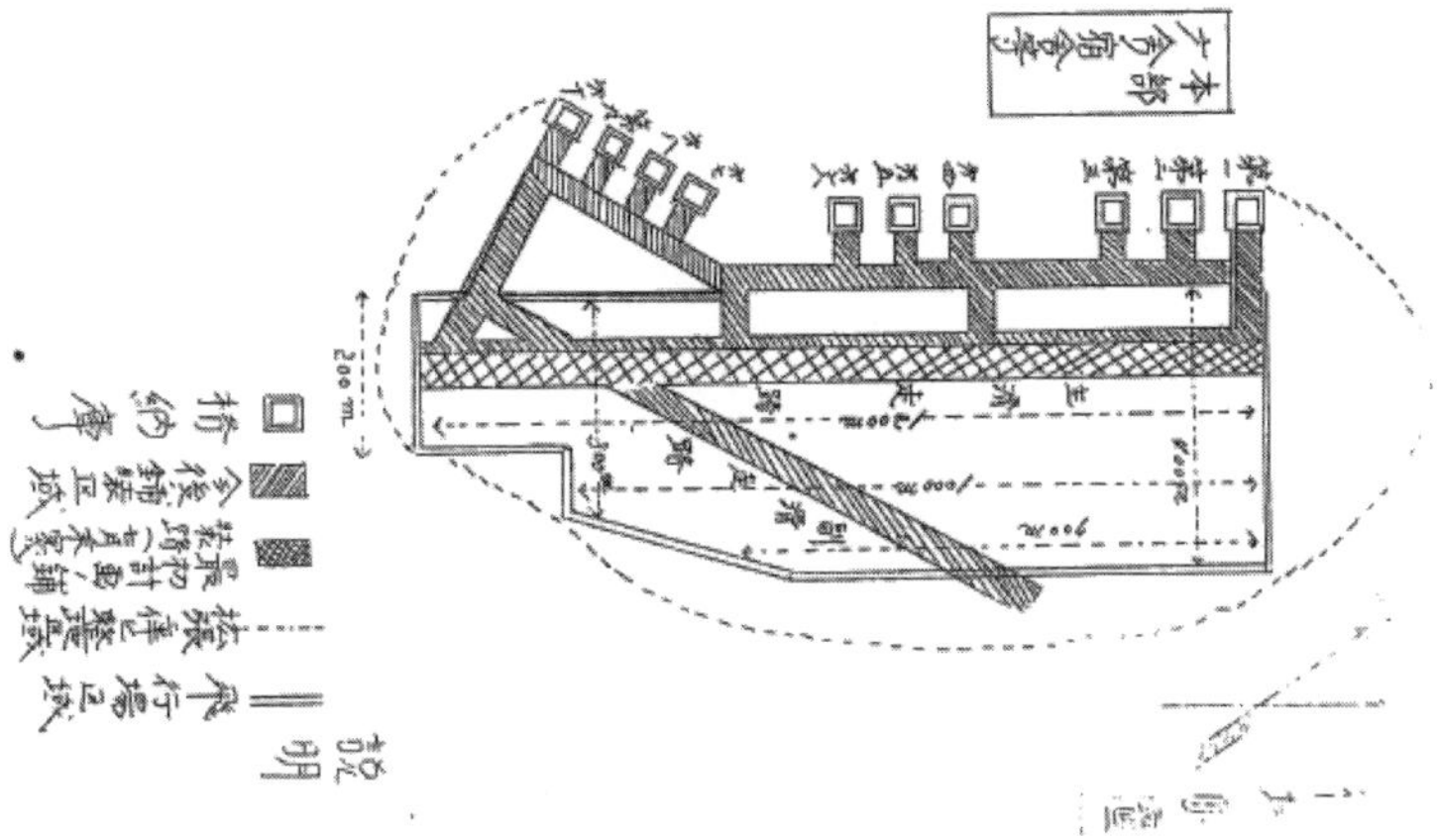

飛行場設計図（『三灶島特報』）

海岸側から見た、現在の飛行場方面（和仁廉夫撮影）

使って飛行場南方の高地から切り出したものである。滑走路を舗装するとはいえ、この付近は高いところでも海抜二メートルほどにすぎず、飛行場の内部では、北東側から五百メートルほど南に行ったあたりが、もっとも低くなっていた。つまり完全に平らではなかった。そこで、そのあたりで飛行場を横切るように一本、さらにその南にも何本か排水溝が造られ、順次、鉄筋コンクリートの蓋で覆われた。

こうして九月末までには、各種の工事がまだ残っていたものの飛行場はほぼすべて使用可能となった。また、これに先立って、九月十六日には高雄航空隊の一四機が到着した。なお、夜間の離着陸に際しては、無線のための柱を利用して赤灯をつけた。

付属施設の整備

飛行機の格納庫は、主滑走路の西側に沿って全一〇棟が計画され、いずれも鉄骨建てで庫内は舗装し、このうち五棟が九月末までにほぼ完成した。このほか、飛行機に直接関係する設備として、弾薬庫四棟、耐弾式爆弾庫二棟、耐弾式燃料庫五棟、燃料庫三棟、送信所が建設された。このうち、耐弾式の爆弾庫もしくは燃料庫と思われるものがひとつだけ、現在でも残っている。現地の人によれば、爆弾庫だという。二〇〇九年の十二月に、われわれもこの耐弾式倉庫を見学することができた。三竈鎮政府の呉さんと、もと小学校校長の陳福炎《ちんふくえん》さん、そして村長さんなどが案内してくれた。

畑のすみに見えたのは、高さ四メートル、幅と奥行きがそれぞれ数メートルほどの、コンクリート製の四角いおおきな建物だった。横二メートル、高さ三メートルほどの入り口が一つだけあり、なかば朽ちかけた木の扉を開けてみると、なかには白い子羊が数匹入っている。いまでは羊小屋として使われているらしい。部屋の中央には、太くて四角い柱が横一列に三本並び、そのひとつには番犬が紐でつながれている。たしかに爆弾庫を思わせるきわめて頑丈な造りだ。もともとは二階もあり、全体が土で覆われていたらしい。平らな屋根に登ってみると、レンガを積んだ通気口のようなものが四つほど突き出ていた。島に現在も残っている爆弾庫は、これのみだという。

本部と日本軍関係者の宿舎は格納庫のさらに西側にあった。まず第一四航空隊員の兵舎が三棟。それぞれの居住区は二〇〇畳敷きで、計六〇〇人収容できるが、一人当たり一畳分に過ぎず、また蚊帳を使用するため、さらに狭くなることが予想された。第二防備隊用の兵舎は二〇〇畳のものが二棟。さらに設営隊の工員用には木造平屋建ての家を六棟用意し、一部を資材置き場に使う以外に、計一二七六畳分が、工員一五八六人の住居となった。一人あたり約〇・八畳だ。この平屋建ては兵舎にくらべて格段に粗末で天井はなく、壁は一重の板張り、床は地面に置いた横木の上に床板を張り、その上に薄い敷物を敷いた。隊員の兵舎と工員の宿舎はその後、二、三棟ずつ増築されたようだが、結局全部で何棟になったのかはっきりしない。兵舎には調理場、洗面所、浴場、便所などが備わり、水道が引かれた。ほかに隔離病舎や兵隊用の売店・酒保もあった。また七月末までには組立式の冷蔵庫が完成し、生鮮食料品千人分を一週間分貯蔵することができるようになった。

爆弾庫の入口（和仁廉夫撮影）

爆弾庫の内部（和仁廉夫撮影）

トーチカ（蒲豊彦撮影）

さらに島全体を見渡すと、本部の裏山に第二対空見張所、島の北端の都督《ととく》付近の高地に第一対空見張所を、また警戒のための見張所が島内の各地に九棟、トーチカ三棟のほか送信所、聴音所なども設置された。これらは『三灶島特報』によるが、一方で魏さんの話では、トーチカは全部で四つあったという。第一トーチカは上表、第二トーチカは学校近くの海澄山《かいちょうざん》で、ここには発電機もあった。第三トーチカは飛行場の裏の長沙湾、第四砲台は田心、これは飛行場を守るもの。また香港占領後、田心の上の小さな観音閣《かんのんかく》の木の下に高射砲をそなえつけた。

二〇〇九年十二月、私たちは上表の第一トーチカを見学することができた。山裾にあって低木と草に覆われ、高さ一メートル数十センチ、直径三メートルほどの円筒形になっている。コンクリート製である。いまでは上に土が積もって草が生え、見る方向によってはおおきな土饅頭のようだ。裏の入り口から入ると、前方には銃眼が三、四個開いている。天井は低く、屈まないと入ることができない。住民が置いていったのか、なかにはおおきな竹カゴがふたつころがっていた。

これらの設備のほかに、島の各所に数人から三十人以上の日本兵が駐在しており、おもな場所は電話線で結ばれていた。さらに、ゲリラの襲撃があった場合すぐに兵力を送る必要があり、「三竈島防備に関する意見」が提言したとおり、島内の南部と北部を結ぶ道路が建設された。道路工事はおおきくふたつに分けて進められた。飛行場西側の本部から北の裏山を越えて島の北東部にある草堂までと、草堂から真西の三竈街までである。そして七月末までには本部から三竈街までの自動車道路が完成した。この道路ができるまでは、三竈街方面の兵隊の食糧も、大発動艇あるいはランチで海上を回って輸送していた。

航空機と現在員の増強

次ページの表の通り、九月末時点での三竈島の日本軍関係者は、六月にくらべて約二・五倍に増えている。設営隊の人数が二倍以上になったのは八月のことで、このころ島内の建設に拍車がかかったようだ。また九月中には高雄航空隊が増強されて、航空兵力も強化されたことがかわる。この一九三八年の八月二十二日には中国の実質的な首都であった漢口に攻撃命令が、また九月十九日に広州の攻撃命令が下されたことと直接関係する動きだろう。

航空機数の変遷を示す表を見ると、航空機もやはり九月末までに二・五倍以上に増えたことが

三竈島の居住者の変遷

	6月中旬	7月末	9月末
第一四航空隊員	600名	715名	713名
高雄航空隊			250名
第二防備隊員	470名	480名	732名
設営隊	約1600名	2065名	4596名
福大公司関係者	13名	11名	46名
海上トラックの乗員	30名	35名	156名
日本軍合計	約2700名	3306名	6493名
島民	約1800名	1792名	1793名
合計	約4500名	5098名	8286名

『三灶島特報』による

航空機数の変遷

	6月中旬	9月末
九五式艦上戦闘機	2機	3機
九六式艦上戦闘機	12機	17機
九六式艦上爆撃機	14機	14機
九七式艦上攻撃機		27機
九六式陸上攻撃機		13機
計	28機	74機

『三灶島特報』による

わかる。
これらのうち戦闘機二機は常時、「地上第一待機」となっていた。

日本軍の見た三竈島

三竈島では雨が降ると地面がすぐにぬかるむだけでなく、わずかに確保した平地でも、周囲に丘があるために滑走路を十分に設計することができず、飛行場を建設する場所としてはかならずしも理想的ではなかった。それでは、日本軍はそもそもこの島自体をどのように捉えていたのだろうか。『三灶島特報』（第三号）によれば、「本島は比較的樹木多く平地も森林多きを以て鳥類も多く割合に感じのよき島なり」という。木の種類は榕樹（ガジュマル）や相思樹（マメ科の常緑樹）である。六月から九月にかけての平均気温は二八・七度、平均湿度は八二パーセントで、晴天つづきの場合、直射日光のもとでは耐え難いが、常に海風があるために日陰に入ればそれほど暑くはなかった。平地は海抜が低く、あちこちに湿地があって食用ガエルが棲み、海岸付近の小川にはカニやエビがたくさんいた。ただし、蛇や蚊が多いことには閉口するという。ほかには広東《かんとん》犬と呼ばれる種類の犬が多かった。

気象現象で飛行場におおきな影響をあたえたのがスコールだ。それは典型的にはつぎのようにやってきた。直前までは割合に平穏で、風はそよ風程度。そこへ、遥かな地平線上に、底部が暗黒色の層積雲（ロール雲）がひとつ現れる。すると数十分もたたないうちに「スコールが一種の音を立てて突進してくる」。雨をともなう場合も、強風だけの場合もあるが、これが十分から二十分つづき、最初は気温が急上昇したのち、スコールが通り過ぎると気温が急激に下がる。飛行機を格納庫ではなく飛行場の露天に放置しておく場合、この突風は非常に危険で、飛行機を風の方向に向けておかなければならないという。

島民については、もともとおよそ一万二千人の人口があったが、海軍が占領すると多くが大陸に逃げ、また「四月中旬北部部落民を掃蕩したるにより」、六月の時点で南部に住民約千八百人を残すのみになっているとする。ただ、北部では山に逃げ込んだ住民が五百人ほどあり、一方で南部の残留者は中国への裏切り者である「漢奸」ということになるため、日本軍が撤退することをむしろ「極度に憂慮」しているという。これら南部の住民は最初から日本軍によく服従し、日を経るにしたがって使役にも応じるようになり、また女性や子どもたちもしだいに明るくなってきた。男たちは一般に気質が剽悍《ひょうかん》で、またよく働き、女であっても二斗の米を担いで三里の悪路や山道を歩くものがいた、と記す。

島の封鎖

南部に残留した住民にたいして、日本軍はおもにふたつの面でかかわることになる。ひとつは島内の各種工事のために住民を動員すること。もうひとつはその動員がうまく進み、また日本軍に反抗しないように、住民をいわば手なずけることである。

さきにも触れたように、まず日本軍は住民が大陸と行き来することを禁止するとともに、島外からも誰も入らせない方針をとり、各地の警戒を厳重にしたほか、東北方面の海上には哨戒艇二隻を配備した。それでも六月十四日の夜には、さきに脱出していた女性二人の手引きで上表郷から女ばかり二〇人が逃げ出す事件が起こる。そのうち一〇人は翌朝、東北海岸の石湾《せきわん》で逮捕されて「処分」された。「処分」というのは殺すことである。残りの一〇人は途中で村に引き返したため、厳重注意のうえで治安維持会長に引き渡し、そのもとで監視されることになった。八月には島外から潜入した二人を「逮捕処分」したほか、春花園では、女が一人逮捕されたが、この女性は道路の近くに穴を掘り、そこに四ヵ月間ほども潜伏していたのだった。村長に引き渡し、やはり監視させることになった。

人間だけでなく、外部の船舶も近づかせなかった。そのため、十一月には、日本軍の士官が陸軍中央部に報告される事件も起こる。その報告文書「海軍根拠地三竈島に外国海軍汽艇を接近せしめたる件」によれば、急いで香港から広州へ赴こうとした香港特務機関長の石野《いしの》（芳男《よしお》）大佐と波集団報道班長の田村大佐が、ポルトガルに依頼してポルトガル海軍の汽船でマカオから三竈島へ渡り、そこから陸軍の偵察機で広州に到着した。こうして、「三竈島は海軍航空基地の根拠地として絶対極秘とせる所」であるにもかかわらず、そこに外国の船舶を接近させる失態を演じてしまったのである。

ただし、大陸との往来を禁止された島民も生活用品を手に入れる必要があり、その供給を請け負うとともに航空隊や防備隊、設営隊の酒保で物品、飲食物を販売することをまかされたのが、詳しくは第六章で紹介する福大公司という商社だった。

南部に残った住民を島に閉じこめたのは、住民を効率的に管理しつつ、おもに各種工事に利用しようとしたためだろう。住民の使役はすでに一九三七年十二月の第一次占領のときから始まっていたが、日本側の史料によれば、一九三八年六月の時点で、毎日、男女合計約三百五十人を人夫として使い、大人には二五銭、子どもには一五銭を賃金として支払っていたとされる。その後、七月の前半にかけては毎日男女約四百六十人を飛行場そのほかの工事に動員し、賃金は軍票で支払い、一九歳以上は二五銭、一六歳から一八歳までは二〇銭、一五歳以下は一五銭だった。ただし、稲刈りの時期は二六〇人に減らしているという。なお賃金について中国紙が伝えるところでは、住民は道路や飛行場の建設に駆り出されて日本円で一日一角（一角＝〇・一元おそらく一〇銭に相当）支払われるが、その紙幣は店では使えないという。

宣撫工作

このように、人々を島に閉じこめて外部との接触を断ち、各種の工事に駆り出しながら、日本軍は一方で人心を安定させるためにさまざまなことを行った。いわゆる宣撫《せんぶ》工作だ。まず六月から七月にかけて「時局ニュースの伝達」「生活必需品の需給補助」「農業指導」を進めた。ニュースの伝達は、郷長たちを集めて通訳を通して「最近のニュース」を教え、これを村に戻って郷民に伝えさせ、また特殊なものについては各村に掲示する。「戦局の実情及帝国の実力に対する認識を与へ」るためのものだった。残念ながらニュースの具体例はわからないが、日本と日本軍のすばらしさを宣伝する内容だったことはいうまでもないだろう。

必需品としては塩漬けの魚、砂糖、綿布、マッチ、タバコなどを供給し、これを請け負ったのが福大公司だったが、その後、福大公司の売る商品は値段が割高で品質も悪く、そのうえ販売方法も杜撰《ずさん》なことが判明し、さすがの海軍も「宣撫の目的に反することあり」と認めざるを得なくなった。そこで、九月末までに福大公司に小売りをやめさせ、基本的に台湾の市価にもとづいて自治維持会に卸させ、維持会内に物品部を作って売ることになった。

「農業指導」は、農学校出身の日本軍兵士二人に中国人の助手を数名つけて、スイカ、キュウリ、ウリ、ナス、トマトなどを試作させるものだった。ただ、『三灶島特報』は「生野菜を供給せしむるため」と説明しており、この「農業指導」は宣撫というよりは完全に日本軍のためのものだったようだ。のちに沖縄からこの島へ農業移民が送り込まれることになる理由のひとつも、まさにこの野菜の供給だった。

七月十八日からは一日おきに住民を診療し、また病気で寝ている住民があれば病状のいかんにかかわらず郷長が届け出ることとし、必要な場合は往診や検便も行った。また住民全員にコレラの予防注射や、また種痘を実施した。こうした医療は住民のためというより、疫病が島に広がって日本軍に感染することを防ぐ目的がおおきかっただろう。ちなみにそのころ海軍が入手していた情報では、前年の一九三七年には三竈島でコレラとペストが大流行し、マラリアは絶えることがなく、また結核性の疾患も非常に多かったという。八月には、衛生や掃除の要点を記したビラを各村に配って大掃除をさせ、さらにときどき巡回して監督した。この結果、かなり清潔になった。

三竈島では日本軍のための住民組織である治安維持会がはやくから作られていたが、それに加えて宣撫員を設けることになった。宣撫は中国人自身にやらせるのが効果的で、また軍事上でも役に立つことがあり、各村から「思想健実、身体強健」な者一二人を推薦させた。そして口頭試問と筆跡調査によってさらに五人を選びだして八月一日に任命し、月に一〇円を支給した。このうち三人は、生まれてこのかた靴というものを履いたことがなく、採用の翌日から運動靴を履くことができて得意顔だったという。

また青年団を結成することになった。これは青年が全員参加するものではなく、一部のみを選りすぐって「堅実なる中堅智識層を造る下地」とするものだった。一五歳から二〇歳までの青少年全五七人のなかから二五人を採用して、他の島民と同じ使役をさせるほかに、「団体訓練、初歩的学科、日本語」などを教える。選抜にあたっては、もともと二五人を選んだうえで、「簡単な暗算の成績」にもとづいてさらに二〇人に絞る予定だった。ところが落とされた五人が非常に落胆した様子だったため、もうすこし算術を勉強すれば団員にすると通訳を通して伝えたところ、算術は十分な力があるが突然質問されたために答えることができなかったという者があった。そこであらためて五人を採用すると、おおいに喜んだという。「宣撫員」や「青年団」についての青年のこうした意識が事実なら、住民の一部が日本軍の占領を既成事実として受け入れはじめたことを示している。

「貧民救済」にも注意が払われたとされる。まずかなりの時間をかけて貧窮民の数、田地の収穫高、逃亡その他で持ち主のいなくなった田畑の面積などを調査し、貧民の救済、全住民の不足米の供給、種や肥料の分配、持ち主のいない田畑の処分などを行った。そして調査の結果、八五人が貧民に認定された。養ってくれる者がいない老年者、幼少者、障碍者で、働くことができない人たちである。対策としては、住民のいなくなった村に残された籾を集めて配給するほかに、将来的には、自治維持会物品部の利益や、持ち主のいない田畑の収穫の一部をあてることになった。

島の南部には、飛行場の西側に、東北から西南方向にかけて上表、蓮塘、根竹園、田心、正表などの村があった。蓮塘が本部庁舎の裏手、田心が飛行場の南端の裏手に位置し、田心郷がもっともおおきくて千人近く、小川をはさんだ正表郷が四、五百人、そのほかは二百人程度だった。このうち飛行場の拡張のために民家三八軒を移転させたときは、その建築費五二〇〇円にたいして使用年限や現状などを考慮して、台湾米二六一俵を配って補償したという。これも宣撫の一種である。

止まらない島民虐待

四月中旬に島内の「掃蕩」がひとまず終わり、その後、以上のように軍事基地化が着実に進むなかでも、日本軍による島民殺害や虐待は散発的につづいていた。この方面の状況を知るためには日本軍の資料はほとんど役に立たず、当時の香港等の新聞を見る必要がある。

たとえば『中山日報』によれば、四月十五日には横石基《おうせきき》で二十余人が殺され、二十日には正表郷の百余人が田心郷の海辺に連れて行かれて機銃掃射されたという。正表郷民百余人は日本軍の司令部で登記し、住民証をもらっていたのだが、結局は殺されることになった。五月七日の午前中には日本兵数十人が女性十余人を横石基の兵営に連れさり、強姦しているという。また連日、捜査といっては民家に押し入って男の子をつかまえ、二十数人を兵営に連れ帰った。

　このころ、広東で撃墜されて死亡した飛行士の追悼式が蓮塘湾で開かれ、航空母艦「加賀」の「稲垣生基《（ママ）》」艦長が式を執り行い、地方維持会主席の湯聘臣が全島民を跪かせて礼拝させた。このとき島内にいた住民は「約九百人」で、そのうち、女性が三百人だという。女性は、蓮塘湾に設けられた「皇軍倶楽部」という、島民は出入り禁止の慰安所に連れていかれた。島のあちこちで道路を造り、電灯を設置し、小型の戦車や装甲車がたえず島を巡回していた。また日本軍の司令部は布告を出すたびに島のことを「新長崎」と呼んでいるという。この話は、難民の関桂《かんけい》が八月十五日に広州で記者に語ったものだった。関は鄧家湾《とうか》で塹壕堀に駆り出されていたところ、すきを見て山に逃げ込んで夜になって移動し、二日間飲まず食わずで、ようやく島を脱出した。妻や子とも離ればなれになり、生死もわからなかった。関は中山県に戻って自衛団に加わり、三竈島を奪回したいと言っているという。なお「稲垣生起《いながきあやお》」が加賀の艦長をしていたのは一九三六年末から一九三七年にかけてのことであり、艦長名を混同しているようだ。また、この記事では住民の人数が日本軍による調査とおおきく異なるが、これはもちろん日本軍のほうが正しいだろう。

　六月中旬ごろには島民が大挙して島を逃げ出し、日本軍の工事に支障が出た。このころの新聞に、島外に逃れた難民の様子がくわしく伝えられている。それによれば、大陸側が毎晩船を出して救助活動にあたり、その船賃は難民一人につき一元五角になるという。難民は中山県の一、二、三、九区に八六二人、翠微《すいび》郷に九七三人がそれぞれ収容され、これまでの延べ人数は約三千人に達した。食事は、千人分は第一、二、三、九区の区長がそれぞれの区の戸数に応じて費用を捻出し、難民に「省券」（おそらく広東省銀行発行の紙幣のこと）で毎日一毫半（〇・一五元）を渡し、それで各自食事をすることとした。残りの難民は、県の救済委員会の支部がやはり一毫半ずつ支給した。また同じ支部が難民に話を聞いたところでは、三竈島では一一三二人が殺され、島に残っているのは千二百余人だという。ほかに山に隠れたものの、まだ逃げだせない住民が三百人ほどいた。

このころ、地方維持会の湯聘臣が、家族を香港へ逃がそうとして夜こっそりと小船に乗せたが日本兵に見つかり、妾と親族二人が殺される事件もあった。

六月の中、下旬には、広東省の沿海部でおおきな動きがあった。すでに見たように、日中戦争勃発以降、日本海軍は中国を海上封鎖していたものの、一九三八年に入るとそれをさらに徹底しようとして、沿海の主要港を占領しはじめる。広東省沿岸では、福建省に隣接する南澳《なんおう》島にまず上陸した。六月二十一日のことだ。この作戦のために、三竈島からも一部の兵力が移動した。このすきをついてゲリラ部隊がふたたび本格的な襲撃を決行する。

中国側は、このころの島内の日本軍の配備状況をつぎのように把握していた（『香港工商日報』七月四日）。

横石基　兵士二十余人、呉姓廟に駐在、夜間は五カ所に分かれて過ごす。
杭坑《こうこう》郷　七、八人、聖母《せいぼ》廟。
魚弄郷　十余人、関家廟、二班に分かれて巡回。

列聖郷《れっせい》　二十余人、梁姓廟、五人ずつで入り口を守り、大砲が一門。
蓮塘湾　船数隻、満潮時に一、二隻で巡航して警備。
蓮塘郷　日本軍の司令部、数十人、毎日三、四人の小隊に分かれて近隣の村を巡視、夜は一カ所に集まらず、山などに分かれて眠る。
草堂郷　四人　沙頭《さとう》の廟。

ゲリラ隊の第二次襲撃

六月二十二日の午後五時、関兆霖《かんちょうりん》ら一三人が海を渡って魚弄郷近くに上陸した。関は、魚弄郷で四百人あまりが殺されたときの生き残りだという。ゲリラが上陸したとき、兵営の日本兵は外に歩哨をひとり残して、建物のなかで食事中だった。関らはまず歩哨を倒すと、そのまま建物に突入し、隊長の新田をはじめなかにいた一七人全員を殺した。そして小銃や弾薬、兵士の名札、日本の紙幣、書類などを奪って逃げた。ゲリラ側には死傷者は出ていない。当時の新聞には、渡、岡崎、山口、有村など隊長以下全一七人の名字が記載されている。

日本側の史料では、この日の夕刻、北部沿岸に位置する都督から三竈街の守備隊に戻ろうとした下士官が、ちょうど中間の山のなかで襲われて死亡したとある。現場周辺では、敵の遺留品として青竜刀五本、拳銃一丁、弾丸六〇発などが発見されたという。時間と地点が似通っており、同一の事件のようだが、犠牲者が全部で一七人だったことは記録されていない。

七月一日には台湾兵と朝鮮人兵が突然集まって反戦のスローガンを叫びはじめ、そこに中国の

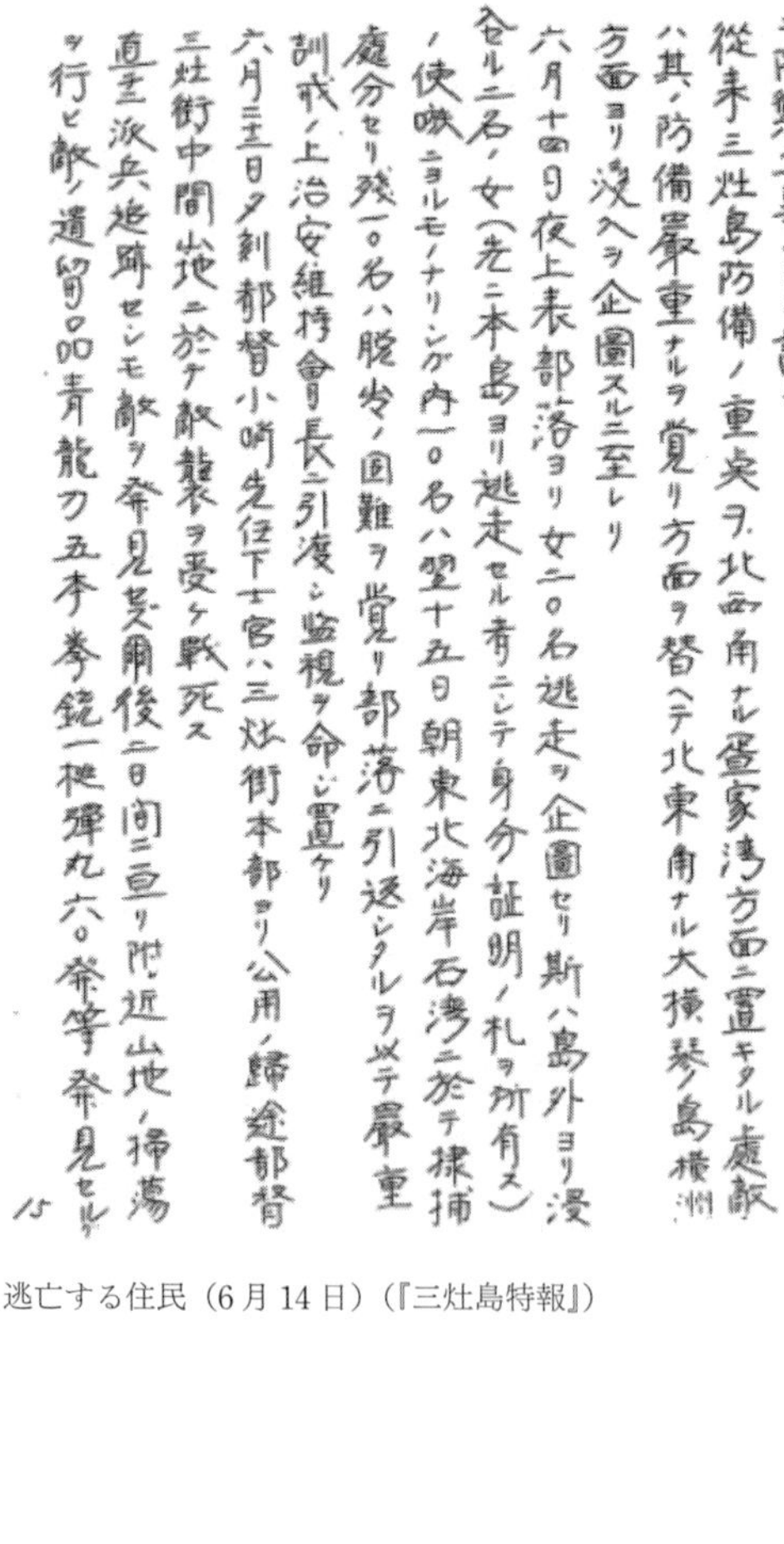

二防禦工事アルヲ認ム
従来三灶島防備ノ重点ヲ北西角ナル蓮家湾方面ニ置キタル匪敵ハ其ノ防備薄弱ナルヲ覚リ方面ヲ替ヘテ北東角ナル大横琴ノ島横洲方面ヨリ浸入ヲ企図スルニ至レリ
六月十四日夜上表部落ヨリ女二〇名逃走ヲ企図セリ斯ハ島外ヨリ浸入ル二名ノ女（先ニ本島ヨリ逃走セル者ニシテ身分証明ノ札ヲ所有ス）ノ使嗾ニヨルモノナリシガ内一〇名ハ翌十五日朝東北海岸石湾ニ於テ拘捕處分セリ残一〇名ハ脱出ノ困難ヲ覚リ部落ニ引返シタルヲ以テ厳重訓戒ノ上治安維持会員長ニ引渡シ監視ヲ命ジ置ケリ
六月二三日夕刻都督小野先任下士官ハ三灶街本部ヨリ公用ノ帰途都督三灶街中間山地ニ於テ敵襲ヲ受ケ戦死ス
直ニ派兵追跡セシモ敵ヲ発見セズ翌日後二日間ニ亘リ附近山地ノ掃蕩ヲ行ヒ敵ノ遺留品青龍刀五本拳銃一挺弾丸六〇発等発見セリ
15

逃亡する住民（6月14日）（『三灶島特報』）

東北部出身の傀儡兵も参じて呼応するという事件が起こる。かれらは日本兵に包囲されて武装解除され、翌日には艦に乗せられて島を離れた。

十七日の深夜には中山抗日自衛団第七中隊隊長の呉盛如《ごせいじょ》（呉発）、小隊長の梁徳庸《りょうとくよう》ら二四人が島に潜入して海岸の草むらで機会をうかがい、翌日の午後三時半ごろになって木頭涌《もくとうよう》の兵営に猛攻撃をかけた。そして日本兵一二人のうち五人を倒し、軍刀や襟章などを奪って逃げ帰った。日

中山県第八区の壮丁隊（『良友』137期）

本側の史料では二十日に、西南端の横石基から新村のあいだを警備していた兵隊三人が、約十人の敵に襲われ、二人が戦死、一人が負傷したという。この両事件も、時間と地点がほぼ一致する。

なお、さきの関兆霖や呉盛如らはその後、この功績によって広東省や中山県から表彰された。

こうしたあいつぐ襲撃にたいして、日本軍は各村に兵隊を出して強制捜査を行い、住民をつぎつぎと連れ去って銃殺し、丘のうえに放置したり川に投げ込んだりしているという。さらに、七月末から八月の初めごろには大量の軍需品と、台湾籍、朝鮮籍の工兵三百余人、日本人陸戦隊二百余人が運び込まれた。こののち島民の管理がさらに強まって一〇人ずつ組を作らせ、夜十時に点呼を行い、一人が罪に問われれば一〇人全員が処罰されることになった。このころ、地方維持会副会長の李華楽《りからく》がゲリラとの関係を疑われて銃殺され、湯聘臣も叱責される。八月十四日には鄧家湾が襲われ、また三十日深夜にも襲撃があり、日本軍は三十一日以降、夜間にたいまつを使うことを禁じた。

慰労代表団

ここですこし大陸方面の動きを見ておこう。八月中旬には広東省政府が、南澳島や三竃島など日本軍に占領された地域を奪還する計画を立てた。これと平行して八月十三日には南澳島と三竃島のゲリラ隊を慰問する代表団が結成され、そのための金品の受け付けが始まった。そして九月五日に黎葛天《れいかつてん》を団長とする一行三一人がゴム靴、手拭、石けんその他の品々と慰労金をたずさえ、撮影隊と技師をともなって三日間の予定で出発した。一行はまず中山県で、民衆抗日自衛団統率委員の周守愚と蔡棟材警察所長に出迎えられて付近を参観したのち、中山県の各界代表一四人とともにバスに分乗して前山に向かった。しばらく待っていると呉発中隊長が隊員三〇人を引き連れて現れた。昼から大雨になるなかを、さらにかなり待っていると、関兆霖隊長が隊員二〇人とともにずぶ濡れになりながらやってきた。代表団はあらためて慰労のことばを述べたのちに記念撮影をして、「この両英雄が今後もさらに協力しあい、失った地を回復する奇功をともに打ちたてることを祈った」(『大公報』九月十二日)。

二十五日にはまた、華僑抗敵動員総会の代表二〇人が三竃島ゲリラの慰問に出発した。フィリピン、キューバ、ビルマ、シャム、オランダ領インドシナ、ベトナム、マレーシア、香港等々からやってきた華僑である。

第三次襲撃

さて三竈島では、九月初旬までに全島住民の登録が始まり、またそのなかから、それほど年をとっておらず多少とも文字を知っているもの四五人を選びだし、地方維持会の「勤務警察隊」を組織した。ところがしばらくするとその多くが島を逃げだし、そこであらためて五〇歳以上の老人を警察にあてたという。この「勤務警察隊」は日本軍の『三灶島特報』にはまったく見えていない組織であり、あるいは宣撫員のことかもしれない。

このころ、中国側は三竈島の状況をつぎのように捉えていた。

島内の日本兵はもともと二〇〇人ほどだったが、この数日で増加し、また道路や防御陣地に力を入れ、海に沿った高所にはトーチカや高射砲がいくつも設けられている。敵の兵営は全部で一五カ所。それぞれ木造の小屋に、木の杭でまわりを囲い、鉄条網がめぐらせてあるように見える。いずれも二、三十人が守っているが、定家湾一帯は以前に襲撃されているため一〇〇人ほどになっている。上蓮《じょうれん》郷の軍司令部には三〇〇人、ほかに航空技術者と飛行士が五〇〇人、工兵が三七〇〇人ほどである。飛行場はすでに完成し、最初は一五、一六機が収容できる程度だったが、いまでは六十機にまで拡大され、毎日、離着陸をしている。兵舎は、田心郷の東に木造家屋二〇〇軒、沙田《さでん》、新村仔《しんそんし》に数十軒、上蓮郷とのさかいに数十軒ある。島の西南をまわって東北に達する道路は約二時間で行くことができ、各兵営には電話が備え付けられ、船着き場には発動機艇十余艘、貨物艇三艘、軍艦二隻が停泊する。住民は日本兵の監視下で毎日仕事をし、司令部が点呼を取り、それぞれ木の札を渡される。札の上には姓名、年齢、性別、そして「第×防隊に編入」などの文字が記されている（『大公報』九月七日）。

九月中旬には、このような三竈島をまたもやゲリラが襲う。「自衛団」直属の「特務隊」隊長関国華《かんこくか》と同副隊長呉《ご》百煖《ひゃくけん》が、二個小隊数十人を連れて夜の九時ごろ大涌口《だいゆうこう》に上陸し、二手に分かれて木頭涌《もくとうゆう》と欖坑廟《らんこうびょう》の日本兵に攻撃をしかけた。このうち木頭涌の兵営は外に簡単な塀をめぐらせ、さらに砂袋が人の胸の高さほどまで積み上げてあり、塀のたもとには歩哨が二人うずくまっている。ゲリラは這って塀に近づくと、歩哨二人を斬り殺し、同時に兵営に火薬を投げ込んだ。なかから日本兵十数人が飛びだす。そのうち数人を撃ち殺したものの、そのほかは逃げてしまった。ゲリラは小銃三丁を拾い、もう一方の欖坑廟へ向かう。そこで、やはり日本兵数人を倒したものの機銃掃射にあい、山に逃げ込んだ。日本兵はそれでもまだ掃射しつづける。明け方になると飛行機二十余機が飛び立ち、ゲリラが潜む林に爆弾数十発を落とし、また大霖島、小霖島、南水島、北水島などを爆撃した。ゲリラは山中で二晩過ごしたのち、二十三日に島を出たが、小船に乗ろうとして日本兵に見つかり、またも銃撃された。ただし、この作戦をとおしてゲリラ側の損失はごくわずかだったという。

広州攻略戦

このころ広東省の戦況に重大な変化が起こった。省都の広州を日本軍が占領したのだ。この作戦は三竈島にもおおきな影響をあたえる。

一九三八年、漢口攻略戦のさなか、九月七日の大本営御前会議で広州攻略が決定された。香港から流入する物資の輸送ルートを遮断し、あわせて戦略上の重要拠点である広州を押さえるためのものである。この作戦には、第一四航空隊の約四十機と高雄航空隊の一二機のほかに、他の海軍航空隊と、さらに陸軍の航空部隊も三竈島に移って参加した。ただし陸軍の場合、広州攻撃の計画が事前に漏れることを恐れて作戦開始ぎりぎりの十月十日ごろに移駐し、しかも乗員は海軍の服を着て偽装した。このとき三竈島から飛行機が飛び立つのを、魏さんも見ていた。毎朝三時ごろから、鉄の棒でプロペラを回してエンジンをかけていたという。

そして十月二十一日には広州が、つづいて二十七日には漢口、武昌《ぶしょう》、漢陽《かんよう》のいわゆる武漢三鎮が日本軍の手に落ちた。だが、実質的な首都である漢口が占領されたにもかかわらず、中国政府はさらに奥地の重慶に撤退して抗戦をつづけ、これ以降、日中戦争は新しい局面に入る。初戦で中国を屈服させて、好条件で戦争を終わらせせようとする日本軍のもくろみははずれ、泥沼化する長期戦に突入してしまったのだ。

ただし三竈島では、一九三八年四月に徹底した島内掃討が行われたのちも「遊撃隊や山中に潜む便衣隊により襲われるもの後を絶たず」という状況だったが、日本陸海軍が「広東を陥れるや同島も初めて平穏に似た空気が漲るに至った」という（『琉球新報』一九三九年八月十一日）。「広東」とは広州のことである。日本軍が広州を占領したことによってゲリラはいわば背後を押さえられてしまい、こうして、活発なゲリラ活動がひとまず静まることになった。

藤田峠の慰霊碑

三竈島中央部東寄りの小高い山のうえに「藤田峠」があることは、さきに紹介した。現在、山の北側のふもとから山上に向けて、車の通ることのできる道が整備されている。この道をくねくねと上り、藤田峠があったと思われるあたりで車を降りる。ここから山の南側方面に向かって、かろうじて人が歩けるような山道が伸びている。山の斜面に道をつけたもので、幅もせまく、とても自動車が通れるとは思えないが、位置関係から見て、おそらくこれが日本軍の建設した、南の本部と北の草堂とを結ぶ自動車道路の一部だ。木の枝や草をよけながら二、三分下っていくと、左側に岩の崖が現れ、そのうえに丸い巨大な岩がもう一つ載っている。自然石を利用した日本軍の慰霊碑である。

高さ約七メートル、幅が約六メートルあるというこの岩には、右側におおきく「慰霊」と刻みこまれ、その左に全部で四一人の日本人の名前が並ぶ。かなり風化が進んでしまい、しかも岩が道から高い位置にあるため、文字の判読は困難だ。中国人研究者の黄金河《こうきんが》によれば、「慰霊」の二文字の下には、つぎのような文字が見えるという。

□□航空基地□□□□昭和十二年二月十九日□□十三年十一年八日□完成七□其間空襲□依其敢□□□□□□作業負傷□□□魔二□□遂二殉職□□□□二四名山□□□烈故記念三以□□諸士□霊□慰□□□□□（□は不明字）

藤田峠の慰霊碑（和仁廉夫撮影）

この碑は中国の史料では、自動車事故で死んだ日本軍人のためのものとされている。しかしこの一文からは、べつの見方が可能になる。まず「昭和十二年二月」はまだ日中戦争が本格化していないため、これは黄金河の読み間違いであり、「十三年」だろう。「二月十九日」は海軍の設営隊が到着した翌日である。また「十一年」というのは、「十一月」の間違いだろう。そして「完成」、さらに「其間空襲」「作業負傷」「殉職」とつづくことから考えると、これは、設営隊が飛行場をはじめとする島内の各種工事に着手してから、十一月にすべてが完成するまでのさまざまな犠牲者を祀った慰霊碑だと考えられる。ただし、戦闘による戦死者は含まれていないようだ。十一月に工事が完了していたかどうかは日本側の資料で確認することはできないが、『三灶島特報』第五号（十月一日）の内容からみて、その可能性は充分にある。

さらに、石碑の左側はふたつの部分に分かれ、その右側には一列で、姫野貞男、小島弥之助、有馬義男など一四人の名前が、また左は二列で、寺井英雄、森田節三、馬場順太郎など二七人の名前が並び、その最後に「外従業員一同」となっている。さきにも取り上げた台湾人軍属の羅時雍さんが戦後、三竈島を再訪して魏福栄さんといっしょにこの碑文を読んだことがあった。二人の結論は、慰霊の対象となっているのは右側に名前が刻まれている人たちで、左の三十人ほどは碑の建立者ということになった。碑文に「二四名」と読める部分があるのは気になるが、最後の「外従業員一同」という部分を見ても、そのように考えて間違いない。

こうして、一九三八年二月から始まった飛行場建設にともなう各種の工事が、日本側では一四名の死者を出して、十一月ごろまでに終了したようである。一方、島の占領からここにいたるまでの住民側の犠牲者は、おそらくこの一〇〇倍は下らないだろう。

羅時雍の見た第六航空基地

一九三八年十二月十五日、ふたたび在中国海軍航空部隊の編成替えが行われ、第一六航空隊が新設された。そして既設の第一四航空隊とともに第三聯合航空隊をあたらしく編成し、三竈島を基地として華南の航空作戦を担当することになり、高雄航空隊は原隊に帰還する。こうして一九三八年の年末までに、三竈島を基地とする海軍航空体制が完成した。

ちょうどこのころ、台湾人通訳の羅時雍さんがふたたび三竈島に赴任してくる。このときかれが見た基地の姿はつぎのようであった。滑走路の横に格納庫がならび、そのさらに後方に、主庁舎以下、航空隊の兵舎が五棟、それぞれ十数メートルずつ離れて建ち、渡り廊下でつながっている。トタン屋根の木造平屋で、すべて濃緑色の迷彩が施してあった。防備隊の兵舎は二棟、主庁舎の裏側にある。ほかに炊事場、酒保、理髪、倉庫などの建物が整然とならぶ。東南の海岸と桟橋の方面を除き、兵舎、飛行場を囲むほかの三面には鉄条網が張り巡らされ、中国人部落との出入り口二ヵ所には衛兵所が設けられている。

隊内の各所では島民を若干、雑役に雇っていたが、「機密第六航空基地部隊日令第六号（昭和十三年十月十一日）」によれば、島民の出入りや通行の規則が細かく決められていた。出入りを許可されたものには各隊の腕章が交付され、たとえば島民が通っても良いルートのひとつは、「田心部落東北端入口より第五、第四格納庫裏を経て両隊本部前を通し上表に達する道路」で、その場合でも、「士官慰安所前より上表に通する道路及二防設営班間の通路の通行は日没以後は之を禁止す」と制限がかかる場合もあった。またいずれにしても日没以降は、島民は航空隊と防備隊の構内へ立ち入ることはできなかった。

羅さんがふたたびやってきたとき、基地は「もうかなり落着いてゐた」。飛行場では、南側の補助滑走路のわきに、エンジンを二基搭載した双発の九六式陸上攻撃機が九機から一二機ほど、機首を兵舎にむけて一列に整然とならび、格納庫と主滑走路とのあいだには小型の九六式艦上戦闘機が十数機、機首を北東方にむけてならぶ。そして毎日のように九六式陸上攻撃機が飛び立ち、はるか上空できれいな編隊を組んで大陸方面へ消えていったという。

南支航空部隊

一九三九年一月一日、第六基地部隊は「南支航空部隊」と改称される。編成はつぎの通りである。

南支航空部隊
　第三聯合航空隊
　第一四航空隊　九六式陸上攻撃機　二四機
　　　　　　　　九六式艦上戦闘機　二四機
　第一六航空隊　九四式水上偵察機　四機
　　　　　　　　九五式水上偵察機
　神川丸
　第二防備隊
　附属船艇

その任務は、つぎのようになっていた。

第一四航空隊

艦上戦闘機の半数を広州の白雲航空基地に移し、三竈島基地とともに、北緯二八度線以南の中国航空兵力の撃滅、軍事施設と交通線の破壊、そして、日本軍艦船のための広州方面の上空警戒。

第一六航空隊

母艦の神川丸は万山島の停泊地にとどまり、同航空隊は周囲二〇〇海里の攻撃および万山上空の警戒。

「北緯二八度線」というのは、上海、寧波《ねいは》よりもうすこし南の、温州《おんしゅう》付近である。第六航空基地からは、広州周辺だけでなく、九月にすでに雲南《うんなん》省の昆明《こんめい》を攻撃していたが、一九三九年に入ると、一月からの海南島攻略戦、六月からの汕頭攻略戦、などにも出撃した。

一九三九年には、三竈島に加えて華南の海軍航空基地がさらに増設され、二月に広西《こうせい》省沖の潿州《いしゅう》島に第十一航空基地、三月には海南島の海口《かいこう》に第七航空基地

第四航空基地

が完成し、それぞれ第一四航空隊の一部が移った。

一九三九年の三竈島

一九三八年の七月から住民の診察や予防注射、大掃除などが始まったことはさきに述べた。一九三九年五月には、島民にたいするこうした防疫上の処置が明文化され、「三竈島在住支那人保健防疫規定」が定められた。「島民の衛生思想を向上し伝染病の発生を未然に防止」するためのものだ。第一四航空隊軍医長を主任指導官として、島南部の蓮塘、根竹園、田心、正表、英表の五郷にまず島民防疫班を編成させる。通常、南部の「五郷」には英表以外の四郷に上表を入れるのだが、ここでは英表になっている。三竈島自治維持会長を「全般監督」として、各防疫班では各郷長を班長に、また宣撫員各一名のほかに防疫掛をそれぞれ二名から五名、班員として任命した。この五郷はちょうど北から南へと並んでおり、そしてちょうどその順序で防疫掛の人数も増えている。福大公司『三竈島概説』に付けられた郷別の戸数、人口（四三ページ）を見ると、この順序で戸数等が増えているわけではなく、人口の多さと防疫掛の人数とは関係がない。じつはここに漏れている上表は一番北に位置し、その次が蓮塘、そして英表は一番南の集落である。つまり南へ行くほど衛生状態の悪かったことがうかがえ、五郷のうち上表と英表が入れ替わっているのも、そのためだろう。

「防疫規定」に定められた島民の具体的な義務としては、家屋の内外や汚水路の清掃、服や寝具などの洗濯と日光消毒を毎月第一土曜日に行なわせる。ほかに必要な場合には、地域を指定して「徹底的大掃除」を実施することもある。予防接種は、指導官が自治維持会長に指示し、各郷長や宣撫員に下達させ、かれらがさらに島民に伝える。接種施行の当日は、それぞれの村の戸籍簿にもとづいて全員を集合させる。この戸籍簿は日本軍が前年の調査で作ったものだろう。ほかに、宣撫員は毎朝、病人の有無を郷長を通して報告せねばならず、これを怠った場合は関係者が処罰されることになっていた。

この規定が公布されたのは五月六日だが、ほどなく、広州やその近くの仏山方面でコレラが発生しているとして、十日には第六航空基地の隊員にたいして海水の使用禁止、海面での魚釣りの禁止、海上トラックの検疫などが命令された。

このように強制的に衛生状態を向上させようとするやりかたは、じつは明治以降、警察力まで使って日本自体が国内で試みてきたことだった。以上の規定は、おそらくそのまま厳格に実施され、島の衛生状態がそれなりに改善したものと想像できる。ただし、これはけっして島民の福祉や三竈島自体の近代化を目指して行われたのではなく、あくまでも疫病が日本軍に感染しないようにするためのものと考えてよい。そもそも、住民の多くを殺したうえでの近代化などありえない。

この年の五月にはまた、住民が武器や弾薬を隠していないかどうか、一ヵ月ほどをかけて徹底した調査が行われたようだ。

島内での軍事的な衝突は、ゲリラ隊が倉庫を襲撃して燃やすなどの事件もあったが、この時期以降は、中国空軍機による散発的な爆撃に止まる。一九三九年の一月二十五日には、中国空軍機二機が三竈島に飛来し、爆弾が弾薬庫に命中して火柱があがった。二月七日にも、中国軍機が一編隊で島を爆撃し、日本側が高射砲で反撃した。七月には、中国の神鷹《しんよう》隊五四機が、格納庫、兵舎、倉庫などを爆撃した。

すでに見たように日本軍は、一九三八年十月に広東省の省都である広州を占領した。これにつづいて一年後の三九年十月七日には、三竈島が属する中山県の中心的都市である石岐《せきき》も占領される。このときは三日間で撤退するが、一九四〇年三月にはあらためて石岐を占領し、まもなく日本軍の主導下で中山県政府が組織され、軍による本格的な支配が始まった。三竈島の大陸側がごく近辺までこのように日本軍に押さえられ、もはやゲリラが十分に活動できるような状況ではなかった。住民とのおおきな衝突が起こらず、また脱出者もなかったためか、一九三九年以降は新聞紙上でも三竈島内の様子がほとんど伝わらないようになり、さらに一九四一年末に日本軍が香港を占領すると、三竈島の状況を伝えるおもな媒体だった香港の新聞からも、三竈島は完全に姿を消す。

以上が、一九三九年五月に沖縄にあたらしい移民政策が現れ、九月に最初の移民団が到着するころまでの三竈島の状況である。

第四章　沖縄農業移民

占領から移民入植へ

日中戦争の本格化から日本軍による三竈島の占領、沖縄からの農業移民の到着を経て敗戦にいたるまでを、あらかじめ年表で整理しておこう。

一九三七年　七月　日中戦争本格化
　　　　　十二月　三竈島第一次占領
一九三八年　二月　三竈島第二次占領
　　　　　四月　島内掃討と住民虐殺
　　　　　六月　航空機の進出開始
　　　　　九月　第六航空基地ほぼ完成
　　　　　十月　広州占領
一九三九年　五月　沖縄で三竈島移民の議論開始

一九四〇年　九月　第一次移民先発隊五〇人到着
一九四一年　五月　第一次移民家族四六戸計二四八人到着
一九四三年　十月　第二次移民の戸主四五人到着
　　　　　十二月　太平洋戦争始まる
一九四三年　十月　第二次移民の家族、大人八九人（青年期に達した子どもを含むと思われる）、子ども一四二人到着
一九四五年　八月　敗戦、日本兵と移民は収容所へ

おおまかに言えば、一九三七年に日中戦争が本格化したあと、三八年に日本軍が航空基地を建設し、翌三九年に沖縄から農業移民の送出が始まり、それが二次四回にわたって四三年までつづいた。一九四三年十月二十日の『朝日新聞』「鹿児島沖縄版」は、その時点で、戸数九十余、人口四百人、県人のみの学童百余人になったと報じている。右記年表に記したのは各時期に新聞が伝えていた渡航人数だが、それを合計すると五七四人となり、人数がかなり異なる。第一次移民は四六戸二九八人、第二次移民は四五戸二七六人で、この数字自体に不審な点はない。人数の違いは、いったん三竈島に渡ったものの沖縄に帰った人たちがかなりいた可能性を示唆している。

六カ村

沖縄移民がいたころの三竈島を地図上で見てみると、島の南部の平地は、日本軍飛行場の西北

方面に上表、根竹園、田心、正表、英表の五つの村があり、島に残った中国人住民が住んでいた。これらの村にはそれぞれ、長門《ながと》村、伊勢《いせ》村、工藤《くどう》村、木場《こば》村、那智《なち》村という日本名がつけられていた。工藤は第三聯合航空隊の主計長、木場は航空隊警備隊指揮官、そのほかは日本の軍艦の名前である。この五村の裏山を北に越えるとふたたび平地となる。ここから海岸までの島の北半分が、日本軍の掃討によって無人になっていたようだ。ほかに西南部にもいくつか村があるが、これらの村がどのようになっていたのかは不明である。

一九三四（昭和九）年生まれで、第二次移民家族として渡航した喜納安武《きなやすたけ》さん（当時九歳、名護出身）によれば、第一次移民は北部地域の南方、島全体からみればほぼ中央部の平地に入った。具体的には春花園（現地名、以下同）の場所に成瀬《なるせ》村、屋辺《おくへん》に青葉《あおば》村、聖堂の西南あたりに与那《よな》村が置かれた。第二次移民の村も島のほぼ中央部で、第一次移民の村の北と西に位置している。魚弄（現地名）のすぐ東に千歳《ちとせ》村、南に衣笠《きぬがさ》村、そして下茅田《かぼうでん》（同上）に大和《やまと》村が置かれた。つまり、未開地を開墾してあたらしく村を作ったのではなく、日本軍が掃討して住民がいなくなった旧集落に、沖縄からの移民が移り住んだのである。

移民の村は一五戸もしくは二〇戸ずつ、つぎの六つに分かれ、家には一号、二号と順に番号がついていた。軒数は、時期によって多少の異同があったようだ。第一次移民の村は、日本軍の掃討後に焼け残った島民の家を修理して使ったが、第二次移民の村は、第二次移民先発隊（戸主）が造った日本式のあたらしい家が八軒ずつ二列に整然とならんでいた。

〈第一次移民〉

与那村（県の農業指導員＝技手《ぎて》の名前にちなむ）

一五軒（大宜味《おおぎみ》一二軒、名護二軒、羽地《はねじ》一軒。うち大宜味と名護各一軒は途中で帰郷）

成瀬村（拓務技手の名前）

二〇軒（おもに小禄《おろく》村出身者。班長の城間《しろま》氏は羽地村屋我地《やがじ》出身）

青葉村（軍艦名）

一五軒（おもに大里《おおざと》村出身者。ほかに南風原《はえばる》や与那原《よなばる》）

〈第二次移民〉

大和村（軍艦名）

一五軒（コザ、美里《みさと》、嘉手納《かでな》、久米島《くめじま》など）

衣笠村（同上）

一五軒（喜瀬《きせ》、羽地、読谷《よみたん》、佐敷《さしき》など）

千歳村（同上）

二〇軒（東風平《こちんだ》を中心に南部出身者）

第一次移民先発隊到着

ここですこし時間を遡ってみよう。一九三九年十月に第一次移民団の先発隊が出発してから約一カ月後、沖縄に最初の現地報告がもたらされた。

「南支〇〇島で早くも　道路開設と蔬菜作り
男として骨を埋むる絶好の地　現地より第一報来る」

この見出しのもとに、十月二十四日付『琉球新報』が「〇〇島駐在技手与那永徳《よなえいとく》氏」の報告を掲載した。与那氏は久米島出身の県農業技術指導員で、第一次移民先発隊に同行し、沖縄から種籾やタピオカ、田芋なども持参していた。沖縄県の試験場から脱穀機などの農機具や豚も十頭ほど積んでいったという。

ただ、記事冒頭の解説部分には「九月二十七日勇躍那覇を出発した移住労務者一行六百名は」云々とある。ここからすると、見出しの「南支〇〇島」は海南島のことを言っているようにも見える。しかし、与那永徳技手が同行したのは三竈島であり、また同技手の報告中に「三と街」という地名が出てくる。三竈島の「竈（そう）」の文字は、俗字では「灶」とも書き、中国ではこれもよく使われる。「三灶街」を誤って「三と街」と読んでしまったのだろう。「移住労務者一行六百名」というのは、記事の誤りか、そうでなければ、労務者は海南島へ渡るまえにひとまず三竈島に上陸し、農業移民の仕事を手伝ったと推測できる。

この記事によると、移民団が到着したのは十月四日だった（九月とする史料もある）。そして五日から十五日まで軍事訓練をうけたあと、ある地区（文字不明）と三竈街に分居して、「移住地の道路開設並蔬菜育苗の本格的作業に移る傍《かたわ》ら共同蔬菜園の開墾事業を開始することになった」。

与那技手によれば、「蔬菜栽培の方をなるべく早くやらねばならないと思って当分三と街の農場に苗床を設置して第一回の育苗に当る事になって居り」、つぎに「開墾等により本格的経営に当る」予定だという。ほかに、「自給肥料の生産のために牛を三〇から四〇頭近日中に某所から手に入れることになっており、また家畜も順調に飼育中。キャンベルなどは生育がはやく、一週間中に目に見えて生長しつつあるが、この島では蔬菜類が少ないため、育苗のかたわら農園に二反歩ほど種をまいた。また、島の大部分は踏査を終了した」という。

現地に到着した移民には、住宅一二坪、水田二町歩、畑五反歩、家畜、農具を貸与することが予定されていた。

第一次移民が到着したとき、島にはまともな道路はなかった。「山のそばから道が一本あったが、人が胸を張って歩いていけないような道だった。ガソリンであちこちが燃やしてあった」という。焼け残った寺があり、移民たちはそこでしばらく集団生活をしながら、焼け残った民家を修理して入った。三竈街にあった飛行機のような形の兵舎が空き家になっており、そこで半年以上暮らした人たちもいる。三竈街への道だけはできていた。昼間は農業試験場で働き、夜間は二、三時間ずつ移民だけで道を造った。

与那技手の名前にちなんで命名された与那村には三竈島移民事務所があった。のちには与那永徳のあとを下村（あるいは島村）という人が継ぎ、最後まで島に留まった。第一次移民家族の与《よ》那城隆幸《なしろたかゆき》さん（大宜味村出身、一九二八＝昭和三年生まれ）によると、下村さんは静岡の人で、そのころ五〇歳代半ばだった。朝鮮で大学の先生をしていたといい、朝鮮人の金海《きんかい》（移民たちは「かなうみ」と呼んでいた）という教え子を弟子として連れてきた。金海は当時二二、三歳で、与那城さんの家のすぐ隣に住んでいたため、よくいっしょに遊んだ。日本語は達者だったが、沖縄のことばがわからない。そこで、沖縄のことばを覚えようと一生懸命だったという。ほかに秋山さんという青年もいた。与那技手は、「下村さんが来て二、三カ月で兵隊に行った」とも、また、「一年半ほどで下村技手と交替して帰国した」という証言もあり、はっきりしない。

移民の武装と軍事訓練

二〇〇九年九月、沖縄市に住む渡慶次憲政《とけしけんせい》さん・千代さんご夫妻を訪ねて移民当時のお話を聞いた。一九一五（大正四）年生まれで渡航当時二四歳だった渡慶次さんは、第一次移民先発隊の数少ない生存者の一人だ（二〇〇九年現在）。嘉手納の農家の四男で、当時、馬車による運送業を行っていた渡慶次さんは、傷痍軍人であった友人に誘われて移民に応募したところ、いっしょに採用されたという。中頭郡《なかがみ》からは二人だけだった（かれを誘った友人は渡航後まもなく、現地の風土病・ワイル病により死去）。渡慶次さんによれば、移民は、農業生産をして軍に納めると聞いていたが、渡航に際し那覇の開洋会館で軍事訓練をうけてから行ったという。島に到着して最初の仕事は、草刈りなどの開拓と実弾射撃の練習だった。「行ってしばらくは（日本）軍といっしょでした。開拓するときは島民を使いました。軍から、希望するだけ島民をよこすんです」という。

一九一〇（明治四十三）年生まれで渡航当時二九歳だった新垣《あらがき》善守さんは、到着後六カ月間は海軍から報酬が一日二円支給されたと述べている（『大里村史』）。

昼間は食糧増産、夜は毎日交替で、銃を持って夜間警備を行った。島の各岬を日本軍が警備していたが、そのうち三カ所は移民団の担当とされた。ただ当時、中国から攻めてくるという話はまったく聞かず、治安はよかったという。以前はジャンク船がやってきていたという話は聞いた。

第二次移民が来てからも、島の東北端の斗督《ととく》は、第一次移民が警備していた。また第二次移民の比嘉真吉さん（読谷村出身）によれば、小銃と弾五〇発を持って、週に二回ずつ西北端の定家湾へ警備に行った。移民の武装については、第一次移民、第二次移民を含め、各家庭には銃と実弾が常備されていたと複数の人が証言している。

移民団の実質上の団長であった城間盛輝《しろませいき》さん（一八九九＝明治三二年生まれ、渡航当時三九歳、屋我地出身）によれば、移民団先発隊は到着後、「海軍施設の維持補修等の労務」に服するとともに、海軍が必要としていた「蔬菜」「米」「果実」「鮮魚」等の「現地に於ける生産供給に従事し」、そのかたわらで「家族招致に必要なる施設の工作に努め」てきたところ、「諸般の施設もひとまず終了」したため、家族が入植するしだいとなったという（「三竈島小学校開設補助申請書」）。

渡慶次憲政さんもまた、まず野菜を作ったと語る。いろいろ試してみて、大ネギ、春菊など収穫量の上がるものを作った。海軍管轄の官役《かんえき》人夫といって、この試験場をやりながら、半年間くらいは日当が出た。ただ、あとで来る家族のために使うようにと凍結され、実際はタバコ代程度が支給されただけだった。その間は海軍から食糧が出たが、のちに自給自足するようになる。その後、開拓者組合で軍に食糧を供給するようになると、それに対価が支払われた。

また、荒地を開拓して米も作りはじめた。渡慶次さんがいた成瀬村（渡慶次さん、城間さん以外は小禄村出身者）では、村のなかの一軒の家に泊まって共同作業し、炊事班も決めていた。家族が来てから、試験場は自然になくなったという。

家族呼び寄せ

つぎに現れる三竈島関係の新聞記事は、翌一九四〇（昭和十五）年四月の、家族の呼び寄せに関するものである。

「南支の〝沖縄村〟へ　五十余戸の健康調べ　呼寄家族の渡航準備急ぎ」

という見出しで、「南支第二〇〇島における本県移住者たちは…移住家屋も大体本月末迄に完了するので愈《いよい》よ家族を招致することになり…移住家族数は九十余戸である」と紹介している（『沖縄日報』四月六日）。見出しと記事本文では戸数が異なっているが、四月中旬にはさらに、「南支〇〇島移住農民家族は来る二十九日那覇を出発送出する」ことになり、それぞれ小禄村一五家族、大里村一五家族、名護二家族、羽地村二家族、大宜味村一二家族となっている（『琉球新報』四月十九日）。前年九月に送り出されたはずの小禄村三五人、名護村、大宜味村、羽地村各五人とくらべると家族数に異同があり、またあらたに大里村が加わっている。これらの記事を総合すると、このときの移民計四六家族は、先発隊の呼び寄せ家族のほかに、まったくあたらしい家族も加わったようだ。人数は全部で二四八人だった（『沖縄日報』六月六日）。五月一日、開洋会館で壮行会が開かれ、正確な日時はわからないが、まもなく出発したと思われる。

船は、那覇から三竈島へ直行した。客船だったが、乗客はすべて第一次移民の家族で、ほかの人はいなかったという。脱穀機、除草機など農機具一式は全部一括して政府から無料であたえられた。持参した家財道具は鍋のような小さなものだけだったが、シンガーミシンなどを持っていった人もいた。船が沖に着くと、ポンポン船がやってきた。兵隊を先頭に、父親たちが迎えにきたのだ。桟橋から上陸するとき爆竹が鳴ったのを覚えている人もいる。飛行場の滑走路には歓迎の準備がしてあった。到着した人々は格納庫のひとつで一泊した。翌日、トラックで藤田峠を通って直接、各集落に向かい、設営隊が準備した中国人の家に入った。家は、おおきいものは六畳三間と台所があった。

現地に到着したその夜、金城《きんじょう》ウトさんが男子を、また翌日の明け方、崎山節さんもおなじく男子を出産した。現地司令部の指揮官が名付け親となってそれぞれ「繁基」、「繁次」の名前を贈り、軍当局と合同で盛大な誕生祝賀会を催したという（『沖縄日報』六月六日）。

前出の与那城隆幸さんによれば、第一次移民家族が到着したころ、移民団のほかに百五十人ほどの軍属がいて、道路や橋を造ったり兵舎を建てたりしていた。第一次移民先発隊と海南島への土木労務者たちが同船したことは前述したが、労務者の一部は三竈島に送られたものと思われる。

白骨の残る村

これら第一次移民は、無人となっていた島民の家屋をそのまま使った。開拓団長・城間盛輝さんの次女・文子さんは一九三二（昭和七）年生まれで、八歳のとき第一次移民団家族の一員として三竈島に渡航した。行ってみると、家はあったがあたらしいものではなく、島民が住んでいたものだと思われた。また米倉として使うことになる壊れた家も、自然に壊れたというより壊された感じだったと語る。当時二八歳だった知念《ちねん》敏子さんの場合、永住目的の移民ということで家財道具一切を売り払い、長女と夫の妹二人を連れてきた。船内は妻や子どもたちで満席だった。現地で与えられた住宅は古い家屋で、現地人農家が住んでいたものだった。到着と同時に家具の整理整頓を始め、それを二、三日で終えると、その後は夫といっしょに毎日、早朝から畑仕事に従事した。

おなじく第一次移民の家族だった名護出身の山入端《やまのは》（旧姓）和子さん（一九二六＝大正十五年生まれ、渡航当時一四歳）によれば、村に着いたとき、部落内の壊れた家のなかには白骨化した中国人の死体があった。見るなと言われたが怖いもの見たさで見に行くと、島民が来て片づけていたという。

また、前出の与那城隆幸さんは、やはり第一次移民の家族として一二歳で渡った当時のことをつぎのように記憶している。「海軍は三竈島を占領するとき、村を破壊し、そこに住んでいた人たちを殺したり、追い出したりした。そして破壊後に残った家を設営隊が修理して第一次移民の住居にしたようだ。そのため、部落はおおきいのに家は離れてポツンポツンとあるだけで、また部落近くの草むらのなかに、首を斬られた中国人と思われる頭蓋骨が山積みされていたのを忘れることができない」。日本軍は、残っていた島民を動員して壊れた家を撤去し、移民たちがその跡地を畑として利用した。

田んぼのなかから頭蓋骨が出てくることもあった。第一次移民の村の前には、田んぼのなかに土の盛り上がった部分が、最低ふたつぐらいずつあり、草に覆われていたが、その下を探ってみると骸骨の山だった。一ヵ所に三〇個〜五〇個あったという。与那城さんたちは、頭だけ見て逃げ出した。あとで中国人に聞いたところでは、日本軍が、残っていた住民に自分たちで穴を掘らせ、日本刀で試し斬りをして埋めたものらしい。三竈島民は勇敢で、島には昔からよく海賊が来たため、日本軍のときも同じように果敢に立ち向かったものの、さんざんにやられてしまったのだという。この部落はこのようにしてやられた、ここはこうだと、中国人がそんな話を教えてくれた。第二次移民は全部掃除してから入っているため、そのようなことは知らないと、与那城さんは言う。また、前出の渡慶次さんの記憶では、三竈街の兵舎の壁には、「血のあとがべたーっと」ついていた。

このあたりは気候的には亜熱帯に属するにもかかわらず、現在でも、古いタイプの家屋は窓が少なく、また小さく、全体として密閉された印象をうける。放置されて朽ちかけている家を見ると、一部にレンガが使ってあるものの、大部分は赤土を積み上げた幅四十センチほどの分厚い壁でできている。島にカキの殻がたくさんあるのを沖縄移民が不思議に思っていたところ、それで石灰を作って赤土と混ぜ、その土を型枠のなかに入れて壁を作っていたという。その壁の上に瓦の屋根が載っている。

窓のほとんどない土壁の家は、開放的な沖縄の家に住み慣れた人々には息苦しく、湿気も強くてたいへんだったようだ。渡慶次憲政さんの妻の千代さんは渡航当時一四、五歳で、のちに現地で亡くなった姉の後妻として渡慶次さんに嫁いだが、三竈島に行ったばかりのころ、「家はお墓の入り口みたいな感じで、真っ暗で、泣きたいぐらいだった」と語る。移民たちは自分で壁の二面にタガネやツルハシで窓を開け、土間に床を張り、台所を作るなど、工夫しながら生活を始めた。空き家の土壁は壊して畑にしたのもあるが、なかなか壊れるものではなかったという。広東省のほかの地域でも、民家を占拠した日本軍が壁に穴をあけたことを記憶している住民がいる。

また水が不自由で、共同井戸があるにはあったが遠いため、家の近くに井戸を掘った家族もあった。電気はなく、ランプを使って生活していたが、煤で黒くなってしまうランプを磨くのが一仕事だった。

開拓者組合

第一次移民の家族が到着してすぐに、村の寺を利用して臨時の小学校がつくられた。そして一九四〇（昭和十五）年六月十二日にはこの小学校で開拓者組合の創立総会が開かれ、規約制定、役員選挙、事業計画、収支予算などが決まる（『琉球新報』六月二十三日、「三竈島開拓者組合規約」）。開拓者組合は共同事業の経営、生産および販売の統制、物資の共同購入、学校および病院の経

小学校開設申請時の三竃島移民の戸数と人口

	戸数	男	女	計
成瀬村	18	39	39	78
与那村	15	32	41	73
青葉村	15	34	31	65
計	48	105	111	216

営、互助共済事業、共同資金の積立などの事業を進めるためのもので、拓務省の依頼によって設置され、その委嘱で沖縄県社会課の浦崎《うらさき》純氏が六月上旬、飛行機で三竃島に派遣されていた（『琉球新報』五月二十六日）。事務所は成瀬村に置かれ、拓務省拓南局内の三竃島開拓者組合顧問は、拓務理事官の三浦陽氏であった。浦崎氏は六月二十一日あるいは二十二日に沖縄に戻り、現地の状況をつぎのように報告した（『琉球新報』六月二十三日）。

同島には現在開拓者の共同経営になる田圃が約四町歩あって、こちらから渡島した県民は何《いず》れもこの開田耕作に従事して□（一字欠）る、目下台中六十五号　蓬□（一字欠）米を試作中であるが、少くとも反当り二石の収□（一字不明）を予想される豊饒の地であり…家族が先達渡島して以来開拓民はますます本腰になって仕□（一字不明）に励んでいるので我等の郷土の先駆移民によって○○島に楽園が建設されるのもさう遠くはあるまい。

この時点ですでに試験的に水稲栽培を始めていたことがわかる。浦崎氏はさらにつづけて、氏の到着の翌日には同島の治安維持会長が鮮魚をもって移民団入島祝いに訪れ、また「××小学校の県人の子供等を〇〇島民は朝夕微笑で送り迎へて可愛がって呉《く》れるので家族等も幸福に充ちわたっているやうだ」と述べている。のちほど触れるが、島に残った中国人住民と沖縄移民との関係は、けっして悪くはなかった。

六月十五日には、開拓者組合が組合長・城間盛輝の名前で、外務大臣に小学校開設の費用助成を申請している。これは、正式の小学校を建設するためのものであった。そこに添えられた「三竈島小学校開設計画概要書」によれば、この時点での各村の正確な人口は別表の通りである。

このうち学齢児童が四一人だった。小学校開設については後述する。

対米開戦準備

一九四一年には、第二次移民の先発隊として戸主四五人がさらに送り出される。しかしこのころ、戦争の状況はおおきく変化しようとしていた。

すでに見たように、日本海軍は日中戦争の初期の段階から華南沿岸にたいして封鎖作戦を取っていた。その後、この作戦は、航空機による爆撃のほか、アモイ、広州、汕頭など主要都市の占領、海南島の占領（これは封鎖と資源確保の両方の目的があった）を経て、さらに中小の港湾の占拠へと拡大していく。

しかし一九四〇（昭和十五）年後半になると、軍全体に、中国戦線ではなくべつのおおきな課題が現れる。対米開戦の準備である。このため海軍では、同年十一月十五日に「出師準備第一着作業」を発動した。これにともなって中国で作戦中だったおもな航空部隊は内地帰還となり、三

本部前に到着した移民団（比嘉和子氏提供）

竃島にあった第三聯合航空隊は解隊され、第一四航空隊のみが残ることになった。中国ではほかに、華中に第一二航空隊だけが残った。翌一九四一年九月一日、海軍は全面的に戦時編成に移行し、翌二日には、太平洋方面の作戦にそなえて在中国の陸上攻撃航空部隊を引き揚げ、十五日には第一二、第一四航空隊も解隊されてしまう。海軍の航空機がすべて中国から引き揚げてしまったわけではないが、この時点で、海軍航空部隊の中国大陸における航空作戦は幕を閉じたとされている。

第二次移民

海軍航空部隊の中国からの引き揚げにともなって、三竃島の役割もおおきく後退したはずである。にもかかわらず移民の送り出しはその後もつづいた。第一次移民家族が渡って開拓者組合が結成された一九四〇年六月から一九四三年年三月までの約三年間については、新聞記事を見つけることができず、移民の状況については聞き取り調査に頼らざるを得ない。

第二次移民は、一九四一年に四五人の戸主たちがさきに渡航した。一九一六（大正五）年生まれで渡航当時二五歳の比嘉金成《ひがきんせい》さん（名護町喜瀬出身）もこのとき渡った一人だ。家族が来るまでを軍務期間といい、陸戦隊の宿舎だった建物に寝泊まりしながら、野原になっているところを開墾したり、家屋を五〇棟も建てたりしたという。そのころ島の北部は無人になり、前述したように広大な田畑が残されていた。放置されて草の生えたその土地を、ふたたび開墾したのである。

第二次移民の村は、残った中国家屋も全部壊して日本式の家をあたらしく建てた。三竈島には台風があまり来ないため、現在のプレハブのような簡単な造りだった。あたらしく建てた家は道路沿いに二列に整然とならび、見通しがよく、悪いことはできなかったという。三竈島にはもともと、各部落の入り口にかならず寺があり、また、それぞれ海賊を見張るための物見台があったが、これらもすべて日本軍が破壊した。

この年は十一月四日に艦上攻撃機三機が三竈島に到着し、十二月八日からの香港攻略戦に参加している。香港攻略のときは、日本軍の九七式戦闘機がよく島の飛行場から飛び立つのが見えた。三竈島で爆弾の音が聞こえることもあった。「飛び立って一五分後には学校のガラスが揺れます」と先生が生徒に教えたが、その通りに揺れたという。香港攻略開始の日はまた、日本軍のマレー半島上陸と真珠湾攻撃によって、いよいよ太平洋戦争が始まった日である。こうして中国大陸の戦況が実質上膠着したまま、戦争の帰趨を決する戦場は太平洋上へ移る。

戸主が渡ってから二年後の一九四三年八月、戦況が激化する情勢のなかで第二次移民の家族を乗せた台中丸が那覇港を出発した。しかし制空権はすでにアメリカに握られており、船は途中の台湾で足止めとなった。台湾北部の基隆《キールン》の海岸近くの旅館に二カ月近く滞在したあと、ようやく出航。蛇行しながら香港に到着し、接岸しないまま、貨物船を改造した船に乗り換え、三竈島に着いたときは十月に入っていた。

前出の喜納安武さんによれば、三竈島の桟橋に到着したときはもう夜だったが、藤田峠を越えて第一次移民の与那村を通ると、沿道に人々が立って出迎え、おばあさんが沖縄語で「よく来た」と言っていた。移民家族を乗せた船が香港を離れるとき、香港が攻撃され、そのあと台中丸も爆撃されており、喜納さんの父親は、息子がそれで死んだと思っていたという。同じく第二次移民家族の宮平《みやひら》フジ子さんによれば、「三竈島に着いたときは家も田圃もきれいにできていた」という。

これよりすこし早く、一九四三年三月ごろ、第一次移民で国頭郡大宜味村出身の前田正憲さんは、皆から頼まれて位牌を持ち帰るためと「若い連中から花嫁の世話も依頼されて」沖縄に一時戻っている。前田さんは三竈島のことを、「気候、風土からいってまったく本県と似通っており、かえって台風が全然ないだけ農作にはもってこいのところだ」と記者に語っている(『朝日新聞』「鹿児島沖縄版」三月二十七日)。第二次移民の家族の船を香港から水先案内したのは、三竈島に戻るために同行していたこの前田さんだった。

渡航の動機

第一章で紹介したように、沖縄ではある時期を境に移民が盛んになり、その渡航先はハワイ、ブラジル、ペルー、フィリピンを中心として、南米、北米、東南アジア、オセアニアの各地に及んでいた。その背景には、人口の過剰や、それにともなう貧困などがあったとされる。三竈島の場合、どのような理由で移民に応募し、渡航したのだろうか。

第一次移民先発隊の一員で「開拓団長」を勤めた城間盛輝さんは、「当時、南支那の占領地で現地軍の食糧補給のため、開拓団の募集があったので、最後の御奉公だとこれに応募した。家族は一年後から来た」と述べる（城間盛輝『越えてきた道』）。羽地村我部《がぶ》（屋我地島）出身の城間さんは一九〇〇（明治三十三）年生まれで、大阪と那覇で一五年間、刑務官として働いたのち、依願退職して帰郷していた。その際、政府から銀杯と額面二〇二円の恩給証書をもらったという。移民に応募したときは三九歳だった。城間さんは、このような経歴から報国意識が強く、そのために国家的事業である三竈島移民に応募したのかもしれない。

ただ、城間さんの次女で渡航当時小学五年生だった静子さんによれば、城間家ではもともと満州へ行きたかったが、応募者がいっぱいで行けず、海南島も準備ができていないとのことで三竈島へ行くことになったという。三竈島はいわば第三候補だったことになる。しかし「行ってみると楽天地で、平和で、住民も親切だった」と静子さんは懐かしむ。

「貧困からの脱出」や「仕事を求めて」という経済的な理由で移民に応募した人が多いのは、三竈島もほかの移民同様である。新垣（旧姓：仲間）貞子さんの父親は四男で、出稼ぎで滋賀県に行ったあと帰ってきたが仕事がなく、三竈島へ行くことにした。また知念敏子さんは夫にあまり財産がなかったため募集に応じることにしたという。第一次移民は家族永住移民が対象だった。

羽地村真喜屋《まきや》出身の宮平フジ子さんのように、移民花嫁だった人もいる。第二次移民家族として渡航当時二一歳だった彼女は、顔ぐらいしか知らない八歳も年上の移民との結婚を親が決めてしまったのである。見も知らぬ外国へ行くのは嫌だったが、親の決めたことには逆らえない。船が台湾で滞在を余儀なくされたとき、このまま家に帰りたいと、そればかりを願っていた。

一方で、「父親がなぜ三竈島へ行こうとしたのかわからない」と語る移民家族もいる。喜納安武さんの父・安栄《あんえい》氏は、広い土地を持ち使用人もいる裕福な家の次男で、経済的には移民する必要はなかった。ところが安栄氏の弟で三男の安幸《あんこう》氏も、第二次移民家族の呼び寄せのとき妻のヨシさんとともに渡航している。なお、安幸・ヨシ夫妻は、第二次移民の戸主として渡航したものの妻が来なかったため帰郷した金《きん》武出身の人の家と田んぼを引き継いだという。田植えはすでに済ませてあった。

また、大宜味出身の与那城隆幸さんによると、一九〇五（明治三十八）年生まれで渡航当時三四歳だった父・蔵助氏は、もともと大宜味郵便局に勤めており、農業などやったことのない人だった。三竈島でも郵便局の仕事をするとでも思って渡航したようで、実際に現地では田畑の仕事をほとんどせず、隆幸さんは「母親が苦労したと思う」と言う。父親は機械の操作が得意だったため精米所の仕事をしていたが、報酬が貰えたのかどうかはわからない。

ここで、労務者として海南島に行った上里幸栄《うえざとこうえい》さんの場合を見てみよう。その渡航動機ははっきりしていた。「いくら働いても貧乏から脱することのできない」沖縄を出て、「お金を稼ぐ」のが目的だった。沖縄での日雇い仕事の日当が三〇銭、最高でも五〇銭というときに、海南島では三円の日当が出ると聞いた。父の借金に苦しめられている幸栄さんにとっては願ってもない話だった。「海南島は四〇度にもなる暑さで、普通の人は持たないと言われていたが、山仕事で鍛えた体力には自信があった」。二時間の残業をすれば日当は三円六〇銭になり、その送金で父親は借金を返すことができた。仕事は道路や飛行場の建設、荷物の揚げ降ろしなどが中心だった。船が入港すると期限までに荷物を降ろさねばならず、とくに戦時は一週間徹夜のこともあったという。

海南島のこのような期間契約の労務者（上里さんは一年契約で行ったが、実際には二年近くいた）と違って、三竈島は家族を呼び寄せて、かなりの長期間暮らすことが想定されていた。永住を想定し、家屋敷や財産をすべて処分して行った人たちもいる。沖縄でのそれなりに安定した生活を捨てた人たちもあったのはなぜなのかは、よくわからない。

徴兵忌避

これらにたいして、とくに第二次移民には特別な目的を持つ人たちがいた。徴兵忌避である。渡航時二五歳だった前出の比嘉金成さんは、一九三七年八月に徴兵されて中国大陸を転々とした。「餓死寸前」の飢えに苦しみ、「人間を人間と思えない」戦場を嫌というほど味わって、三年後に一時帰休で沖縄に戻ったとき、三竈島への第二次移民募集に出会った。「ほんとうはどこにも行かず、ずっとシマにいたかった。しかし、このままシマにいたらまた徴兵されると思い、徴兵を逃れるために応募した」と明言する。

山入端《やまのは》徳幸氏（和子さんの父、渡航当時三八歳）は、じつは三竈島に行くつもりはなかったのだという。そのころブラジル渡航が決まり、勤めていた農業試験場の監督の仕事を辞めて準備を整えた。ところが明日船が出るというときになって、同行予定の叔母が眼の検査で引っかかり、帰されてしまった。身辺整理もすべて終わっており途方にくれていたとき、三竈島への募集があることを聞き、家族に相談もせず応募したのだった。和子さんによれば父親は、「ここにいたら兵隊にとられる」と言っていたという。行き先がどこであれ徴兵されない場所へ行きたかったのだろう。ただ、その願いも空しく、のちに三竈島で現地召集され、戦死してしまうことになる。

第一次移民先発隊だった叔父に呼び寄せてもらい、家族として渡航した比嘉善営さん（一九二二＝大正十一年生まれ）は、渡航当時一八歳になっており、「徴兵検査の時期が迫っていたので海外へ脱出したかった」という。渡航後、日本軍が占領していた広州で徴兵検査をうけたが、「特別措置として二三歳までは徴兵猶予」となり「海軍の食糧供給者として兵役を免除され」、その間に敗戦を迎えることになった。

第一次移民の場合も兵役のことを考慮した人があった第一次移民だった新垣善守さんも、移民を希望した理由のひとつは「兵役から逃れる手段でもありました」とはっきり述べている（『大里村史』）。渡慶次憲政さんの場合は、「外に出ておかないと召集されるかもしれない」と考え、三竈島へ行く三カ月前に海南島の軍属を申請したが却下され、三竈島へ行くことにした。また、外地での給料のよさにも引かれた。人夫の日当が沖縄で五〇銭のとき、海南島と三竈島では二円五〇銭から三円だったという。この日当の魅力は、さきに紹介した上里幸栄さんのものと同じだ。

移民と徴兵忌避との関係については『沖縄県史』巻七「移民」（一九七四年刊）も注目し、事例を二、三紹介しているものの、それ以上は検討していない。じつは、一九二七（昭和二）年にそれまでの『徴兵令』を改正して公布、施行された『兵役法』の第四二条には、「徴兵適齢及其ノ前ヨリ帝国外ノ地ニ在ル者（勅令ヲ以テ定ムル者ヲ除ク）ニ対シテハ本人ノ願ニ依リ徴兵ヲ延期ス」とあり、海外に出れば実際に、ある程度は徴兵を逃れることができたのである。

貧困からの脱出や、沖縄では得られない可能性を求めるという要素はほかの移民と同様だったろうが、とりわけ興味深いのは、「お国のために死ぬ」ことを要請した当時の風潮とはうらはらに、少なからぬ男性移民たちが「徴兵忌避」というはっきりした意図を持っていたことだ。彼らは移民という国策を利用して、「国のために死ぬ」というもうひとつの国策から逃れようとしたのである。軍隊や戦場を体験した第二次移民のなかに、その意識がより強く見られることにも注目したい。

また、戦時色が強まるころの沖縄では、戦死による「家系」の断絶を避けるために、本人ではなく家族が意図的・積極的に長男を海外移民に送り出した例も少なくない。

移民抑制へ

しかし、長引く戦争のなかで、海外渡航にはさまざまな圧力が加わりはじめる。

はやくも一九三九年五月二十六日付けの『沖縄日報』に、「海外旅行の名目で　合法的な徴兵忌避　司令部が市町村に警告」という見出しが現れた。「聖戦の目的貫徹」の折りであるにもかかわらず、「時局に逆行している不届者が近年著しく増え」、「事変勃発前は在郷軍人で海外に渡航するのは少なかったが年々増加しまた所在不明者も夥《おびただ》しい数に上ってをり」、そこで「今後は是非満一七歳以上の者は検査を受けるまで海外に出ないように□□（二文字不明）する」という内容だ。司令部というのは沖縄の聯隊区司令部であり、徴兵を担当している部署でもある。おなじく五月には、沖縄の若者がマニラから帰郷しようと八重山まで来て、徴兵年齢だったことに気づき台湾へ引き返したところを、憲兵隊に逮捕されたこともあった。

また労働供給の面でも、すでに同年七月十七日付けの『琉球新報』論説が、「最近農村の一部では労力不足の声すら聞かされる」と伝えていたことはさきに紹介した通りである。だが、同年九月には第一次移民先発隊が、また翌一九四〇年五月にはその家族が三竈島へと送り出される。兵役や労働供給の問題があったとはいえ、一九四〇年の前半までは、沖縄県も移民送り出しに熱心だった。それは、つぎのような移住組合設立にかんする新聞記事にも現れている。

「海外移民送出の万全期し本県に移住組合新設」（『琉球新報』一九四〇年三月十六日）
「海外移住組合設立　官民協力、開拓精神喚起」（同四月二十日）
「海外雄飛に五ヶ年計画を樹立　移住組合設立を急ぐ」（同）

ところが同じ年の後半には、つぎのように空気ががらりと変わった。

「南洋渡航者に禁足令　県が遂《つい》に宝刀を抜く　汽車汽船割引証交付を停止」（『琉球新報』十一

月二日)
「今度は青年学校生徒の南洋出稼を抑制　徴兵猶予者三千八百名」(同十一月五日)
「南洋出稼募集者に鉄槌　労務者募集規則違反として警戒　在住者は帰郷せよ」(同十一月三十日)
「南洋庁管下にも徴兵令施行要望　移植民事務主任者が決議」(同十二月七日)
「出稼者抑制　商船の乗船制限」(『大阪毎日新聞』一九四一年六月一日)
「乗船制限徹底　県外出稼制限」(『大阪朝日新聞』同六月十一日)

これらの措置は、「南洋群島における県人の急激なる増加は、戦時下における労力の逃避であるとし、本県人の自由出稼を抑圧するため」、県の権限でできる範囲で移民を抑制しようとしたものであった。新聞記事はまた、「徴兵猶予者の八割は南洋在住者である」とする。

一九四〇年後半から翌年にかけてのこの時期に、なぜ突然、沖縄県はそれまでの政策とは打って変わって移民抑制に転じたのか、以上の新聞記事からその背景を読み取ることはできない。しかしすでに説明したように、一九四〇年の後半は対米開戦の準備が課題にのぼる時期であり、おそらく戦時状況のこの変化が影響しているのだろう。

喜納安武さんの記憶でも、第一次移民は軍隊と関係のない純粋な農民だったが、第二次移民で行った戸主は自分の父や叔父(母の弟の比嘉金成さん)、羽地の仲村源太郎さんなど軍隊の経験者が多かったという。比嘉真吉さんも、第二次移民の募集は兵隊に行った人が優先だったと証言する。ここには、徴兵を嫌って第二次移民に応募した人たちがいただけでなく、当局の側も、とくに兵役前の青年は海外へ出したくない、という事情があったといえよう。移民の意識と当局の意図とが、ねじれるような形で奇妙に一致するなかで第二次移民が送出されたのである。

迷走する移民政策

主戦場が中国大陸から太平洋へと移る見通しのもとで、一九四一年九月には海軍航空部隊の中国大陸における航空作戦は幕を閉じ、三竈島の役割も急激に低下した。これもまた、さきに述べた通りだ。つまり、移民が抑制され、三竈島の航空基地も意味を失うなかで、それでもなお一九四一年には第二次移民の戸主が、そして四三年にはその家族が送り出された。

この点を理解するためには、一九四一年以降の県の移民政策を見ておく必要がある。

一九四〇年の後半以降、沖縄県は前述のように移民を抑制しながらも、一九四一年には金武村に県立沖縄拓南訓練所を開設した。軍の南進政策に応える準備の一環として、南方進出のための開拓者を養成する機関だった。また、付設機関として糸満町《いとまん》に糸満拓南訓練所を置いた。前者は農業移民、後者は漁業移民に対応するもので、南方移民として両方が想定されていたことがうかがえる。ただし実際には、一九四三年六月までの入所者一一九六人のうち多くの若者が満蒙開拓青少年義勇軍として満州へ渡り、拓南訓練所を経て南方移民に出た人はごく少ないという。

南進、つまり太平洋へと軍を進めるためには、移民を抑制してその人的資源を戦争方面に振り向ける必要があったが、沖縄県はその南進を支えるための移民を送り出そうとした。ここでもある種ねじれた形で移民が計画されたといえよう。

さらに一九四二年には、六〇万県民の半分に相当する三〇万人を南方に進出させる議論が現れ、一九四三（昭和十八）年末には、五万戸送出計画が発表される。

「軍需方面と大陸開拓に五万戸が県外雄飛　十ヶ年計画」（『大阪毎日新聞』十二月十二日）
「大沖縄市の建設　十ヶ年五万戸の分村計画」（同十二月十七日）
「大計画語る泉知事　沖縄の全面的建直し　五万戸送出　人口を調整」（同十二月二十二日）
「大陸進駐の気魄昂揚　十ヶ集団編成確保と分村指導の徹底期す」（同一九四四年一月二十七日）

ただし、この五万戸送出計画は、南方ではなく満州開拓と本土の軍需産業に人を移出しようとするものである。記事によれば、沖縄の農家の平均耕作地は六反七畝で、全国平均の一町一反の半ばにとどまり、五万戸を送出すれば耕作面積が二倍以上になるという（『大阪毎日新聞』一九四三年十二月十日）。これは簡単にいえば、五万戸の農家を県外に出して沖縄の人口を半分にするということだ。

一九四四年二月ごろ、県当局およびおもな立案者である農務課職員と、各市長、村長、農業会長らとのあいだで移動座談会が開かれた。その席上、「現在でも労力不足の感があるが、五万戸も出したら母村は困らぬか」（崎山那覇市長）、「五万戸も出したら母村が駄目になる」（瀬《せ》長《なが》豊《と》見《み》城《ぐすく》村長）、「そんな膨大な数字をどうして割り出したのかぼくには解らない」（平良《たいら》農業会長）などの疑問があいついだ。これにたいして県側は、「国家の要請」であることを繰りかえした。「矢張り国家の要請に応へるといふ国との結びつけを第一とし」(古郡課長)、「満州への送出も国家の絶望的な要請だ」(牧経済部長)、「国家の要請に応へるといふのが最大の主旨である」(岩井事務官)。そしてこの件についてはすでに主管省と折衝し、先方も了解済みだとする(『大阪毎日新聞』一九四四年二月二十四日)。

結局、国策と移民送出、地域の実情などが相互に矛盾する場合、国策を最優先するということである。一九四〇年の後半以降に県が移民の抑制に転じた際も、当時の新聞記事を注意深く読むと、「現在国家の要求する労務供出の地域外」について抑制するとなっている。三竈島の農業移民はもともと海軍と拓務省が要請したものであり、最優先されるべき「国策」のなかに入っていたのだろう。だがいずれにしても、第一次移民の家族を送り出した時点でさえ、三竈島の航空基地はほとんど役割を喪失しており、その意味では無駄な移民であった。ここに、国の方針にひたすらすり寄ろうとする地方行政当局者の意識を読み取ることができる。

以上のような支離滅裂な人口政策に翻弄されたのは、沖縄県人だけではなかった。より深刻なのは、移民送出による労働力不足を補うために朝鮮半島から送り込まれた軍夫や労務者だった。かれらは過酷な労働に苛まれただけでなく、まもなく訪れる沖縄戦のなかで死地をさまようことになったのである。

村の仕組み

三竃島に話を戻そう。

第一次移民だった城間政吉さんの家族が入った青葉村一〇号の家は、レンガと土壁でできた島民の家を改造したものだった。土間を板張りにし、なかは三つに区切られている。改築は設営隊によって行われた。道に面した側の右に寄せて入り口があり、入った奥が細長い炊事場。ここにはもともと屋根がなく、あとからつけたものだ。炊事場に面した部分がふたつの部屋に区切られていて、そのうち道に面したほうは物置、もうひとつが家族の暮らす部屋だった。かまどで使う薪は、裏山へ行けばいくらでもある。灯りは灯油を使った。

第二次移民で大和村二号の家に入った比嘉真吉さんの場合、六畳一間に炊事場があり、居間には畳もあったという。水は井戸水を使い、鍋で湯を沸かして体を洗った。

このような家に住む第一次移民と第二次移民が、冒頭で紹介した計六カ村に編成されていた。おおよその出身地ごとにまとまっており、村のなかの付き合いは頻繁だったようだ。各村のリーダーは軍が任命し、班長と呼ばれた。第一次移民の場合、班長には村のなかでいちばんおおきな家が与えられたという。ほとんどの家が二部屋しかないおなじおおきさだったというから、班長に与えられたのは、地元のリーダー格の特別な家だったのかもしれない。班長の仕事は、軍からの連絡を村の人たちに伝えたり、村のまとめ役となったりすることであった。必要な連絡は回覧板で回し、月に一回、村の集まりを開いた。

ただし、部落集会の決まった日はなかったと言う人もあれば、軍からの連絡をうけたり村のまとめ役をしたりする「村長」は誰もやりたがらないので、半年ずつの持ち回りで順番にやったと言う人もおり、記憶に若干の違いがある。ただいずれにしても、移民の滞在中に部落内で事件や問題が起こったことはなかったようだ。

第一次移民の家族が到着してまもなく結成された開拓者組合は、さきに紹介したように生産や生活にかんするさまざまな具体的なことを管理しており、実質上この組合が移民村の中心的組織だったといえる。城間文子さんによれば組合長は父親の盛輝さんで、本人が回想録のなかで「開拓団長」だったと書いているのはその意味だろう。盛輝さんは、開拓団が軍に納めた米の代金を一括して受け取り、それを風呂敷に包んで持ってきてみんなに配った。当時のお金は軍票を使っていた。ただし、第二次移民の比嘉キヨさんによれば、できた米はすべて軍に納め、必要なものは通帳で買うので、お金は一銭も持たずに生活していたというから、第二次移民のころになると、軍票さえも使えなくなっていたのかもしれない。

食糧の自給

米や野菜、豚肉などを軍に供出し、それを伝票につけた。城間盛輝さんによると、米はラバウルの特攻隊にも送り出し、豚はあり余って広東にも出荷したという。

各家に脱穀機があったほか、与那村、成瀬村、衣笠村などに精米所があった。野菜はナスや春菊などを含め何でもよくできた。塩、味噌、醬油、砂糖などの調味料をはじめ、石けんそのほかの生活物資は軍から配給されたが、供出した分から配給を受けた分を引き、残りを軍票でもらった。軍が飛行機で香港まで行き、生活雑貨を仕入れてきて配給することもあった。配給のときは班長が回覧板を回し、みんなが村の広場に集まる。このほか、大和村の「村長」をしていた比嘉真吉さんは、みんなの代表として香港へ買物に行ったことがあるという。その際に使うお金も軍票だった。

着るものを買うような店はなく、沖縄から持ってきたもので間に合わせたり、沖縄からさらに送ってもらい、それを縫い直したりして着た人たちもいる。また、第二次移民の家族が入植した時、郷里の旧式製糖機を数台持ち込み、黒糖の製造を始めた。自分で酒や味噌を作る人たちもいた。アンペラのうえに米を置いて麹《こうじ》を作り、甕《かめ》に入れて物置に置いておく。青葉村の責任者で一三号の比嘉善栄さんがそれを蒸留して酒を造った。密造ではなく、酒造りは自由で、そのための米も使うことができた。中国人は味噌を喜び、農作業を島民に手伝ってもらったときは、ご飯と味噌をあげれば、それで十分だったという。

県や拓務省、海軍省から駐在の技手が来ており、また、移民のなかにはさまざまな技術を持っている人がいた。平良新松《しんまつ》さんの父親は大工で、農業をしながら、のちほど紹介する先生といっしょに学校建設を監督した。与那村一〇号の金城亀助さんは鍛冶屋で、三竈島でその仕事もしていた。仲村喜一郎さんの父親は機械技術者で、船の大発、小発などが故障すると、田んぼ仕事をしていてもそのまま直しにいき、お土産として羊羹、ゼリー、乾麵麭（カンメンポウ＝乾パン）などの菓子をもらってきたという。

稲作と闇商売

前述したように、各家族には住宅のほかに水田二町歩と畑五反歩、農機具などが割り当てられることになっていた。耕作用の水牛は各一頭ずつ、男手が二人いるところには二頭支給された。ところが、田んぼの面積はどのくらいだったかと移民経験者に尋ねてみても、答が人によって違う。これは、二町歩もの水田を耕作できる家族はほとんどなかったためだろう。山入端和子さんは、いくらでも作れるだけ作りなさいということだったと言い、比嘉金成さんは、水牛と鋤《すき》で耕すので限りないほど広く思われ、全体の三分の一も作れなかったと語る。新垣善守さんも、実際に耕すことができたのは一町歩ほどだったと言う。

そもそも、三竈島へ移民を派遣した主要な目的は海軍へ野菜を供給することだったはずだが、移民経験者は異口同音に、現地での仕事はほとんどが稲作で野菜は自給程度だったと証言する。これは、稲作に追われて畑まで手が回らなかったということだろうか。移民が行ったとき田んぼには草が茂っていたが、それを刈るとすぐに田んぼとして使うことができ、もともと地元民が使っていたものと思われた。

二月か三月にまず一回目の田植えがあり、その稲刈りが五、六月。そして八月ごろにまた田植えがあった。田んぼはユビダ（深田）で、深いところは子どもの顎まで水に沈んだ。城間（旧姓）静子さんは、「生理のときも腰まで田んぼに浸かって働くので女性にはつらかった。腰が冷えてしまうためか三竈島では全然子どもができず、帰郷したとたんにつぎつぎ生まれた人もいる。若い娘も多かったが、よく病気にならなかったと思う」と語る。夜が明ける前から暗くなるまで田畑で働いた。米の品種は「愛国一四号」で美味しかった。

与えられた田畑の面積はおなじでも、家族数や働き手の数、土地の場所や肥え具合などによって移民たちのあいだに貧富の差ができていくのは避けられなかった。前述したように、与那城隆幸さんの家では、父親が農業をしようとしなかったために米の生産量が少なく、生活は苦しかった。長男の隆幸さんは小学校六年生のとき渡航したが、着いてすぐに田植えを手伝い、水牛を使って農作業をした。水牛の扱いがうまく、家では牛が逃げると学校まで隆幸さんを呼びにきた。大人が何人かかっても捕まえられない水牛でも、かれが近づくと鼻面をすり寄せてきた。

水牛に乗る子どもたち（喜納安武氏提供）

子どもたちはよく水牛の世話をした。水牛は海南島から連れてきたもので、体がおおきく、背に乗るときは石を踏み台にする。野原に連れて行って、勝手に草を食べさせ、田の仕事が終ると水牛に乗って学校へ行く。つないでおくと自分で草を食べていた。

ちなみに、水牛の糞を乾かしたものは、燃料としても、灯りとしても非常に役に立った。隆幸さんは夜、友人たちと、牛糞を松明にして探検に出かけたこともあったが、おおきい糞だと朝まで燃えていたという。

三竈島は治安がよく、若い女性でも危険はなかったというものの、スパイがいるので危ないとも言われており、朝は早くから田畑に出るが、夕方は五時ごろには引き上げた。三竈島の移民村では、戦時であり軍のための食糧生産という特殊性のゆえか、他地域の沖縄移民と異なり、模合《もあい》（一種の頼母子講だが、集まって楽しむことにも意味がある）や運動会といった行事や、みんなで集まって飲食したり歌や踊りを楽しんだりすることはなかったようだ。休みも、決まった休日などはなく、それぞれが適当に休むだけだったという。

与那城家の場合、現地で生まれた一人を含め全部で六人の子どもがおり、家族八人が生活していくのは容易ではなかった。そこで母親のマツさんは、軍に出す値段の三倍で売れる闇商人によく米を売りに行った。夜の闇に紛れて、マカオ方面から小さなジャンク船でやって来る中国人がいたのである。それは、もしかするとかつての三竈島民だったかもしれない。かれらは日本のお金で米を買った。中国の米がパサパサしているのにくらべ日本の米は美味しいため、高く売れたのではないかと思われる。隆幸さんは、「わが家の子どもたちはこの闇商売のおかげで育ったと言ってもいい」と語る。

さきに繰りかえし見てきたように、そのころ日本軍は島を厳重に封鎖、隔離しており、闇夜にまぎれて近づく中国人がいれば即座に「処分」されたのだから、闇商売が見つかれば移民の側もただでは済まないはずだ。ところがあえてそのような危険を冒す中国人がおり、また日本人移民のなかにも、家族のために、ことばもわからない中国人に近づく母親がいたのである。これは、ほかの移民たちに秘密にしたまま行えるようなことではない。喜納安武さんも、「第一次移民はマカオから来る船と闇で取り引きをしていた」と記憶している。おそらく、多くの人は知っていたのだろう。日中双方の庶民のしたたかさを感じることができる。

手伝いにやって来る島民

隆幸さんの父親だけでなく、移民の中には農作業の経験のない、あるいは乏しい人もいた。そのような人たちは経験豊かな人から教わったり、手伝ってもらったりした。忙しいときはユイマールで互いに手伝うこともあった。第二次移民家族の宮平フジ子さんのところには、第一次移民の城間さんの娘さんたち（静子、文子の姉妹）がよく手伝いに来てくれた。彼女たちは仕事がとても速かったという。脱穀機は沖縄から持っていったのを使った。

ただし、あまりにも広い土地を耕作するにはユイマールだけでは間に合わず、ほとんどの移民が島民を雇っている。各家に二、三人ずつの専属がいて、盆と正月以外は毎日通ってきて信頼関係もあった。これとはべつに、田植えや稲刈りなどの農繁期に雇う人たちもいた。明日は何人必要と言って班長に申し込むと、山を南へ越えた中国人部落から軍がトラックで運んできてくれる。また歩いてくる人もいた。

手伝いには女の人が派遣されてきたという証言もある。のちほど触れるが、この島では田畑の仕事は男よりもむしろ女が行っており、城間さんのところに来ていたのは「あつおん」という人だった。女性たちは布で顔を包み、帽子に針と糸を刺していて、それで休憩時間につくろいものをしていた。

雇われた島民の賃金については、人によって証言がまちまちで、正確なところは不明である。中国人の給料は日本人の十分の一で済み、それぞれの希望によって軍票または米で払った、とか、賃金は払わず、昼食だけを出したり握り飯を持ち帰らせたりした、あるいは、手間賃は軍から出ていた、と語る人もいる。ご飯だけ食べて、見張りがいないと働かない人もいたという。

島民たちの窮乏も極まっていたのか、比嘉金成さんによれば、島民の持ってくる弁当は米粒のほとんどない、水がすこし濁った程度のお粥で、こんなもので生きられるのかと思うくらいだった。かわいそうなので米をあげると、子どもに食べさせられると喜び、軍の衛兵に見つかって取り上げられないよう、翌日からは靴下のような細長い袋を作ってきて米を入れ、それを腹に巻いて帰った。移民の家では冷や飯は食べず、手伝いに来た中国人に分けてあげたという人もいる。作業が終わると、手提げのカゴに入れてやる。城間文子さんは一度、炊きたてのご飯を入れようとして父親にしかられたことがあった。

宮平フジ子さんの場合は、農作業には中国人を雇わず、中国人の娘を子守に雇って赤ん坊の世話をさせ、仕事は自分でやった。

島民は皆おとなしく、親切でやさしかったと、聞き取りをした人々は一様に語っている。抵抗した島民が大量に殺され、あるいは島外に逃れたあと、日本軍に従順な人々だけが残ったものと思われる。また、内心はともかく、そうしなければ生きていけなかったのだろう。中国人も李香《りこう》蘭《らん》の歌をよくうたっていたという。島民たちは日本人をシーサン（先生）と呼び、偉い人はパンチョウ（班長）と呼んでいた。

与那城隆幸さんのところに農作業にやってくる人たちはみな、親兄弟を日本軍に殺された話をしていたが、「自分たちにたいしては恨みがましいことは言わなかった」という。与那城さんは、昼に五合のご飯を毎日食べていた島民のことが忘れられない。貧しいので朝も夜も食べず、食事はこの一回だけだったらしい。移民のなかには、「あんまり量を食べるもんだから、あとからは恐ろしくなって……」と回想する人もいる。貧しい島民たちは、恨みも押し殺して、食べるために必死にならざるを得なかったのだろう。

城間政吉さんの家では昼食を食べさせて、帰りにまた持たせた。日本の米を植えなさいと言ったこともあったが植えなかったため、なぜかと聞くと、おいしくて節約できないから、という返事だった。

島民のなかの貧富の差もおおきかったようだ。与那城隆幸さんの一家は島民の結婚式に招かれたことがあったが、金持ちは妻が何人もいて昼間から麻雀をして遊んでいた。結婚は女の人をお金で買うようなもので、結婚した女性は、買われているから一生懸命働く。貧乏な男は結婚したくてもできない。移民の村に雇われるのは女性や、結婚できない男たちだったという。

島民との交流

移民と島民とがどのような方法で意思疎通をしていたのか、じつはよくわからない。

海軍の本部では、一九三九年五月に、三カ月間の予定で士官向けに中国語の講習会が開かれたようだ（「第六航空基地所在部隊支那語講習実施要領」）。講師は司令部付きの通訳・羅時雍と、第二防備隊付きの徐《じょ》通訳である。配置上中国語が必要な士官を選定し、教科書は台湾総督府学務課編纂の『日粤会話』を使うとされている。「粤」とあるところから標準語ではなく、三竈島で使われている広東語である。内容は会話に重点を置き、軍事に関係するものを主として、逐次、日常生活で必要なものに及ぼすという。

さきにも見たように、島民が移民のところへ働きにきており、そのようなとき大人たちは漢字を書いて話をすることもあったようだ。

魏福栄さんによれば、木場村（正表）に何家棉《かかめん》という人がいて、ブタをつぶしたときは中国人村で売り、残りは移民団の村へ持っていった。毎日、各村を回っており、この人のことは移民たちも、「カーメン」もしくは「アーカーメン」という名前で覚えている。軍の許可証を持って近くの村から天秤棒でかついで売りにきたという。注文を受けて魚や肉を持ってきて、もみや米と交換した。当時すでに年配のまじめな人で、空手使いだったらしい。

島の住民のなかでも、子どもの場合は日本語を早く覚えたせいか、とくに魏さんは、日本兵とかなりの交流があった。田心の山の第四トーチカにもよく遊びに行ったという。そこには時計がなく、兵隊がときどき電話で司令部に報告するほかに、電話で時間を確認していた。あるとき、なかにいた兵隊が冗談で機関銃をあげようと言ったが、重くて持ち上げることができなかった。二五発入りのものだった。ここには兵隊が七人ほどいたが、トーチカ自体には部屋はなく、近くの観音閣に住んでいた。魏さんは一人でここへ遊びに行った。学校の優秀生だったため司令部にも入ることができ、歌は日本兵がうたっていたものを聞いて覚えたという。

栈橋のある蓮塘湾にはカニがいた。ここに入るためには日本軍のところを通らなければならず、何をしに行くのかと兵隊が聞くため、日本語ができないと通れない。日本語のできる魏さんはそこを通って、カニを取りに行くことができた。

また移民の側も、子どもたちは大人と違って、早く意思疎通ができるようになった。与那城隆幸さんは、働きにくる女性が子どもを連れてきていたので、その子とよく遊んだ。女性たちは黒い服で、目だけ出すものを着ていた。その服には変な臭いのする油が塗ってあって、雨にも濡れないようになっている。これは結婚前の女性の服装で、結婚している人はほとんど仕事にこなかった。現地住民との交流は互いに片言のことばで行なったが、不自由はなかったらしい。ただ、島民に「支那人」と言うと、すごく怒ったという。

城間政吉さんも、「ちゅうおん」「あつおん」という二人の年上の友だちといつも仲良くやっていた。子どもたちはことばを聞き取れるが、親たちはなかなかわからない。農業技手の与那さんが、ふざけて島民に変な沖縄語を教えたことがあった。移民の家に行ったら「アタビチャー」と言え、と教えるのだが、それは「カエル」の意味だった。

一方で、移民の子どもたちにも自分たちが支配側だという意識があったのか、島民に悪さをすることがあった。島民が暗いうちから山に入ってタケノコを採ることがある。天秤棒でかついで帰るのだが、それを移民の子どもが朝早く学校へ行く途中で横取りするのだ。山で採って来たザボンを取り上げることもあった。しかし中国人は文句が言えない。「いま考えると悪いことをした」と振り返る人もいる。

なお、与那城隆幸さんは父親と早朝から魚釣りに行って、盗賊らしい者二人と出くわしたことがあった。まだ暗い時間で、曲がり角を曲がったところでぶつかってしまった。しかし向こうが手を振って何もしないので、無事にそのまま通り過ぎた。

島民の暮らし

日本軍がやってくるまで、三竈島の住民たちはどのような暮らしを営んでいたのだろうか。魏さんや、その友人たちの話を以下にまとめてみよう。

そもそも三竈島の住民は、明時代の末に福建や広東の中山県などから渡ってきた人たちで、現在までに一二世代か一三世代ほどになっているという。日本軍がやってきた当時は、村を甲と呼び、一〇甲で一保を構成し、三竈島全体で一八保だった。飛行場の前が五保、山を越えた北側が一三保である。魏さんの故郷である田心郷の場合は、人口は千二百人ほどで、蔡姓が多かった。洪聖天王を祀った洪聖殿がいまでもあり、旧暦の一月十三日に祭りを行う。航海の女神を祀る天后廟もあったが、これはすでになくなった。村ではほかに、一〇年に一度の大掛かりな祭りもやっていた。

二階建ての家は金持ちだけで、普通は平屋だ。土壁で家を作り、盗賊がいるため窓はない。奥の部屋がひとつに、来客用の部屋もひとつだけ。入り口もひとつで、そこを入ると中庭になっており、空が見える。その左右の壁に台所があり、兄弟が結婚すると台所を分けて使う。つまり兄弟は結婚後もいっしょに住むが、台所は別になる。これはほかの地方とおなじ習慣である。またこの中庭で、バケツを使って体を洗う。

人々は漁業と農業で暮らしていた。ほかに島でとれるのは卵と塩だけで、市場はマカオに頼っていた。旧暦の二月から六月ごろと、中秋節前から十一月までの二回稲を作り、あとは海へ漁に出る。ただし漁が第一で、田んぼの仕事はその次だった。以前は魚がたくさん獲れたという。二、三人のグループで七人乗りの船を作り、台風が近づくときなどをのぞき、一年中漁に出た。二隻が組になって網を引く。船を作った人たちが乗り込むこともある。毎朝、「漁に出る」と呼んで仲間を集め、弁当を持って出た。

一四人一組で漁をするが、獲ったものを分けるときは一六等分し、二人分は金を出した人たちの取り分となる。魚を分配するときは、量りは使わず目分量でだいたいおなじ量に分ける。そして、責任者が一人、後ろを向いて立つ。もう一人が魚の山をつぎつぎにでたらめに指さし、「これは誰?」と言うと、責任者が後ろを向いたままで一六人の名前を呼んでいく。平等に分けるための工夫だ。

普通は百キロから二百キログラムほど、多いときは五百キログラム以上の水揚げがあった。分配したあと、おおきな船でマカオの市場へ運んだが、隣近所に分けることもあった。海の近くの村の人がおもに漁をし、内陸の村では魚を買う人もいる。魚は煮て食べるほかに、台風で漁に出られないときに備えて乾燥させたり、塩漬けにしたりした。海の近くの住民のなかには漁業だけで生計を立てている人たちもいた。日本軍の占領中も漁業はできたが、おおきな魚はかならず日本軍に出さなければならなかった。

　村人は自分の田んぼを持つ自作農で、大地主は少ない。ただし、男はあまり田んぼの仕事はせず漁に出るのにたいして、家事と田畑はおもに女性の仕事だった。これは男と女が入り混じるのはよくないという考えによるらしいが、広東省のほかの沿海部と同様、男はあまり働かず、漁と博打をやっていた。博打は、マッチを手のなかに握って何本か当てる簡単なものだ。女が働いているので、男は子どもを背負って博打に行くことになる。このような姿は、喜納さんや山入端和子さんも目撃している。

　お金がなくても心配はなかった。近所も兄弟のようなもので、米がないと隣に借りる。家を作るときも同様だ。葬式は、十何人かで会を作っていて互いに手伝い、家族は棺桶だけを買えば済む。ただ、金がないため酒を飲むことはなかった。病気は、自分で涼茶という煎じ薬を作って飲み、それで治らなければマカオで医者を捜した。また、どの村にも薬を知っている人がいて、おばあさんが多かった。湯聘臣の妻の一人もそのような女性で、住民は具合が悪くなると、よくこの人に祈ってもらった。また棯子《じんし》という木に茶色の実がなり、酒につけておくとリューマチの薬になる。子どもたちはこの実を山で採って食べた。

　二度目の稲刈りが終わると暇になり、みんな山に行って歌をうたう。色っぽい歌もあった。「月光今明呉似火、蕉仔甘甜呉似糖」。日本語にすると「月の光が明るいといっても火ほどではない、バナナが甘いといっても砂糖ほどではない」。これは、結婚してもほかの女の人がいい、という意味らしい。

なお、日本軍が入ったあと、子どもが生まれると日本風の名前にすることがあり、太助、敏子、和子など、戦後そのままの名前を使っている人もいた。

第五章　子どもたちの三竈島

興亜第一国民学校

第一次移民家族のなかには小学校一年から高等科二年までの学齢期の子どもが四十人ほどいた。かれらのために、真和志《まわし》小学校訓導をしていた那覇《なは》出身の糸数昌政《いとかずしょうせい》先生が三竈島駐在訓導として同行していた。三竈島の中国人の村には、その入り口に寺がひとつずつ建っており、破壊を免れた成瀬村の寺の建物を利用して、移民家族が到着した直後から小学校が開校した。正式名称を三竈島興亜第一国民学校という。

この寺は二階建てで、なかには何もなく、入り口を入って右側に二階へ行く階段があった。二階に部屋を作り、糸数先生が長机を、また黒板は木場指揮官が探してきた。黒板はあまり上等ではない小さなもので、児童たちが上から塗り直した。ボロ切れのようなものを黒板消しに使い、チョークは先生が持ってきた。寺は出入り口がひとつあるだけで、窓が全然なくて暗かったが、あとで窓を開けた。学校のそばには精米所があり、そのまえには小川が流れ、綿の木があった。

糸数先生はここで、沖縄から持てるだけ持ち込んできた古い教材を使って寺子屋式に授業を始めた。当時三二歳の糸数先生はそのころ独身だったが、一九四二年の夏休みに妻帯のために帰郷し、二四歳の城内マサさんと結婚。妻とともに再渡航して以降は二人で教えた。

寺の学校は一階が下級生、二階が上級生で、糸数先生が上がったり下りたりして教えた。一年から五年までと、六年から高等二年までに分かれ、下級生は寺の戸外の広場で授業をすることもあったようだ。当初は糸数先生が一人で教えたため、六年生以上はほとんど自習ばかりだったという。山入端《やまのは》（旧姓）和子さんの母親・山入端久子さんは名護の第三高等女学校を卒業していたため、一年ほど手伝って下級生を教えたこともあった。また、年上の子どもが年下の子を教えることもあった。

学校は午前八時から始まるが、蚊が多くて最初は勉強どころではなかったという。下級生は午前中までで、昼に学校が終わると家に帰って昼ご飯を食べる。高等科は三時までで、生徒は弁当を持って行った。田植えのときなどは、低学年の子どもたちを夜まで学校に預かってもらい、子どもたちで輪になって焼き芋を作ることもあった。上級生は早く帰って親の農作業の手伝いをした。山入端和子さんは、学校の行き帰りには、みんなで手をつないで『三竈島行進曲』を唄いながら歩いたという。学校では、移民団が沖縄から持ってきた豚も飼っていた。

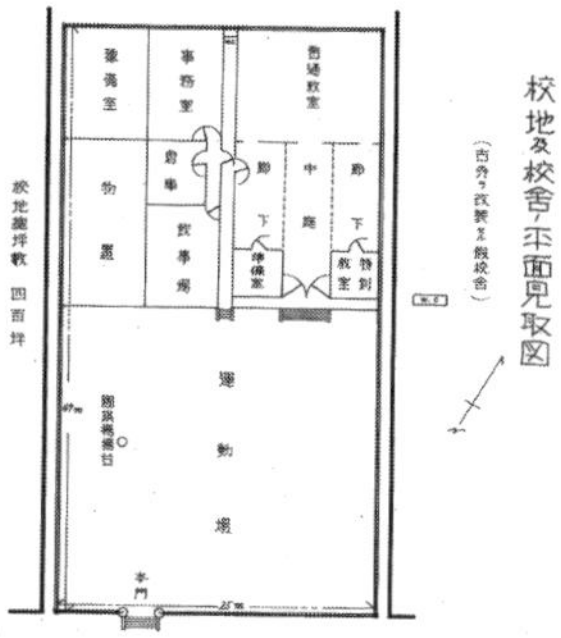

旧仮校舎の平面図
（アジア歴史資料センター）

旧仮校舎の子どもたちと先生（羅時雍氏提供）

剣道の練習（喜納安武氏提供）

新校舎建設

一九四〇年五月に第一次移民の家族が三竈島に着いたのは前述の通りだが、六月十五日には開拓者組合が組合長・城間盛輝《しろませいき》の名前で、小学校開設の費用を助成するよう外務大臣に申請している。そこに添えられた「三竈島小学校開設計画概要書」によれば、寺を使用している現在の学校は五月十五日に開校したという。移民家族の壮行会が行われたのが五月一日だったので、到着の正確な日時は不明だが、一週間か十日ほどで三竈島に着いたのだろう。六月十五日現在の就学児童数は、尋常科が三二人、高等科が九人、合わせて四一人であった。

この小学校建設計画は、「現地帝国政府官憲　第三聯合航空隊警備隊　指揮官木場一丸」と「三竈島駐在　拓務技手成瀬憲」の承認を経て、提出された。そして約二万六千円の予算要求にたいして、翌一九四一（昭和十六）年三月十四日付で、まず国庫補助金として小学校建築費一万五〇〇〇円、経常費五〇〇〇円の交付が認められた。

新しい校舎は、与那村と成瀬村のあいだに建設された。移民経験者によれば、できあがるまで一年ほどかかり、その間、生徒たちは二時に授業を終え、新校舎のためのレンガ運びをやらされたという。レンガは中国人の家を壊したものがいくらでもあった。平屋建ての新校舎は上から見ると飛行機のような形になっており、主翼に相当する部分には、真ん中の廊下を挟んで片方に教室が三つ、もう一方には教室がひとつに、職員室、校長室兼応接室。廊下は尾翼部分に伸び、尾翼部分の一方に小使室、湯沸場、もう一方には大、小の便所がならぶ。床は小使室以外、すべて

三竈島小学校開設計画（1940年6月）における就学児童数

	尋常科						高等科	
学年	1学年	2学年	3学年	4学年	5学年	6学年	1学年	2学年
男	0	3	3	1	3	2	2	3
女	6	2	5	2	2	3	3	1
計	6	5	8	3	5	5	5	4

コンクリート敷きだった。一九四三年四月十五日付の『朝日新聞』「鹿児島沖縄版」は、「このほど見事な鉄筋コンクリート造り八学級の新校舎が竣工し、その名も〝興亜第一国民学校〟として近く晴れの開校式が行われることになり」云々と述べている。この記事によれば、完成するまでに一年ではなく、二年近くかかったようだ。しかし、第二次移民家族の入植には間に合った。

新しい学校では一～五年は女の先生、それ以上は高等二年まで男の先生だったという証言がある。教科書は沖縄から送られてきたが、戦争が激しくなってからは友だちといっしょに使った。また、台湾総督府の教科書を使ったこともあるという。

学芸会

一九四三年十月に第二次移民の子どもたちが到着すると、この新校舎で歓迎会が行われた。生徒は百人余りに増え、糸数夫妻だけでは教員が足りなくなったため、成瀬村の仲村善助さん（一九二七＝昭和二年生まれ、小禄村出身）が代用教員に採用された。前出の城間（旧姓）静子さんも高等科卒業後、敗戦まで代用教員を務めた。学校には行事らしい行事はなかったが、第二次移民が来てから一度だけ運動会をやった。リレー

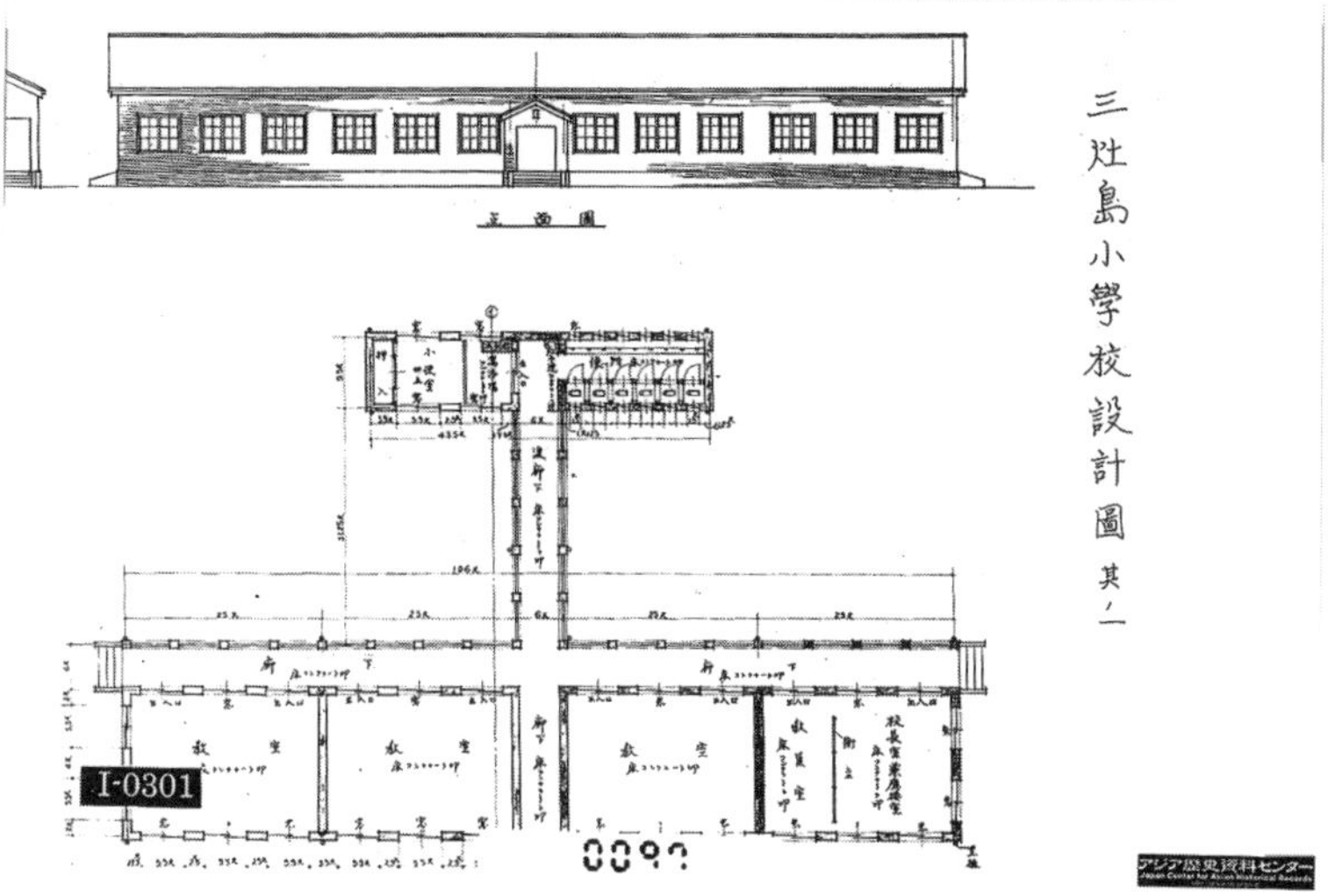

新校舎設計図（アジア歴史資料センター）

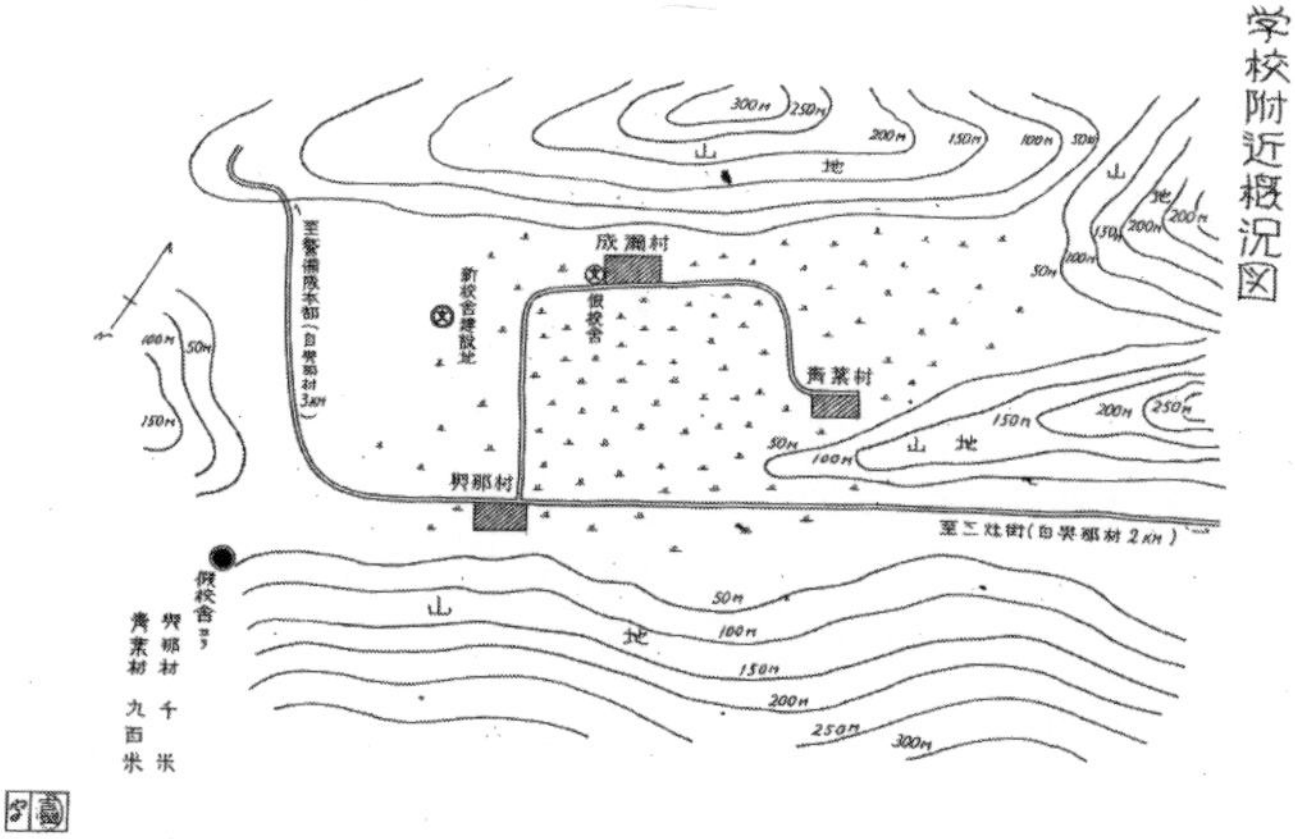

学校の周辺（アジア歴史資料センター）

や父兄の競技などもあった。戦争が激しくなると軍への慰問団が来なくなったため、女子生徒は踊りなどを練習し、トラックに乗って軍の本部へ行き、慰問代わりの学芸会を行った。次ページの写真は、入植して一年目の夏に、学校の前の草原で慰問のために「軍艦マーチ」の踊りの練習をしているところだ。

子どもたちは「大東亜戦争陸軍の歌」を糸数先生に教えてもらい、第六基地で行われた学芸会では、二千人の兵隊のまえでうたった。当時子どもだった移民は、その歌詞を「無敵の誉《ほま》れ シロガネの　翼きりりの　荒鷲の　大空かける頼もしさ」と覚えている。じつはこれは、「航空日本の歌」で、一九四〇年に皇紀二六〇〇年を記念して「航空日」が設定されたとき、朝日新聞社が選定したものである。ほかに、「はとまじま」〔琉球民謡の鳩間節〕の替え歌にのせた踊りや、海軍の服と帽子を借りて軍艦マーチも披露した。

糸数先生は踊りも上手だった。「ヤシの葉陰で」が十八番で、ヤシの葉で服装を作って踊った。これはおそらく「椰子の葉陰の　昼寝の夢も　今じゃ楽しい思い出ばなし」で始まる「海軍夜戦部隊の歌」だと思われる。また知名《ちな》文子さんが「九段の母」をうたうと、もう一回うたってくれといって兵隊がみんな泣いたという。中国人の児童たちもやってきたが、遠くから見ているだけで、ことばを交わすことはなかった。

名護出身で海軍陸戦隊の万年二等兵が酒に酔ってあばれ、瓶を投げ、めちゃくちゃになったことがあった。これはおそらく学芸会のときだろう。これが移民団にとってほぼ唯一の、島内での事件らしい事件だった。兵隊が帰ったあと移民団がなだめたが、のちにこの人は昇級して礼状が

日本軍慰問の練習（宮里〈旧姓：城間〉静子氏提供）
左から小禄の知念千代子、山入端和子、城間静子、城間春子さん。

きたという。

学校の運動会のほか、軍の運動会が飛行場で開催され、兵隊、移民、中国人でかけっこをやったことがある。また、移民児童と中国人児童でバレーボールの試合もやっていた。これは、日中双方の学校の先生が連絡して日取りを決め、飛行場近くの軍の本部でやった。ここにしか設備がなかったからだ。移民側は親が応援に行くが、中国人の親が応援に来ることはなく、いつも移民のチームが勝っていた。

兵隊が小学校へ教えにくることもあった。そのときは、隊列をすこしでも乱してはならず、天皇陛下に最敬礼した。厳しかったが、学校で兵隊から慰問袋をもらうのはいちばんの楽しみでもあった。慰問袋には千人針やおこしなどが入っていた。土曜日には、剣道五段の中川さんが剣道と手旗信号を教えた。そこで子どもたちは、与那村と学校のあいだで手旗信号を使って

1984年訪問時の小学校の建物（喜納安武氏提供）

「今日、遊ぼう」と連絡したり、互いに話をしたりすることができた。

戦後はじめて喜納安武さんらが三竈島を再訪したとき、レンガ造りのこの小学校の建物がまだ残っており、醸造所として使われていた。また現在、春花園には中興小学という小学校があるが、興亜第一国民学校はその運動場の場所にあったという。中興小学にはいまでも石製の門柱が二本残り、その一方には、「興亜第一国民学校」という文字が刻まれている。そして二本の石柱のあいだに設置されたプレート「牢記歴史　毋忘国恥」に、日本軍による三竈島占領と興亜第一国民学校の歴史が簡潔に説明されている。

興亜第二国民学校

現在、蓮塘と根竹園のあいだに海澄《かいちょう》小学がある。その校史を記したパンフレット『風

興亜第一国民学校の門柱（蒲豊彦撮影）

雨歴程　邁歩騰飛《まいほとうひ》』（二〇〇四年）によれば、この学校はもともと日本軍が一九三八年四月に着工し、九月に正式に開校したもので、かつては「興亜第二国民小学校」という名称だったという。興亜第一国民学校が移民の子弟のための学校だったのにたいして、こちらは中国人児童のための小学校だった。

すでに何度も登場している羅時雍が、この学校建設にも深くかかわった（以下はおもに『羅時雍手稿』による。ただ、羅は手記の別のところで、一九三八年の年末にふたたび三竈島に来たといっており、学校の九月開校と合わない。手記中の年月日にはすこし混乱があるようだ）。羅によれば、正表郷の郷長でもあった湯聘臣が、日本軍の了承も得て正表の祠堂に少年たちを集め、すでにみずから教えはじめていた。羅時雍はもともと台湾で教師だったが、おなじく教師の利煥昌《りかんしょう》がやや遅れて、やはり通訳と

興亜第二国民小学校の変遷

年度	校長	教導主任	教職員	クラス数	学生数
1938年8月～ 1940年7月	湯聘臣	利煥昌	3人	2	60人
1940年8月～ 1945年9月	稲沢紋治	羅時雍	10人	6	250人

（海澄小学校史資料室）

興亜第二国民学校校舎（ニューヨーク三竈同郷会提供）

して台湾から三竃島に派遣されてきていた。二人は学校教育を通して宣撫を強化するべきだと考え、宣撫事務を主管していた航空隊の工藤主計長（少佐）に校舎建築計画を相談し、正表郷の正面の空き地を使うことになった。空き地の一部は以前はサツマイモ畑だったが、そのころは荒れ果ててしまっていた。

必要な木材は山の木を切り出し、レンガは北部の無人家屋のものを使用し、軍がトラックで運んだ。島にはない金具や窓ガラスなどは軍が台湾から取り寄せた。校舎は、横に長い建物を二棟ならべて配置し、それを廊下で結ぶ。前棟は中央部分に職員室、応接間、当直室を配し、その左右に教室をひとつずつ置く。後ろの棟は中央部分が講堂で、その左右をやはり教室とした。図面は羅時雍が方眼紙の上に描いたという。

三竃島には大工や左官もおり、ほかに老若男女数十人が手伝った。トラック輸送はべつとして、実質上、住民たちの手で校舎ができあがった。開校祝賀会には島民代表と軍の関係者が百人以上集まり、野外で盛大な祝宴が催された。

校舎が完成すると湯聘臣が校長となり、羅時雍と利煥昌に加え、田心郷で塾の教師をしていた蔡林栄《さいりんえい》、鄭雅芝《ていがし》の四人で授業を担当した。また周辺のほかの四つの村の郷長も、それぞれ得意な科目を教えた。そのころ台湾の公立学校で使っていた一、二年生用の教科書を、主計長を通して総督府文教局から取り寄せ、オルガンや生徒用の机、椅子なども整えた。

各郷から募集した生徒は、はじめは三、四十人程度だったが、様子を見て島民たちも安心したのかしだいに増えて、やがて七、八十人から百人ほどになり、男子生徒だけでなく女子生徒も入

工藤主計長と郷長たち（ニューヨーク三竃同郷会提供）

ってくるようになった。村の塾にはもともとなかった唱歌、体操、図画、そして日本語の授業も取り入れられている。

運動会も開かれ、各種競技、遊戯、父兄や軍の関係者も加わった二人三脚、綱引き、煙草付けなどをいっしょに楽しみ、軍と島民の親密度も増したという。

中国人児童の見た国民学校

現在の海澄小学で整理されている校長名や学生数などは、羅時雍の記録と若干異なる部分もあるが、一七四ページの表のようになっている。

第二国民学校の二代目校長を務めた「稲沢紋治」は日本軍の司令官だという。三竃島在住の徐阿佳《じょあか》さんが保存している「昭和十八年三月二十六日」付の「修了証書」には、校長としてこの名前が明記されており、名前に間

興亜第二国民学校の児童たち（羅時雍氏提供）

違いはない。ただし、いまのところ日本軍関係の資料で「稲沢紋治」を確認することができず、調査中である。

　海澄小学の校史パンフレットによれば、この学校は六年制で、新入生には田心の鄭耀《ていよう》、蔡以棠《さいいとう》、呉光宗《ごこうそう》、鄭明閏《ていめいじゅん》、南部端の英表村の方金《ほうきん》など現地人教師が中国語で教え、二年生以上はすべて日本語で授業を行ったという。クラスはおそらく、おなじ教室で二学年を同時に教える複式学級だったと思われるため、二年以上を羅時雍、利煥昌の二人の台湾人通訳が担当することは不可能ではない。クラス数や教師の名前など、ここでも羅時雍の記録と異なる部分があるが、現在では確認するすべがない。

　また学校では、毎朝、日章旗の掲揚と日本の国家斉唱が行われたほか、中国語を使用すると罰として細長い木の札を首にかけられた

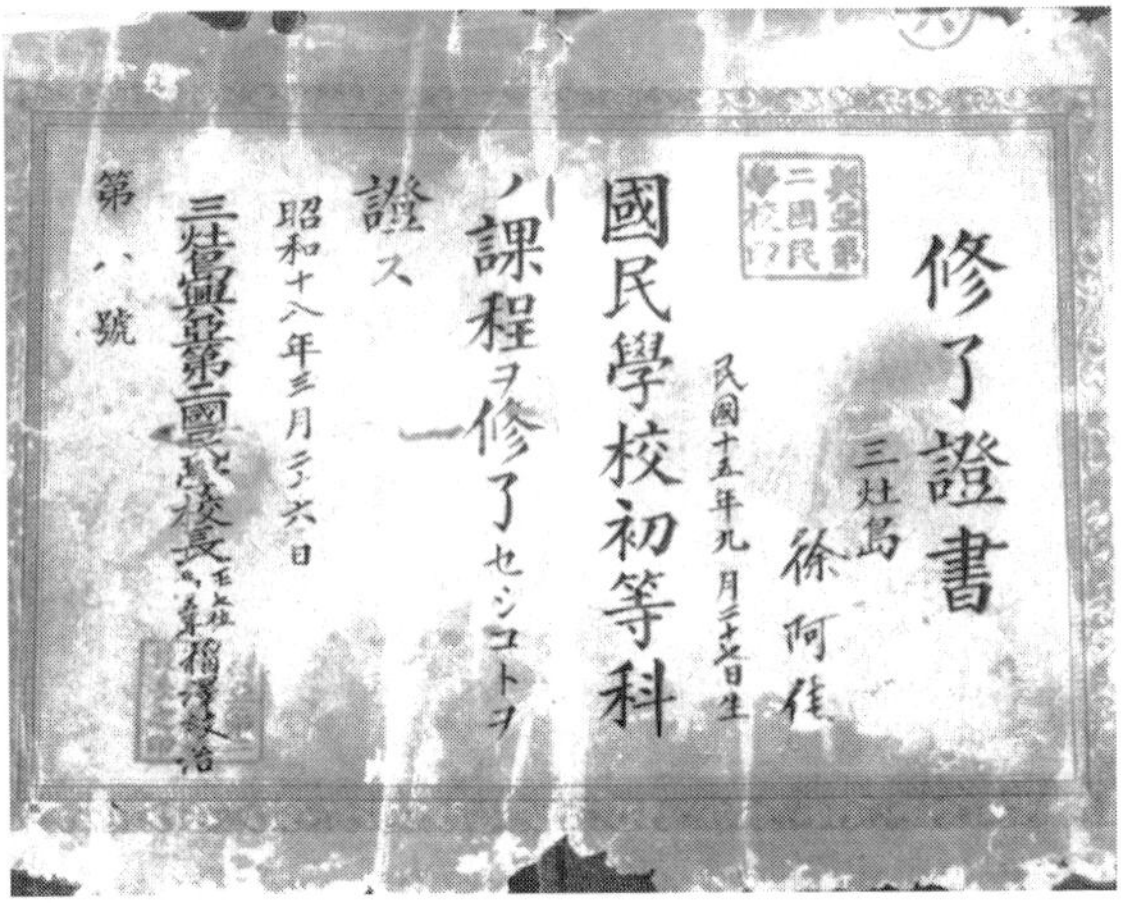

興亜第二国民学校修了証書（珠海市檔案館提供）

という。ロバート・カプチョイの著作『日軍侵略三竈島暴行』に掲載されているその写真をみると、表に「使用支那語者」と書かれ、上に細い紐がついている。

魏さんの話では、通訳は最初一、二人だったが、一、二カ月あとにさらに補充されて羅時雍、利、黄（日本名：富田）、辛《しん》、湯の五人になり、すべて台湾人だったと記憶している。沖縄移民は利煥昌の日本名が「富田」だったと記憶しているが、第六章で触れるように、「富田」は敗戦直後に自殺している。それにたいして利煥昌は戦後も長く生きており、魏さんの言うように「富田」は黄の日本名だろう。

第二国民学校の魏さんの同級生は五四人で、筆者が調査を行った二〇一〇年の時点で生きているのは香港に一六人、三竈島にも十人ほど残っている。魏さんの友人の鄭沛林《ていはいりん》さんの場合は同級生が二七人で、生きているのは六人だ。魏さんの先生は、長岡、高月、堀内、そして台湾人通訳の湯先生だったという。ほかに日本の兵隊に村上さんという人がいて、ひとつ上の学年を教えていた。以前は、島で学校へ行くのは十人あまりだけだったが、このときから女の子も行けるようになり、女子は夜間学校へ通って日本語を習った。

湯聘臣の娘さんもこの学校で勉強した。日本語その他、小学校のような科目だったという。毎日、ラジオ体操をして、また軍歌をうたった。「日本の教科書で五年以上勉強したが、日本人は三竈島で使っている広東語ができないため、先生はすべて台湾人だった。いちばん若い羅先生は基本的に広東語を理解し、ほかに、利先生、黄（富田）先生がいた」と語る。湯聘臣の娘さんも、黄が「富田」だったと記憶している。黄先生は乱暴な人で、住民にたいしても敬礼をしないとよくビンタをし、人々から嫌われていたという。

海軍の司令官が来たときは、児童たちが並んで「右へならえ」をして、魏さんが教育勅語を読んだ。一度、飛行機の墜落事故があった。犠牲者の衣類を飛行機の「はるかぜ」で送り返す予定だったが、乗務員がゴミと間違えて捨ててしまった。それを住民が拾って分けたところ、そのことを知った日本軍が住民八人を連行して殺すと言い出した。結局、羅先生が交渉に行って解決し、みんな喜んだ。

興亜第二国民学校の発展

沖縄の移民たちも、第一次移民の家族が到着したときにはすでに中国人の学校があったと記憶している。糸数先生が沖縄に帰郷中には、第二国民学校の教師で台湾人通訳の利先生が第一国民学校に教えにきていた。利先生は軍の本部に住んでいたが、糸数先生の替わりをするあいだは移民団の事務所に寝泊まりし、与那城隆幸《よなしろたかゆき》さんの母親が賄いをしていた。

興亜第二国民学校が順調に開校すると、羅時雍たちはつぎに青年訓練のための学校を計画した。そして、第二国民学校の敷地を整地して運動場を作るとともに、校舎の北側にさらに一棟増築する。その左右に教室をふたつ置き、中央部分のみは二階建てで、一階には校長室、応接間、教具室、倉庫、二階には職員室がある。旧校舎とのあいだは廊下でつないだ。これも一九四〇年の夏ごろには完成した。

ややのちのことになるが、魏さんは六年で第二国民学校を卒業したあと「旭《あさひ》青年学校」に入ることになっていたが、敗戦となった。「旭青年学校」は第二国民学校とおなじ場所にあり、校門に看板が出ていたという。これが、羅時雍が作った青年の訓練学校だと思われる。

興亜第二国民学校は戦後になって国民政府が引き継ぎ、「中山県維新郷中心小学」として再出発した。一九四九年に三竈島が共産党政権下に入ると、一九五四年に新しく海澄郷が設置されたのにともなって「海澄小学」と改称する。さらに一九九二年に飛行場が整備、拡張された際、小学校がその予定地に入ったため、現在の場所に移転することになった。

海澄小学には校史資料室があり、壁には日本軍による占領史や学校史を説明するパネルがかけられ、戦前の島を再現した立体地形図なども展示されている。模型のひとつに小ぢんまりとした神社があり、その鳥居のすぐ横には「英武の魂　昭和十三年」と刻まれた石碑もある。鳥居の石柱二本のうち、一本だけは現存している。

三竈島にそれまで学校がなかったわけではない。清朝の時代にも北部の春花園あたりに三山書院という一種の塾があり、また春花園には一九二八（民国十七）年に春元小学（現在の中興小学）

が創立された。後者は、その設置年代から見て近代的な小学校だったと思われる。しかし、島の南部では興亜第二国民学校がおそらく最初の近代的小学校だろう。ただ、その創設目的は島民のための教育ではなく、日本の占領行政を円滑に進めるための宣撫工作の一環だった。

豊かな島

移民の子どもたちの生活をさらに見てみよう。学校には、日本とおなじく夏休み、冬休みがあった。しかし家にいると親に使われるため、子どもたちは学校に出たほうがよかったという。こうして学校へも通い、親の仕事も手伝っていたのだが、三竈島は遊ぶ場所にもこと欠かなかった。胆試し会があり、喜納安武《きなやすたけ》さんは夜、先輩たちと藤田峠に登ったことがあった。そのとき草堂の村を見下ろすと、火の玉が動くのが見えたという。また、第二次移民の村から遠くないところに三竈街がある。かつて島の繁華街だったというが、日本軍の攻撃で廃虚と化していた。一時期、軍の本部が置かれて日本の神社も造られていたが、軍が飛行場方面に移ったあとは、子どもたちの遊び場になった。ある日の夕方、喜納さんが友だち三人で三竈街の兵舎へ遊びに行き、なかに入ってみると、炊事場で馬の蹄の音と、ヒューと風を切る音が聞こえ、慌てて逃げた。

山には一年中、何か食べられるものがあった。木に登ってスズメの巣から卵とヒナを取り、卵は食べてヒナは家で育てた。また、カーレンというカラスのような鳥もたくさんいて、中国人の空き屋に巣を作っていたが、子どもたちはその卵を盗った。島にはミツバチがたくさんいて、木の穴に巣を作っていた。与那城隆幸さんの家ではタンスのなかに巣を作ったこともあった。土のなかに巣を作るミツバチもいて、あるとき掘ってみたら骨壺のなかに巣があった。与那城さんはそれ以来、土のなかの巣を掘るのは止めたという。草堂と三竈街のあいだで、道を作るために山をけずったあとに、カメに入った人骨が露出していることもあった。これは、中国南部の習慣で、死者の骨をいったんカメに入れてしばらく保存したあと、あらためて墓に埋葬するものだっ

三竈神社の鳥居の一部（和仁廉夫撮影）

た。

香港攻略で奪ってきたと思われる八発式のイギリスの銃が、移民団の各家の玄関に置いてあり、子どもたちはそれを自由に使って鳥や魚を捕った。自衛のために軍が弾薬を毎月配給し、実弾が常に二、三十発はあった。誰が考えたのか、そのころ男の子たちがつぎのような銃の使い方をしていたという。実弾の薬莢から弾丸の部分だけを抜き取り、火薬はそのままにしておき、針金を細かく切ったものをそこに詰めてちり紙で蓋をする。これで散弾ができる。あるとき、与那城隆幸さんが友人の俊政さんと二人で野鳥を撃とうと、この弾を作った。ところが小銃のなかで引っかかってしまい、銃身をのぞいても暗くて見えない。試しに撃ってみようとしたら破裂してしまい、もうすこしで死ぬところだった。

実弾では、こんないたずらもした。第一次移民の小学校として使っていた寺では、その回りに不発弾や銃の弾が散らばっていた。寺の本堂を学校として使い、前述のように精米所がおなじ敷地内にあった。精米所では、籾摺《もみ》りで出た籾殻を一斗缶で燃やす。その下に弾を六つほど置いておくと、籾殻がしだいに下に燃えてきて、勉強しているときにパンパン音が出る。「いま考えるとすこし危険な遊びだった」と隆幸さんは語る。

畑のまわりにはパパイヤのおおきな木があり、甘くておいしかった。スターフルーツもあった。知念千代子さんは、三時のおやつを作っておけと言われたのを忘れ、代わりにザボンを持っていってしかられたこともあった。グァバの木もたくさんあり、また山に入ると、パイナップルのようないい香りがした。

島の山野には、日本軍の掃討戦の際に逃げ出したと思われる島民の水牛や豚などが野生化し、山を歩いているのが家からたくさん見えた。日曜日ともなると、移民団の男たちは兵隊といっしょに狩りに出かけ、集団で草を食《は》んでいる牛などを撃ったという。これらが軍や移民団の食糧となったのは言うまでもない。一度、兵隊が水牛を撃ちに行って、間違って仲間を撃ってしまったこともあった。

およそ一キロメートル離れた与那村と成瀬村のあいだには幅二メートルほどの川が流れ、そこに架けられた橋を渡って往来する。川は三竈街の近くを通り、島の東部でおおきな河口を開いて海に流れ込む。この川では魚がたくさん獲れ、大人も子どもも釣りやウナギ獲りなどを楽しんだ。釣り針にカエルをつけて泳がせると「いるまんちゃ」と呼ばれる魚が釣れた。長いもので五、六十センチあり、おつゆにして食べた。

喜納安武さんは、田んぼの水路で魚やエビを獲るのが楽しみだった。水牛に木の枝を引っぱらせて川を濁らすと、魚が浮いてくる。エビなどは、川に手を入れるだけで両手にいっぱい獲れたという。

三竈島には、島民が使っていたと思われる漁港がいくつもあった。故郷の沖縄とおなじように海に囲まれた島で、移民たちは楽しみと実益を兼ねて海に出かけた。北部の斗督の海岸では、島民が追い出されて獲る人がいなくなって増えたのか、おおきな牡蠣がたくさんいた。あまり美味しくはないが、身がいっぱい詰まっている。若い兵隊たちは休みになると、移民村の少女たちを誘ってよく海に行き、そのたびにバケツいっぱいの牡蠣を獲ってきたという。斗督では、木の皮で魚毒を作って潮溜まりに入れ、魚をしびれさせて獲ることもあった。これは、かつて沖縄で行われていた漁の方法だ。

当時子どもだった移民のなかには、三竃島は良いところで、土地の貧しい沖縄とは天地ほどの差があったと語る人もいる。城間政吉《しろませいきち》さんもまた、「沖縄ではイモを切って、その上に塩をふりかけたのが弁当だったが、三竃島では米を食べることができた。またトリや豚をつぶすなど、食糧事情は沖縄よりもずっと豊かだった」と当時を振り返る。

病気と診療所

三竃島の気候はとても過ごしやすかったと、多くの人が口を揃える。常夏で年間の温度差があまりないため、年中、半袖で過ごすことができた。雨がよく降ったが、暑すぎることもなく、風は涼しい。ただ蚊が猛烈に多くて悩まされたという。山が近く、また村の周囲を取り囲む田んぼが深田だったためだろう。子どもたちは、学校の行き帰りにはいつも両手に持った木の葉で両足を叩きながら歩いた。蚊が媒介するマラリアも多く、ほとんどの人が罹ったが、軍がすぐ薬を注射してくれるので、重症に至ったり、死んだりする人は少なかった。喜納安武さんによれば、移民団は、蚊の幼虫のボウフラを食べるという闘魚を沖縄から持ち込んでいた。また田んぼにはヒルも多く、田植えのときのヒルがいちばん怖かったと記憶する人もいる。水牛の血を吸って膨らんだヒルが落ちてくるのをよく見た。

三竃島には、ネズミが媒介する「ワイルス病（移民たちはこう呼んでいた）」という風土病があり、移民が何人か犠牲になったようだ。仲村喜一郎さんの父親が昭和十七年九月三十日に亡くなり、これが最初の患者だった。一週間もてば治るといわれたが、もたなかった。正確にはワイル氏病、ワイル病、レプトスピラ症などと呼ばれるこの病気は、人と動物のいずれにも感染する細菌感染症で、重症になると黄疸、出血、腎障害などを起こす。「ワイル」というのはドイツ人の医者の名前にちなむ。移民の記憶では、傷があるとそこから菌が入り、高熱が出て血を吐き、一晩で死ぬ場合もあったという。また治っても、頭が禿げてしまう人もいた。ただヤンバル（沖縄島北部地方）の人は、小さいころから田圃の泥に慣れているせいか、この病気に強かったと語る人もいる。知念敏子さんの場合は、夫がこの病気で四カ月も軍の病院に入院し、これが三竈島でもっとも心労したことだったという。一時期、罹患者が数十人になり、海南島から軍医と看護婦が呼ばれたこともあった。

　前述のマラリアは、病原体のマラリア原虫をハマダラ蚊の雌が媒介する感染症で、発症すると定期的に四〇度前後の高熱と激しい震えに襲われる。マラリアの薬であるキニーネを飲まされて顔や体が黄色くなる人もいた。マラリアで亡くなった人は、部落の離れたところで夜通し薪で火葬にしたという。ほかに、城間文子さんの弟は現地で脳炎を起こして五歳で亡くなり、また産後の産褥熱で亡くなった女性もいる。

　ただ当時としては、島の医療事情は比較的恵まれていたと思われる。当初は、病気になると軍本部まで行って軍病院で診てもらっていたが、第二次移民の家族が渡航する頃には、成瀬村と与那村の間を通って三竈街へ行く途中あたりに木造の診療所が新設され、第二次移民家族といっしょに渡航した富田という本土の医師が中国人を助手にして診療した。与那城隆幸さんの妹の梅子さんは高等科を卒業後、この診療所に勤めたが、二カ月で敗戦になった。この診療所の近くには火葬場もあった。

与那城さん自身も、高等科を出てまもなく胃の病気で軍の病院に半年ほど入院したことがあるという。軍人だけでなく移民も丁寧に診ていたようだ。城間文子さんの姉・静子さんは、「父の盛輝は体が弱く、軍病院に入院したり、香港や広東の病院に行ったりもした」と語る。盛輝氏は、開拓団長として「香港や広東に何回となく往来した」（『越えてきた道』）と書いているので、表向きは病院に行くことにして、何かの使命を帯びて動いた可能性もある。

産婆は第一次移民家族のなかに含まれており、募集の際に産婆経験者を優先したのかもしれない。また、大宜味村田嘉里《たかざと》出身の金城《きんじょう》カマ氏、小禄《おろく》村出身の高良《たから》氏（『大里村史』より）が、現地で出産した女性たちの面倒を見た。

移民と日本軍

国策移民としての三竈島の沖縄移民たちは、当然のことながら日本軍のための食糧生産をはじめ、生活のあらゆる面で軍のシステムのなかに組み込まれていた。

日本軍は、三竈島の監視所のうち岬の三カ所を移民団に割り当てた。昼は兵隊が監視し、夜は移民団の父親たちが詰める。毎晩、日没から翌朝明るくなるまで、不審者が上陸してこないかどうか二人交替で監視し、夜が明けたら備え付けの電話で「異常なし」と軍に報告することになっていた。大人の男性がやるべきその任務を、酒を飲んで面倒臭くなった父親が子どもに肩代わりさせることもあった。ばれたら叱られるのだが、与那城隆幸さんも四回ほど行ったことがあるという。

与那城さんは、高等科二年の夏休みの出来事がいまでも忘れられない。親の代わりの監視の当番として、村から四キロメートルほど離れた監視小屋に友だちと二人で遊び半分に出かけたことがあった。海に向かって銃を一、二発撃ってから、二人ともそのまま寝てしまった。翌朝、電話で「〇〇監視所、異常ありません」と連絡すると、「冗談じゃない。お前たちは昨夜殺されていたかもしれないぞ」と言われて驚いた。夜の闇に紛れて密航してきた元島民二人が、その監視小屋のまえを通り、日本軍の本部に助けを求めてきたらしい。島を出たものの食べていけないため、ここで働かせてくれという。与那城さんたちは寝ていたため何事もなく済んだが、冷や汗ものだった。

この任務は、第二次移民が来たころにはもうなくなっていた。このころには、やはり三竈島の軍事的重要性が低下していたのだろう。

第二次移民が軍隊経験者のなかから選抜されたのは、島内の「治安維持」に加え、戦局が厳しくなっていた折柄、いつでも応召できるよう兵隊としての役割が期待されていたためかもしれない。一九一四（大正三）年生まれで渡航当時二九歳だった仲村源太郎さんは、現地で青年学校を開き、週一回、高等科を卒業した男子を集めて軍事教練を行った。その教練を受けた与那城隆幸さんによれば、源太郎さんは渡航まえに軍隊でも教えたことがあり、三竈島ではボランティアでやっていたというが、個人が自発的にやったというより軍からの要請があったと見る方が自然だろう。与那城さんは、このおかげで軍隊に行ってからとても助かったと語る。

一方で、軍は移民たちに、軍病院の利用を含めさまざまな便宜を図った。軍の本部と三竃街を往復する軍のトラックの唯一の停留所が与那村のまえにあり、軍に用事のある人は無料で乗ることができた。朝と晩、一日二回やってくる。第一次移民家族の城間文子さんは、軍のトラックに乗せてもらって一度だけ本部へ森光子の映画を見に行ったことを記憶している。

移民と沖縄とのあいだの郵便は軍を通して運ばれた。三竃島の宛先は、たとえば「佐世保局気付第五海軍軍用郵便所成瀬村」という表示で、三竃島の名称は伏されていた。

アジア・太平洋戦争のただなかではあったが、移民たちがいたころの三竃島の状況は比較的穏やかだったようだ。空襲はあったものの、軍の本部や兵隊のいるところだけが爆撃され、村には被害はなかった。ただ山入端和子さんによると、「情報がないので、日本が戦争に勝っているのか負けているのかもわからなかった」という。戦争末期、島にはすでに日本軍の兵隊はほとんどおらず、移民団の老若の男たちが防空壕掘りに駆り出された。

召集

徴兵を逃れるために移民した比嘉金成《ひがきんせい》さんには、期待通り最後まで召集はこなかった。しかし、正規の徴兵年齢である満二〇歳になったので沖縄に帰って徴兵検査をうけた人が四人おり、三竃島から現地召集された人もいる。また戦争末期には、徴兵年齢に達しない若者たちも召集された。与那城隆幸さんは数えの一八歳で徴兵検査をうけたが、半年間入院していた軍病院を退院したばかりで、身長は一四〇センチ足らず、体重も三三キロしかなく、不合格になりそうだった。そこで、「これは病気をしたせいで、父親も体はおおきいからすぐにおおきくなる」と必死で弁解し、その元気さを買われて合格になった。与那城さんは、軍国主義教育のなかでは、不合格は不名誉だと思っていたと、当時を振り返る。

一九四四年ごろ、三竈島の男たちがほとんど全員召集され、女だけで農作業をしなければならなくなった時期があった。ちょうど一期の稲刈りの季節にあたっていた。男手がないため、広い田んぼをまえに、残った女と子どもで稲刈りと脱穀を繰り返す毎日だったが、間に合わずに稲が枯れて落ちるほどだった。男たちは中国大陸に連れて行かれたが、三カ月ほどで返されてホッとしたという。三竈島の警備をするという命令が出たためだった。そこで普段の暮らしに戻るのだが、軍籍のままだったため家族といっしょに住むことはできず、昼は田んぼで働き、夜は一カ所に集まって泊まるという生活だった。ただし、このとき島に戻れなかった人もいる。

一九四五年三月、与那城さんをはじめ数えで一八歳から二〇歳の九人が一緒に入隊し、広東の南支軍司令部で三カ月間の訓練を受けた。しかし前線に出ないうちに敗戦となった。

比嘉和子さんの三竈島

以上、さまざまな移民の人たちの経験をつなぎあわせてきたが、以下では、三竈島渡航から引揚げまでを比較的よく記憶している比嘉《ひが》（旧姓：山入端）和子さんの体験に焦点をあててみたい。

和子さんは渡航当時、一三歳だった。

和子さんの家族は名護で農業試験場の官舎に住み、父親（山入端徳幸）は果樹園の監督をしていた。男二人、女五人の七人兄弟で、このうち、いちばん下の次男と五女は三竈島で生まれている。母は、実家が名護で共進館というおおきな旅館を経営し、四人姉妹の長女だが、四人とも高等女学校を卒業しており、お嬢さん育ちだった。

家族は最初、三竈島へ行くつもりだったわけではない。さきに少し紹介したようにブラジル移民をめざしていたが、母の妹が目の検査でひっかかり、全員渡航できなくなった。餞別ももらっていながらブラジルへ行けなくなり、気まずくなった父親は、家族にも相談せず三竈島に応募したのだった。

一九三九（昭和十四）年九月に父親がまず渡航した。父からはよく手紙が届き、食べ物も家もあるということだったので、渡航については何も心配はなく、和子さんははやく三竈島へ行きたいと思っていた。家族はそのころ、名護《なご》町港区の借家で暮らしていた。

一九四〇年五月、和子さんたちは第一次移民の家族として三竈島に渡る。このとき兄弟のうち一人を祖父母のところへ残すことになり、祖父母は和子さんに残ってほしいと望んでいた。しかし、農業などしたことのない母親が、長女の和子がいないと困ると言い出したため次女が残ることになった。

このとき名護から行ったのは、和子さんたちの山入端家のほかには比嘉家一軒だけだった。比嘉家は、三竈島に着いてまもなく家長がワイル氏病で亡くなり、遺骨を持って帰郷することになる。第一次移民の船には、ほかに知り合いは乗っていなかった。鍋ややかんなど生活用具は現地にあるということだったので、那覇の港から服だけを持って出かけた。与那技手が渡航の責任者で、基隆《キールン》に二日間ぐらい停泊したが、上陸はできなかった。

三竈島には昼に着き、上陸するとき大人の女性は着物を着るように言われた。兵隊が桟橋へおにぎりを持って来てくれた。和子さんの父親も、また指揮官の木場さんも出迎えに来た。木場指揮官は小柄な人だったが神々《こうごう》しく、和子さんははじめてこういう人を見たという。

兵隊は親切で、熊本の人が多く、西村勝隊長からは、そのとき沖縄に帰ってからも手紙が届いた。隊長の下に、もとむら、たけうち、うえはら、など運転手が一四人いた。日本の関係者は、移民団を含めて二千三百人いると聞いた。兵隊とはすこし違う日本人もいて、設営隊として車を直したり燃料を入れたりしていた。

島での暮らし

上陸して荷物を分けたあと、トラックで各村に入った。和子さんたちは与那村で、家は一号から一五号まであったが、四号と一四号はなかったようだ。これは移民が四という文字を避けたためとも言われる。第一次移民は第二次移民とは違い、もともとあった住民の家をそのまま使ったため、離れている家も多かった。ここで白骨化した中国人の死体を見たことは先に紹介した。空いている家は全部壊し、移民団であたらしくおおきな米倉を作った。

家のなかは、父親が最初に来たときは土間だったというが、板の間になっていた。家は四角形で、六畳間と八畳間があった。開いているのは入り口のみで窓がなかったため、穴を開けて木の窓をつけ、外にあった台所も家のなかに移した。共同井戸が村にひとつあったが遠いので、和子さんたちが到着したあと、父親が家の近くに井戸を掘った。

風呂は、ドラム缶を半分に切って井戸のそばの石の上に置き、薪で湯をわかす。女の子二人で入って水のこぼれるのがおもしろかったが、父親に叱られた。最初は囲いがなく、あとで島民にカヤを切ってもらい、それで囲いを作った。トイレはやはりドラム缶を半分に切り、上に木を二本渡す。ドラム缶のなかに稲藁を敷いておき、これで肥料を作る。肥料ができると島民にかつがせて、田んぼに撒いた。

また青葉村と成瀬村のあいだに橋があり、ここの川で洗濯や水浴びをした。理髪は、女の子はおかっぱで、母親たちがやっていた。

米は、収穫できるようになるまで兵隊が持ってきてくれた。味噌、醤油、塩などの必需品は配給があり、そうめんやうどんもあった。

田んぼは父親たちが開墾していたので、到着してすぐに稲作りを始めた。土地は広く、いくらでも作りたいだけ作りなさいということだった。二回目の収穫で穫れた新しい米で正月をしたが、冬の米はおいしかった。苗は二株植えると、五、六株に株分れしておおきく育つ。ただし米はほとんど軍へ供出した。割り当てがあるため、自分たちが食べなくても出さなければならなかった。耕作地はほとんど田んぼで、畑は自給用にイモや野菜をすこし作る程度だった。

豊かな食べ物

他の移民と同様、和子さんもまた、三竈島は豊かな島だったと記憶している。山にいる豚を兵隊たちが捕ってきて、移民団にも分けてくれた。豚は一頭殺して塩漬けにする。牛小屋に雄牛が三頭いたが、山から雌牛がやってきて離れず、それを捕まえて殺して食べたこともあった。移民の村には鶏はいなかったが、中国人の部落に行くと鳴いていた。

海にはエビがたくさんいて、獲ったものをそのまま生で食べた。沖縄のエビと同じ種類だったが、獲る人がいないせいか、沖縄のものよりおおきい。おにぎりのご飯をなげると、エビ、カニがたくさん寄ってきた。村の小さな川にもエビがたくさんおり、小さいかごですくったが、手ですくえるほどだった。弟や妹は塩をつけて頭から食べた。中国人がロンゴと呼ぶ、ウナギのような太い魚もいた。味噌で煮るとおいしく、骨が簡単に取れる。母親はロンゴしか食べなかったという。牡蠣は塩をふってさっと湯がいて、醤油をたらして食べた。

山に行くとバンザクロがあり、歩くと落ちてきた。三竈街や斗督《とトく》へ行くとき、道の両側にたくさんあった。おおきなバンザクロは、ひとつでお腹いっぱいになる。与那技手の家にはレイシ(ライチ)の木があり、たわわに実をつけた。最初はこれが食べ物とは思わなかったが、中国人が皮をむいて食べているのを見てわかった。バンシルー(グァバ)もとてもおおきかった。家のまわりには果物の木がたくさんあり、採り放題だった。男が三人でやっと抱えられるほどのレイシの大木もあったが、なぜかバナナだけはなかった。ほんとうに食べ物は豊富で、和子さんは、沖縄に帰りたくなかったという。

気候は沖縄とほぼおなじだが、むしろ涼しくて沖縄より快適だった。季節の変化もあったが、暑すぎることはなく、過ごしやすい。ただ蚊が猛烈に多く、じっとしていることができないほど群がってきた。沖縄の祖父に「蚊が多い」と手紙を書いたら、蚊帳を送ってくれた。その蚊帳を二重にして使った。蚊に刺されたところはすぐ疥癬《かいせん》になるので、兵隊から白い薬をもらって塗った。学校の行き帰りは、蚊に刺されないよう脚絆《きゃはん》を巻き、両手に持った木の枝で体を払いながら行く。ヒルも多かった。木場指揮官も移民団のところへ来て、蚊の被害を心配していた。この司令官は熊本の人で、戦後、台湾へ行ったと聞いている。ワイル氏病やマラリアなどにかかる人も多かったが、和子さんの家では誰もかかっていない。

与那村からは藤田峠が見えた。「藤田峠」という標識が建っていて、そこを通るときはおじぎをするよう教えられていたが、慰霊碑のことは知らなかった。峠から降りてきたところは、ずっと空き地で、家は建ったままだが、なかは空っぽだった。田も畑もあったが、兵隊が入らせなかった。おおきな部落だが何もなかった。これは日本軍による掃討を受けた北部の村だろう。

和子さんは、父親といっしょに香港へ行ったことがある。父の用事はわからないが、夏休みに、「和子、香港を見せよう」と言って連れていってくれた。父親も香港ははじめてだったらしい。父は中国語をすこし聞いたり話したりした。「どこで習ったの?」と聞くと、人夫から習ったという。それで自慢して、香港へ連れていったようだ。二階建ての電車に乗り、ケーブルカーで登って蔣介石の別荘も見た。このあとしばらくして、父親は召集されることになる。

斗督の「はちや」軍曹

和子さんは、三竈島ではおおきな事件が起こったことはないというが、それでもいろいろなことがあった。すでに何回も出てきた地名だが、島の東北端に斗督というところがある。湾になっており、牡蠣がよく獲れた。ここには兵舎があって兵隊がたくさんいた。兵隊は三カ月ぐらいで交替する。斗督からはマカオの町の灯りが見えた。

高等科一年のころ、和子さんが与那村の女の子といっしょに斗督で牡蠣を獲っていると、おじいちゃんと孫らしい女の子が乗った船を兵隊が捕まえてきたことがあった。日本軍の船が沖で見つけ、見張りをしている兵隊に引き渡し、日本軍の船はすぐにいなくなった。おじいちゃんはランニングのような上着と短いズボンをはき、押せば倒れるくらい痩せていて、六〇歳くらいだった。青くなって震えている一〇歳ぐらいの女の子は、中国の服を着て、黒いズボンを腰のところにまとめて押し込んでいる。スパイかもしれないと言って兵隊が調べたが、何も出なかった。船には半分屋根がついていて、布団もあり、船上で生活しているような感じだ。女の子は布団の下にかくれ、その上にカマスのようなものを載せていた。船のなかには、紙で包んだうえにさらに木の葉で包んだ黒砂糖の棒があった。

四、五人の兵隊が牡蠣を食べて帰り、和子さんたちも牡蠣を食べ終わって帰ろうとしたときのことだった。和子さんたちは、残っていた兵隊に「女の子たちを助けてくれ」と頼んだ。その兵隊は熊本出身で三〇歳すぎの「はちや」軍曹だった。「はちや」軍曹は小さい子を見ると、涙をふいてやった。「はちや」軍曹は炊事場の人で、仲間の兵隊と牡蠣を獲りにきていたが、時間がなくなってしまったので、「今日は牡蠣フライはやらない」と言って仲間を帰していたのだった。「はちや」さんが取り調べると、おじいさんは「ホリシア」と言って、手を合わせて拝んで頼んだ。「はちや」さんがやさしい人だと思ったのだろう。「はちや」軍曹が、「兵隊が見たら大変だ」「もう一人の兵隊がいるから、黙っていろ」「和子、密告されたら私は打ち首だよ」と言うので、和子さんは思わず「ごめんね」と謝った。

結局、「はちや」さんは二人を見逃すことにした。おじいちゃんが和子さんの背中をたたいて、お辞儀をして船に乗り、沖まで出てから手を振っていた。あとで斗督に行って「はちや」さんに聞いてみると、心配で一週間ぐらいはご飯が喉を通らなかったという。斗督には兵隊が二二人いたらしい。

ある隊長から、兵隊と中国人女性がいっしょに逃げたことがあったという話も聞いた。中国人はア・センといい、美人だった。結局、二人は捕まったという。和子さんが「そのあとどうなったの」と聞くと、「そんなことは聞くな」と言われた。島へ上陸しようとするジャンク船の取り締まりが定家湾で行われ、中国人の家族が二隻に分乗していたのを軍が殺害した、という話を聞いた移民もいる。このようなことがあったので注意するように、と警告された。

和子さんはその後「はちや」軍曹を見かけると、田んぼからでも「はちやさん、ありがとう」と呼びかけた。戦後、九州の佐世保局気付で「はちや」さんを探してみたが、何の手がかりもなかった。

和子さんの戦後の様子については、最終章で紹介したい。

「三竈島の歌」

最後に、移民の経験者がまだ記憶している「三竈島の歌」を記しておこう。

三竈島の歌　　作者不詳

一

昨年《こぞ》を想えば月影も
曇る涙の三竈島
めぐる血潮の夢のあと
孤島三竈島は
守る三竈島は
日本の守り

二

便り来たかよ南支那〔南島〕
藤田峠を君と行く
左に朝日と輝くは

あれは我ら〔三竃街〕の
あれは三竃街の
栄《は》えある軍艦旗

三
大湾、西湾、定家湾《たんか》
散らす若さの桜花
風に吹かれておお杭坑《こうこう》
語り伝えよ
君の勲《いさお》は
何時の日までも

四
草木は如何に茂るとも
君が御稜威《みいつ》は限もなく
南支、中支に羽ばたいて
海の荒鷲
帰る荒鷲

いたわる三竈島

羅時雍によれば、酒保や慰安所で酒を飲んでいる兵隊がよくこれをうたい、「三竈島小唄」と呼ばれていたという。ゲリラの襲撃によって悲惨な犠牲になった戦友を悼んで防備隊員が作ったものだが、作詞作曲者はわからない。なお、歌詞のなかで〔　〕で補った部分は、羅時雍さんの記憶による。

かつての移民は、このほか、糸数先生が作った「一日の汗をぬぐいて」「秋の野道」などの歌も覚えており、現在でもうたえる人がいる。

第六章　日本海軍とマカオ、香港、台湾

日本海軍による三竈島占領や海軍第六航空基地の建設には、遠く長崎県佐世保港から来た設営隊の存在があった。さらに台湾からは、通訳や飛行場建設などに多くの軍属が加わっていた。一方、三竈島を取り巻く珠江三角洲には、アジア太平洋戦争開戦とともに日本軍政下に置かれたイギリス植民地の香港や、第二次世界大戦で中立を維持しつづけたポルトガルの植民地マカオの存在があった。日本海軍による三竈島占領と沖縄農業移民の入植は、戦時下の周辺地域にどのような関係を作りだしたのだろうか。

三竈島とマカオ

三竈島の東には横琴島《おうきん》（現在は広東省珠海市の一部）が、さらにその東には中国本土と陸つづきのマカオ半島がある。現在、マカオと呼ばれている地域は、大航海時代にポルトガル人が入植して東洋貿易の拠点として開けたマカオ半島と、氹仔《タイパ》、路環《コロアン》の二つの島嶼部からなるが、これらをすべて合わせても東京都品川区をすこし上回る程度の面積しかない。

三竈島とマカオは地理的にも歴史的にも深い関係にあった。マカオ命名の由来ともなった阿媽《アマ》閣《ガウ》近くの丘陵上にそびえるペンニャ教会の灯《ともしび》は、遠く三竈島からも見えるほどだ。三竈島からマカオまではエンジンのない漁船でも三時間ほどで到着する。日本海軍が近海を封鎖するまでは、三竈島民は自由に魚介類や蔬菜類をマカオに持ち込み、内港埠頭に近い十月初五日街の市場で売り捌いていた。そこで得た現金収入で、日用品などを買い込むのだ。三竈島で生まれ日本海軍統治時代に少年時代を過ごした魏福栄さんによれば、マカオでせっかく現金収入を得ても、カジノでお金を使い果たして無一文になった者や、航海途中で嵐に遭遇して帰らなかった者もいたという。

一六世紀の大航海時代以来、ポルトガル人の入植が進んだマカオは、第二次世界大戦ではポルトガル本国のサラザール大統領が厳正な中立政策をとり、どこの国にも占領されることがなかった。第二章でも触れたように、マカオは日本軍の三竈島占領から逃れた島民たちの避難場所にもなった。ある神戸華僑の少年が、そのころのマカオ近辺の様子を目撃している。日中戦争の開始とともに母親、姉、弟といっしょに広東省中山県に帰郷すべく避難し、一九四〇年春にマカオ内港の対岸にあたる湾仔郷《ワンチャイ》（現在の珠海市前山区湾仔鎮）に逗留した王金鴻《おうきんこう》（のちの日本名：浅井計《かず》彌《や》）だ。そのとき、戦火を逃れてきた難民が陸路で湾仔郷にたどり着き、埠頭は渡し船で対岸のマカオに逃れようとする人々であふれていた。なかにはマカオに泳いで渡ろうとして溺死した者もいたという。

マカオには現在も澳門三竈同郷会があるが、その会員数はおよそ三百人あまり。だが関係者によると、同郷会に参加していない三竈島出身者がほかに推定一万人はいるという。現在マカオの総人口は六〇万人あまりだから、その一・七パーセント近い人々が三竈島出身という推定は、けっして小さくない数字だ。このようにマカオと三竈島はきわめて緊密な関係にあった。

不思議なことに、マカオにはアジア太平洋戦争開戦直前の一九四一年一月三〇日から日本の敗戦まで、現在の皇都ホテルに近い東望洋斜巷《とうぼうようしゃがん》一号に日本領事館が置かれ、代理領事として福井保光《やすみつ》が着任していた。

マカオに日本領事館が置かれたことは、歴史上、このアジア太平洋戦争の時期をおいてほかにはない。日中戦争・アジア太平洋戦争の期間を通じて、中立国ポルトガル主権下のマカオは、華南地域において唯一戦火を免れることのできる安全な場所であった。マカオの人口センサスによれば、一九二七年に一五万七一七五人だった人口は、一九三八年十月の広東陥落後に難民が殺到し、翌三九年には二四万五一九四人に膨れ上がった。さらにマカオ周辺に日本軍が侵攻した一九四〇年以降も難民は増えつづけ、広東・香港が米軍の空襲をうけた一九四四年九月から十月の三週間には、一挙に八万人の難民がマカオに押し寄せた。かくしてマカオは戦時中、もとの人口の三倍に及ぶ難民であふれ、総人口は現在のマカオ人口に匹敵する六〇万人に達していたのである。

このような爆発的な人口膨張に当時のマカオの都市インフラは耐えられなかった。マカオ政庁の民生は危機的状況に陥り、食糧が不足し、井戸には長蛇の行列ができた。さきに紹介した王金鴻少年の家族は神戸から基隆《キールン》、香港経由でマカオに逃れていたが、飲み水を得るにもお金が必要だった物価高にたまりかね、つてを頼って対岸の湾仔に移住することにした。

当時、マカオの仏教系団体である同善堂が毎日のように粥の炊き出しを行っていた。また、マカオ・カトリック救災会も内外の寄付をもとに麦を配給していた。それでも食糧には限りがあり、路上には餓死した難民の死体が転がり、マカオ政庁は山頂医院に命じて、毎日、郵便車を黒く塗って改装した「黒箱」と呼ばれる死体回収車を出さなければならなかった。

香港占領地総督部

一九四一年十二月八日、日本軍はハワイの真珠湾に奇襲攻撃をかけるとともに、マレー半島のコタバルに上陸し、米国、英国との戦争状態に入った。アジア太平洋戦争の始まりである。

中国南部では、広州（戦時中は「広東」と称するのが一般的だった）に駐屯していた南支派遣軍（第二三軍）の歩兵第二二八連隊、第二二九連隊、第二三〇連隊の三連隊が、香港境界の深圳《しんせん》川を渡って香港に侵攻。香港を防衛していたイギリス軍、カナダ軍、および香港在住の中国系民間人などで編成された香港義勇軍と一八日間にわたる激しい戦闘を交えた末、同月二十五日にイギリス軍を降伏させた。その後香港では、この日が「ブラック・クリスマス」（黒色聖誕節）と呼ばれることになる。こうして香港はアジア太平洋戦争最初の日本軍占領地となった。日本軍は香港島中環の香港上海滙豊銀行ビルを接収して、ここに翌四二年二月、香港占領地総督部を発足させ、一九三九年のノモンハン事件以後予備役に退いていた磯谷廉介《いそがいれんすけ》を占領地総督に担ぎ出し、香港を日本の軍政下に置いた。

前章でも触れたように、その陥落間もない香港を、沖縄から三竈島へ入植していた開拓農民の山入端氏が、娘の和子をともなって訪れている。香港にやってきた目的は不明だが、和子さんによれば、スターフェリーや二階建ての路面電車、登山電車にも乗り、現在の香港上海滙豊《わいほう》銀行本店ビルの所在地にあった香港占領地総督部も訪問したという。香港はまだ占領後間もなかったはずだが、観光さながらであった。

沖縄移民の子どもたちが自慢していた興亜第一国民学校の「飛行機の形をした校舎」は、現在はもうないが、驚くべきことに、東京六本木の外務省外交史料館には、校舎の寸法を墨入れした精密な設計図が保存されている（本書一六九ページ）。その新校舎が落成してまもなく、香港攻略戦を指揮した新見政一《にいみまさいち》海軍中将が訪ねてきたことがあった。新見中将は子どもたちに紅白饅頭を配ったうえ、香港からピアノを運び込んで寄贈したという。それまで三竈島の学校にはオルガンはあったが、ピアノはなかった。

このピアノの由来については断定しがたいが、海軍が香港でピアノを接収した話としては、たとえばつぎのようなものがある。そもそも香港占領地総督部は、陸軍でも海軍でもなく大本営の直隷下に置かれた。香港占領の主導権をめぐり、陸軍と海軍の確執があり、両者が折り合わなかったため、窮余の策として大本営直隷下にしたのである。香港島市街地は陸軍の縄張り地域と海軍の縄張り地域とに分かれていたが、その海軍の縄張りのなかに、藍塘道《らんとうどう》の洋館があった。この洋館が海軍経理部宿舎となり、のちに大蔵官僚を経て横浜銀行頭取になる吉国《よしくに》一郎や、横須賀商業を卒業したばかりの鈴木敏夫らが暮らしていた。

かれらは占領直後の香港で、ビクトリア湾岸にある倉庫群を点検して「敵性物資」を接収し、その明細を記録する仕事をしていた。宿舎となった洋館は、当時としては珍しい水洗トイレやビデまである豪奢なもので、現在も香港日本人小学校近くに残っている。ところが洋館の接収後まもなく、元の持ち主を名乗る上品な中国女性が、「ピアノを返してほしい」と訪ねてきたことがあった。一九九七年に鈴木敏夫自身が語ったところによれば、対応に出た鈴木は、「ここは帝国海軍が接収したので、お気の毒だが渡すわけにはいかない。ここに来て演奏するだけならいいよ」と断ったという。たいそう落胆した婦人は、しょんぼり肩を落として帰って行った。その後ピアノはまもなくして海軍の手で他所に移されたという。

おそらくはこのようにして海軍の手に渡ったピアノのひとつが、三竈島に持ち込まれたのであろう。

香港を脱出した人々

イギリスが統治していた香港は、日本軍に占領されるまでは、戦火から逃れようとする人にとっても、また当時の中国政府から睨まれているような進歩的文化人にとっても、安全な避難場所だった。そのため、中国沿海の大都市がつぎつぎと日本軍の手に落ちると、知識人やまた俳優なども数多く避難してきた。ところが香港陥落後は、当然のことながら一転して危険な場所となる。マカオでは、戦争が激しくなるにつれてますます避難民が殺到していたが、香港では逆に、住民の脱出が始まる。

九龍半島や新界に広がる急峻な丘陵地帯は天然の要害であり、陸つづきで中国本土とつながっている。香港を取り巻く珠江デルタ河口の大小の島々には無人島も多く、海に面した岩礁には無数の洞窟があり、身を隠すのにも便利だった。ただしこの一帯には、日中両軍はもとより、どちらにも属さない私兵や海賊など、大小さまざまな武装グループが群雄割拠していた。また、広東で活動していた中国共産党系の抗日組織もあった。のちに東江縦隊港九独立大隊に再編されるかれらの援助で、茅盾《ぼうじゅん》、何香凝《かこうぎょう》、廖承志《りょうしょうし》、柳亜子《りゅうあし》、鄒韜奮《すうとうふん》、司徒慧敏《しとけいびん》、鄧文釗《とうぶんしょう》ら数多くの知識人も香港からの脱出に成功していた。

その脱出コースは大まかに整理すると、九龍新界の丘陵地帯を陸路広東省方面に逃れる陸上ルートと、海路でマカオや中国本土に逃れる海上ルートがあった。戦後、中日友好協会会長をつとめたこともある戯曲家の夏衍《かえん》は、香港陥落間もない一九四二年一月、香港島上環から海路マカオに渡り、さらに船を換えて広東省の台山《だいざん》に通じる崖門《がいもん》に上陸、無事現在の広西チワン族自治区北部の桂林《けいりん》に逃れた。その体験を記録した『走険記』には、香港を脱出してたどり着いたマカオが事実上日本軍の影響下に置かれていたことが記されている。そして、その絶望的なマカオを脱出するにあたり、「第一に、夜陰に乗じて密かに日本軍が行っているマカオ港外の警戒を突破しなければならない。第二に、海賊の襲撃を防がねばならない。第三に、三竈島の日本軍のドッグを乗り越えなければならない。第四に、さらに南北水《なんぼくすい》の日本軍の息のかかった武装集団の襲撃を防がねばならない」と、「三竈島」の存在を明記して、マカオ脱出には数多くの難関があったことを克明に記録していた。

日本海軍と台湾人

第三章で触れたように、三竈島を占領した日本海軍は突貫工事で第六航空基地を完成させたが、その建設労働力として重要な役割を果たしたのが台湾人軍属であった。

防衛省防衛研究所戦史研究センター史料室が保存している第六航空基地司令部の極秘文書『三灶島特報』によれば、基地建設終盤の一九三八年十月一日現在、島内の日本軍関係者は総数六四九三人で、そのなかに「設営班」は四五九六人もいた。このなかの一定部分が台湾出身者だったと思われる。

それだけでなく、日本軍の矛先が中国華南を含め南方に向かうなかで、台湾自体も重要な役割を担わされていた。すでに日中戦争が本格化する以前の一九三五年十月に台湾総督府で官民合わせて四十数人の専門家を集めた熱帯産業調査会が開催されていた。そこでは、「わが国南方経綸《けいりん》の礎石たるべき」「使命の重大性はますます加重されつつあることは間違いない」との認識のもとで、「南支南洋各地における経済状態、熱帯産業に関する各般の調査を進め」「帝国経済ブロック確保への準備工作」を進めることが決められた。さらに翌三六年には台湾総督府の肝いりで国策会社の台湾拓殖会社が設立されるが、その射程は台湾にとどまらず、広く南支・南洋を範疇に収めるものだった。台湾総督府の官僚だった奥田乙治郎が、日本香港関係史の基本文献である『明治初年における香港日本人』（台湾総督府熱帯産業調査会叢書）を著したのもこのころのことである。

台湾人の広東語通訳養成も急ピッチで進められていた。広州をはじめとして、香港やマカオ、広州湾（現在の湛江《たんこう》）、そして現在の広西チワン族自治区の北部湾沿海地方、さらに海南島の漢族にも広く通じる広東語は、中国最大の話者を持つ方言である。ところが北京などで話されている標準的な中国語とはかなり異なり、お互いに意志の疎通もままならない。これらにたいして現在も台湾で広く通用する台湾語は、中国福建省南部地方で使われている閩南《びんなん》方言に由来し、これも明らかに広東語とは異なるが、それでも日本の傀儡政権があった中国東北部・満州の人材を充てるよりは、日本の植民地教育が浸透していた台湾人のほうがおなじ亜熱帯地方で気質にも通じるところがあり、また地理的距離からも適当と考えられたのであろう。このように当時の台湾は、日本の華南侵略、華南研究の最前線基地だった。

海軍通訳・羅時雍

第五章で説明したように、三竈島では島民に対する宣撫工作の一環として、正表村の芋畑に興亜第二国民学校（現在の海澄小学）が設立されたが、これも台湾人軍属の存在抜きには説明できない。学校建設に奔走した羅時雍は、木場《こば》一丸《いちまる》第六基地警備隊指揮官や工藤会計長から学校設立の支持を取り付け、全滅した島北部の村々の廃屋から煉瓦や瓦を運んだ。そして湯聘臣自治維持会長を校長に、校務は羅時雍さんが担当し、教師には地元の村塾で読み書きを教えていた経験者を採用した。

羅さんは、一九三八年三月に台湾で海軍通訳として採用されたなかの一人である。日中両国語に堪能な台湾人通訳は、沖縄農業移民や中国人島民とも円満な関係を築いていた。

二〇〇九年十二月二十九日、筆者は台北市内で、MRT（地下鉄と高架路線を取り混ぜた台北の鉄道網）淡水線中山駅近くの自宅に羅さんを訪ねた。若いインドネシア人家政婦との二人暮らしで、アルツハイマー病特有の、ひょこひょことした歩き方で玄関まで出迎えてくれた。その住まいはエレベーターのないアパートの四階にあり、この足では外出もままならない。身のまわりの世話はすべて家政婦がしているようだった。

羅時雍近影（和仁廉夫撮影）

羅さんは流暢な日本語で歓迎してくれたが、顔には表情が乏しく、しきりに貧乏ゆすりのようなしぐさを繰り返す。認知症がかなり進行しているようだ。「僕はいま九九歳、来年には百歳。三竈島にはいたよ。けれども何も思い出せない」。筆者の質問に、羅時雍氏は何度もこう呟《つぶや》いた。かたわらで様子を見ていた若い家政婦が筆者の耳元で、「お爺さんは九九歳と言っているけど、本当は九三歳です」とささやいた。そして奥の書斎から、羅さんが日ごろから大切にしているという額装された一群の写真を抱えてきて見せてくれた。そこには三竈島の第六基地守備隊の海軍軍人たちや、軍が作らせた三竈島自治維持会に参加した島民たち、そして彼が設立に奔走した興亜第二国民学校の子どもたちの集合写真が収められていた。

羅さんは額装を手にすると、写真を見つめ、三竈島の子どもたちをいとおしむように、震える指先で撫でつづけた。かれはもともと台湾で教師をしており、その人生において、三竈島での学校作りは教育者としての腕を振るった忘れがたい思い出だったのかも知れない。羅さんの許可を得て、筆者はその写真を一枚一枚、夢中になってカメラに収めた。その多くは三竈島の海澄小学の資料室に現在展示されているものとおなじだ。じつは海澄小学が保管している写真は、そもそもかれが寄贈したものだ。

戦後、羅時雍氏は二〇〇〇年に三竈島を訪問していた。香港まで案内したのは、日本軍の占領下で三竈島の自治維持会長していた湯聘臣の娘であり、いまは香港で暮らしている湯洪青さんである。三竈島へは香港安瀾軒三竈同郷会の魏福栄さんたちが案内した。羅時雍氏はその後も香港への訪問を重ね、几帳面にも手書きの旅行記まで残していた。二〇〇一年に香港旅行した折りには、湯洪青さんの導きで香港の離島である長洲島を訪れ、吉野孝彦・俊子夫妻と意気投合した。埠頭に近い教堂路で手巻き寿司や大判焼などの軽食を供する「故郷茶寮」を経営している日本人だ。偶然にも吉野夫妻は筆者の旧知の友人であり、羅時雍氏の旅行記の写しも入手することができた。

羅さんは筆者に渡すため香港の湯洪青さんに自伝（『羅時雍手稿』）を託していた。たいへん達筆な、しかも見事な日本語で記された手記だ。その自伝によると、かれは日本殖民地下の台湾新竹で校長を勤めていた客家の家庭に生まれた。台北の第二師範学校を卒業後、台北の南港公学校（小学校に相当）で教師をしていたが、七星郡役所で郡視学から海軍通訳の話を聞き、海軍に憧れを持つようになる。日中戦争が始まったあと、通訳として海軍軍属に採用され、駆逐艦如月《きさらぎ》に乗艦した。そのころ中国国民政府は武漢で徹底抗戦をつづけ、華南沿岸や香港を通って流入する海外から物資や援助金が、それを支えていた。その香港ルートを遮断するため、駆逐艦如月は一九三八年三月からマカオ南東沖の万山群島付近で海上封鎖作戦を展開したが、羅時雍さんもこれに参加し、その後も引きつづいて同年五月の廈門《アモイ》攻略戦に従軍した。

万山群島付近の海上封鎖作戦では、横琴島や三竈島にも上陸している。そして同年十月には広州と武漢が相次いで陥落し、海上封鎖の負担が軽くなったため、十二月下旬に陸上勤務へ配属替えとなり、三竈島第六基地守備隊所属の通訳となった。

学校作りが軌道に乗りはじめたある日、第六基地航空隊の飛行機が誤って慰問袋を落とし、これを島の子どもたちが拾って山分けするという事件が起きた。第六基地守備隊は窃盗容疑で子どもたちを逮捕。一部の子どもが処刑されそうになった。このときあわてて刑場に駆けつけたのが羅さんであった。「子どもたちは袋を拾っただけだ。盗んでいない」。羅さんの懸命な弁護で、子どもたちは救い出された。このようにして島民たちと信頼関係を築いた羅時雍氏は、二〇〇〇年に三竈島を訪問した折りたいへんな歓待をうけたという。

羅さんは一九三九年にはいったん三竈島を離れ海南島攻略戦に従軍したのち再び三竈島に戻ったが、香港陥落後の一九四二年に香港海軍根拠地隊に転属。さらに、西方の広州湾《こうしゅうわん》や南朋島《なんほう》の勤務も経験したのち、戦後は台湾に戻る。しかし戦後に台湾を統治した国民党政府は羅さんの教壇復帰を認めなかった。このため烏龍茶などを扱う台湾物産という商売を営み、ひとかたならない苦労をしたようだ。

タングステン買鉱工作

第二章でも触れたように、三竈島には、大霖島・小霖島という二つの小島が近接していた。現在は三竈島も含めて中国本土と陸つづきになっているが、大霖島は三竈島占領直後には抗日の拠点のひとつとみなされ、実際に戦闘も起きていた。その大霖島で遅くとも一九四二年半ばに、日本人経営のタングステン採鉱が始まっていた。

ただし日本は、これらの島だけでタングステンを入手しようとしていたのではない。まず、タングステンをめぐる当時の状況を整理しておこう。タングステン鉱はレア・メタルのひとつで、光沢のある結晶を持つ。鋼鉄に混ぜると硬度を高めることができるため、工作機械の切削工具や、戦車などの装甲強化に使われる戦争遂行には欠かせない軍需物資だった。中国はタングステン資源が豊かな地域で、現在でも世界の埋蔵量の過半数、生産量ではじつに八割近くを中国産が占める。そのなかでも、華南の広東省・広西チワン族自治区はタングステン資源の豊富な地域として名高かった。

一九四一年六月、中国華南の奥深く、広西南寧《なんねい》（現在の広西チワン族自治区の区都）にあった日本軍の陸軍病院に勤務していた従軍看護婦の四ケ所ヨシは、ある日突然、香港の日本領事館に呼び出された。渡されたのは、「右、特務として云々」という辞令。四ケ所ヨシは日本軍特務になり、「ポルトガルの富豪夫人」という触れ込みでマカオの高級ホテルで暮らすことになる。ヨシはブラジルのサンパウロでの日系移民向けの看護師をしていた経験があり、広東の陸軍病院勤務時代に配られた調査書の特技欄に「ポルトガル語の会話はできます」と書き込んでいたのが、軍関係者の目にとまったのだった。

四ヶ所ヨシの仕事は中国華南地方からマカオに運ばれるタングステン鉱の買い付けであった。毎朝マカオの拠点に出向き、苦力《クーリー》が天秤棒で運び込んでくるタングステン鉱を棒でかきまわして検査し、砂混じりの粗悪なものを除いて良いものだけを買い付ける。そして仕事が終わると、夜な夜な豪華ホテルのカジノで賭けまくるという優雅な生活だったという。のちに四ヶ所ヨシは特務の素性をポルトガル官憲に知られるところとなり、マカオからの退去命令を受け、命からがら日本軍の保護下に逃れた。

四ヶ所ヨシの場合は素性が割れたが、その後もマカオを舞台とするタングステン鉱の買い付け工作はつづいた。これを進めた商社のひとつが広州に拠点を置いていた昭和通商広東支店である。一九四二年、広州沙面にあった大岸頼好《おおぎしよりよし》支店長の邸宅に、「光室」が設けられていた。そもそも、「光室」の「光」とはタングステンを意味する。大岸頼好は陸軍士官学校三六期卒で、二・二六事件にも連座した皇道派の重鎮。一九三九年、陸軍出身の岩畔豪雄《いわくろひでお》らが創立した昭和通商に加わり、昭和通商本社第二課長を経て、一九四一年一月から広東支店長に着任していた。当時を知る関係者の証言によると、大岸支店長の周辺には、満州浪人や右翼の壮士など、一癖も二癖もある前歴不明の猛者たちが集まり、異様な雰囲気だったという。

かれらのまわりには、国籍を超えてさまざまな人物が複雑にからみあっていた。「光室」には斎藤という業務課員がいたが、斎藤は香港財界やマカオ政庁高官に工作を進め、日本・香港・ポルトガル合弁の聯昌公司《れんしょうこんす》を設立する。日本側の副総経理に斎藤自身がつき、香港側副総経理は地元実業家の梁鴻基《りょうこうき》、ポルトガル側副総経理にはマカオ政庁経済局のペドロ・ジョーズ・ラポ博士が就任した。梁鴻基の娘は、戦後、英国統治下の香港で立法評議会議員として活躍し、香港返還後も立法会議員で自由党主席をつとめた周梁淑怡《しゅうりょうしゅくい》（セリーナ・チョウ）である。聯昌公司には戦時下の飢餓に苦しむマカオに食糧を運び込むという役割もあり、ラポ博士については、日本軍と折り合いをつけマカオ市民を飢餓から救ったということで、マカオ政庁が戦後その功績をたたえマカオ南湾近くの通りを、「羅保《らぼ》博士街」と命名し、それがいまでも残っている。

この聯昌公司で斎藤副総経理が秘書に抜擢したのが、香港大学卒業後、浪人中だった何鴻栄《かこうえい》（スタンレー・ホー）である。のちにマカオで「カジノ王」（賭王）として君臨する何鴻栄だが、複雑な軍事情勢下にあった香港・マカオ・広州をまたぎ、日本の軍需輸送を支える仕事は、その才覚を生かすには絶好の働き場であったにちがいない。

大霖鉱山と神谷孫一

タングステンにかかわった商社は昭和通商だけではなかった。一九三九年に開業した新興洋行という会社がある。広東省東部の汕頭《すわとう》に本社を置き、マカオと広州湾間で船を運行していた。三竈島や大霖島はちょうどその航路にあたる。大霖鉱山はマカオで買い付けられるタングステン鉱の産地として重きをなしたが、同時に、大霖鉱山で働く労務者募集の拠点もマカオだった。その手配師役をつとめていたのが、一九四一年五月に新興洋行澳門支店社員となった神谷孫一《かみやまごいち》である。現時点で大霖島のタングステン鉱山経営主体が新興洋行そのものによるものとは断じ難いが、大霖におけるタングステン鉱山の経営に新興洋行が関係していたことは間違いなさそうである。

筆者が神谷孫一の役割を知ったのは、はじめて三竈島に足を踏み入れた二〇〇五年初秋のことだ。抗日の拠点とみなされ、大勢の村人が殺された魚弄村で、たまたま出会った関華林《かんかりん》氏から聞き出した話であった。三竈島上陸に伴う掃討作戦で、関氏の両親は関家祠とよばれる一族の祠堂におびき出されたのち殺害された。関華林氏は生き残った仲間とともに小舟でマカオに逃れた。そして食うや食わずの難民生活のなかで、神谷孫一から大霖鉱山の仕事に誘われたのだった。

米国にも、かつて大霖鉱山で働いたという三竈島出身の華僑がいる。ニューヨークで隠居生活を送る莫孟頑《ばくもうがん》氏である。三竈島が陥落したときにはまだ六歳の子どもだった。家族とマカオに脱出したものの、食糧の乏しいマカオでは食べていけない。あまりにもひもじかったため、募集に応じて一九四二年に大霖鉱山の鉱夫となった。当時はまだ一〇歳の少年である。狭い坑道に潜り込むには、小さな子どもの体軀が適していたのかもしれない。

タングステン鉱山は大霖の横浜村（粤語の音訳）にあった。「頭（かしら）」と呼ばれている日本人は太田といった。鉱山は東区と西区に分かれ、東区の責任者は当初は伊東、のちに石田に代わった」と莫孟頑氏は鮮明に記憶していた。毎日通った坑道の入り口には日本人名の看板があり、

現在の魚弄村（和仁廉夫撮影）

自然に覚えたのだ。莫孟頑によると、「一両（中華民国の単位で、三一・二五グラム）のタングステンが七五元の儲備《ちょび》券（中国連合儲備銀行券）になった」という。

このようにして現金収入は得たものの、食べ物がなく、ひもじいことに変わりはなかった。莫氏は、海に入っては魚を手づかみで捕まえ、海水で洗って生のまま食べていたという。戦後、父親が米国で豪華客船に乗り込みレストランの料理長として大成し、莫孟頑青年も父親の資助で日本大学芸術学部に留学して脚本を学んだ。だがかれは、日本留学中に寿司や刺身には絶対手を出さなかったという。幼いころのひもじかった体験がトラウマになって、生魚をうけつけない体質になってしまったのだ。

なお神谷孫一夫妻は、敗戦後はマカオ

政庁のとりなしで政庁直属の大工としてマカオに留まり、その一生を終えた。

福大公司三竈支店

ここでさらに、別の商社の存在に触れておかねばならない。戦時中、三竈島をはじめ、広東・福建各地で活動した福大公司《ふくだいこんす》（本社所在地：台北市北門町八）である。この福大公司が三竈島を調査し、日本軍による占領後は一時期、島民の生活用品を仕入れていたことはさきに述べた通りだ。

日中戦争の開始とともに、華南地方での中国側の通商貿易拡大を阻み、日本側の権益を確保するための一環として、一九三七年十一月、台北で福大公司が設立された。資本金三〇〇万円は額面五〇円の株券六万株を発行して調達されたが、その内訳は台湾拓殖会社と興中公司《こうちゅうこんす》がそれぞれ一万株、台湾製糖、明治製糖、大日本製糖の製糖三社で四一〇〇株、このほか日本興行株式会社、台湾銀行、台湾電力株式会社、大阪商船株式会社、三井物産株式会社などの名だたる企業のほか、日本と台湾の資本家が出資していた。このうち興中公司はのちに解散したため、興中公司の一万株は台湾拓殖会社が引き受け、名実ともに台湾拓殖会社が最大株主となった。

一九三九年から長く代表取締役社長の地位についたのが藤山愛一郎大日本製糖社長である。その父親は貴族院議員で大日本製糖を設立して成功を収めた藤山雷太だ。藤山愛一郎は大日本製糖名義の持ち株以外に、しだいに自身の名義でも福大公司株を買い増し、一九三九年の増資を機に福大公司の最大株主に躍り出た。このため、藤山愛一郎社長時代には大日本製糖出身者が取締役をほぼ独占し、ほかにはわずかに台湾総督府の官僚出身者を認めるに過ぎなかった。

日本軍の占領地を拠点に展開した福大公司は、日本の植民地だった台湾から派生した軍需商社の性格を持つ。北から上海、福建省の廈門、台湾海峡に面した金門島、さらに広東省東部の汕頭、珠江三角州の河口部に位置する広州、そしてマカオ西南の三竈島、そして現在は海南省となっている海南島の海口《かいこう》に支店を設け、最大拠点を福建省南部の廈門に設けた。多くの支店が大河や港湾に面した枢要な都市に立地していたなかで、「軍極秘」の第六航空基地のそばに開店した三竈島支店の存在はきわめて特異に映る。

いまも三竈島には福大公司三竈島支店（当初は三竈島営業所）に使用された建物が現存する。日本海軍の三竈島占領からわずか二ヵ月あまりしか経たない一九三八年六月十五日には、すでに福大公司の駐在員が一三人勤務していた。その後、八月一日に一一人に微減したものの、以後も増員を重ね、第六航空基地がほぼ完成した九月一日には五一人、十月一日にも四六人と、かなりの陣容を擁するようになっていた。そして福大公司には、三竈島で占領行政と結び付いたさまざまな業務が発生していたのである。

福大公司は兵站に台湾から蓬萊《ほうらい》米などの食糧や日用雑貨を提供したほか、木材や軍需品の輸送を手掛け、三竈島からは花崗岩や茶粕を移入していた。また、のちに設立された福裕公司《ふくゆうこんす》を介在させ、日本海軍もからむ阿片の密輸にも手を染めている。

この福大公司の主要な事業のひとつが、華南各地における慰安所経営者の斡旋であった。福大公司が融資し日本人経営者が設置した慰安所は、廈門に二事業者、広州に三事業者、海南島に一

福大公司跡（和仁廉夫撮影）

事業者あり、三竈島にも一事業者が入っていた。福大公司が斡旋したのは、いずれも慰安所経営ははじめてという素人業者だったという。

三竈島の慰安所経営者は森カツという女性で、福大公司から慰安所開業資金として一万七〇〇〇円二八八銭を、さらに慰安所雑貨費として三〇〇〇円を受け取っていた。羅時雍さんによれば、三竈島に慰安所ができたのは一九三九年の春ごろで、建物の二階には兵隊が二、三十人ほど座れる畳敷きの宴会場があった。この慰安所は、台北北投温泉の八勝園の分店として設けられたものだといい、日本人男性の番頭がおり、五〇歳ぐらいの肥えた日本人の中年女性が経営者だったという。これらの情報を総合すると、この肥えた女性が森カツということになろう。

慰安所を記録した作家

この三竈島の慰安所を作品に遺した従軍作家がいた。『瞼の母』『沓掛《くつかけ》時次郎』などの作品で知られ、山岡壮八、海音寺潮五郎などを育てた劇作家・小説家、長谷川伸（本名は長谷川伸二郎）である。

日中戦争初期の一九三八年八月、内閣情報局は漢口《かんこう》攻略戦に陸軍班二四人、海軍班八人からなるペン部隊を従軍させた。また十一月には南支派遣ペン部隊として、甲賀三郎、土師《はじ》清二、中村武羅夫《むらお》、衣笠貞之助らを華南・台湾方面に派遣している。このなかに長谷川伸の姿があった。国民の戦意高揚をはかるペン部隊は、その後一九四二年に組織された日本文学報国会に引き継がれ、数多くの作家や芸術家が戦地に赴き、見聞きしたさまざまな出来事を作品に残している。

戦後、長谷川伸が著した随筆集『生きている小説』のなかに、「事実残存抄」という短編が収録されており、その冒頭に三竈島慰安所に関する具体的な記述がある。長谷川によると、三竈島には将校用と兵士向けのふたつの慰安所があり、将校用は一回の接客で五円、兵士向けは二円だったが、兵士向けは回転がよく、慰安婦の稼ぎがよくなるため、慰安婦の多くはやがて兵士向け勤務を希望するようになったという。長谷川が訪問した当時は、慰安所には台湾から連れてこられたという二十数人の女性たちがいた。

そのなかに、接客前の性病検査で軍医から処女と診断された二〇歳の女性がいた。このため現地の海軍将校らが相談した結果、「救うべし」との結論に至り、将校らがカンパを募って女性を

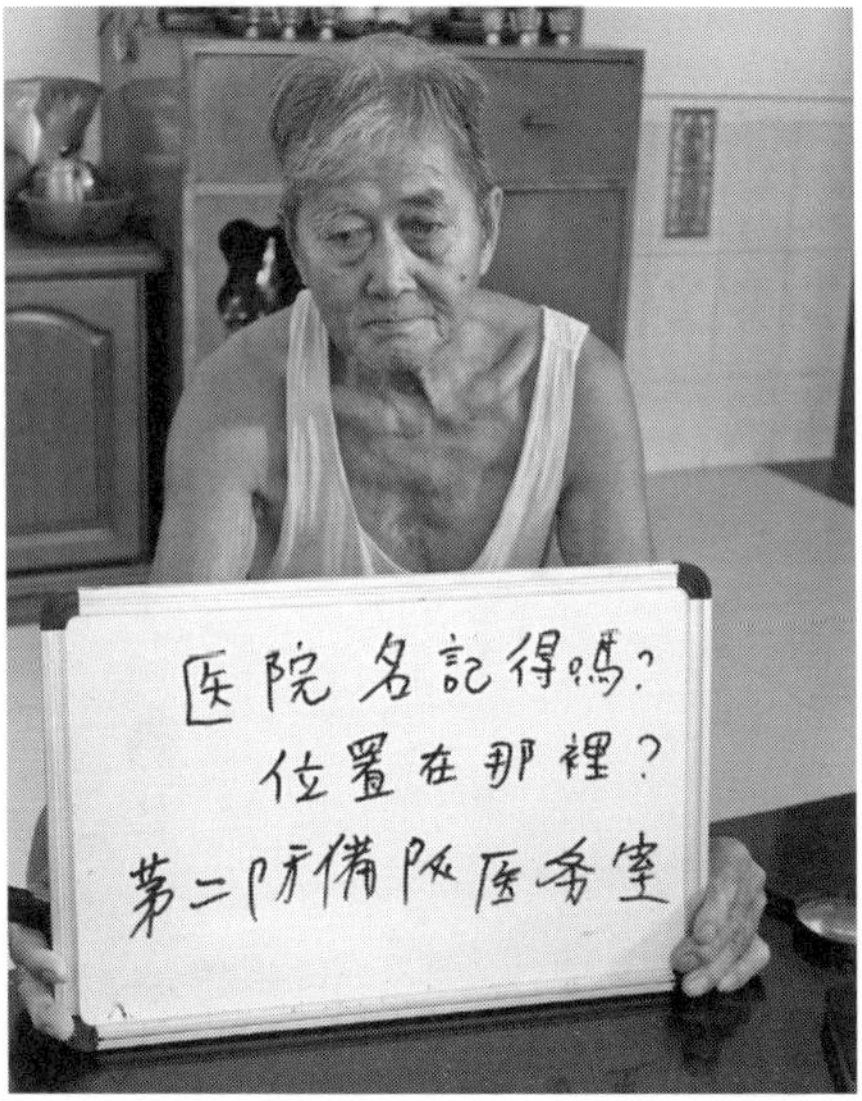

インタビューを受ける鍾泉氏（和仁廉夫撮影）

身請けして故郷の台南に送り返したというのだ。

日本国内で歴史修正主義が台頭した一九九〇年代末期、侵略戦争を正当化する「新しい歴史教科書を作る会」を推動した人々がこの「美談」に飛びついた。かれらの文脈では、慰安所は民間業者の商行為で、日本軍は処女の少女を救い出し親元に送るなど、人道的に対処していた、ということになるのだろう。

だが、慰安所の実態はそんな生易しいものではない。三竈島の場合、敵地に囲まれた半農半漁の孤島で、女性たちには行動の自由などなかった。いかに高給であろうとも、三竈島でお金を使える場所はほとんどなかった。しかも女性たちの性病検査は第六基地内の診療所で行われていた。民間の経営といえども、生活の場とは無縁な最前線基地に慰安所を開業させたこと自体、日本軍兵士の需要なくしては考えられない。慰安所や慰安婦を「女衒《ぜげん》」と同次元の「商行為」に矮小化するのは、明らかに誤りである。

三竈島の慰安所にいたのは台湾人女性だけではなかった。沖縄農業移民家族の比嘉和子さんは、体調を崩したおり第六基地内の診療所を受診した待合室で、戦地には似つかわしくない美しい着物で着飾った女性と遭遇した。「お姉さん、どこから来たの」と訊ねた和子さんに、その妙齢の女性は、美しい標準語で「東京から来ました」と答えたという。

鍾泉が診た慰安婦

戦後、マカオでアヒルやガチョウの焼味舗（吊るし焼肉舗）を営み、現在は隠居して故郷の三竈島で暮らす鍾泉《しょうせん》老人（一九二二〜）は、若いころ第六基地診療所で働き、医師が欠員になってからは、医師に代わって慰安婦たちの性病検査を一手に任されていたという人物である。長谷川伸の「事実残存抄」には軍医が登場するが、鍾さんが働きはじめてまもなく、軍医はいなくなったという。診療所の仕事は鍾泉に任され、慰安婦の性病検査も一人で診るしかなかった。

この老人については二〇一四年四月二十一日付の『南方都市報』で大々的にその証言が報道されたため、筆者は同じ年の六月、金海岸中学の劉昌言《りゅうしょうげん》先生に取りつぎをお願いして、正表村（海軍統治時代の木場村）に鍾泉老人を訪ねた。劉先生は地元でドキュメンタリー映画『三竈1938』を製作し、この老人の証言を掘り起こした人物である。香港史研究者として名高い高《こう》添強《てんきょう》さんと、筆者が香港で著した『歳月無声』（花千樹出版、二〇一三年）の訳者である張宏艶《ちょうこうえん》（元有線新聞台キャスター、現香港中文大学広報部長）さんが同行してくれた。

高齢で耳が遠い鍾さんのために、私たちは質問をひとつひとつホワイトボードや画用紙に書いて伝えなければならなかったが、かれは頭脳も明晰で声量も豊か。野良仕事から帰ってきたばかりだという日焼けした面立ちは、九二歳の老人としてはかなり精悍な印象で、とても健康そうに見える。

かれが第六基地診療所に勤務していた一九三九年から一九四五年八月までのあいだ、三竈島の慰安所には、台湾人女性のほか、朝鮮人、中国人、日本人女性がいたという。鍾泉老人はホワイトボードに女性器の絵を書き、「この部分の色が変わっていたり泡を吹いていたりしたら、(性病なので)勤務させてはいけない」などと仕事の内容を事細かく説明した。

戦後は生家に戻り農業をしていたが、対日協力者として処罰されることを恐れ、中国文化大革命が始まった一九六六年に三竈島を離れた。日本占領時代、三竈島で日本軍に協力させられた者のなかには、戦後、身の危険を感じてこのように三竈島を離れた者もいたのである。

前出の羅時雍さんによると、慰安所は昼間は下士官と兵が既定の時間に外出して利用、夜間は准士官以上と定められていた。羅さん自身も同僚の李煥昌や懇意の日本海軍の士官たちと、慰安所の二階宴会場で女性のお酌で酒を酌み交わしたことがあった。きちんとした日本料理が出てきて、徳利と突き出しがついていた。営業時間は夜十時までだったが、この時分になると、女性たちはすっかりいなくなっていたという。

慰安所開業当時に十人ほどいた和服姿の日本女性は一、二年後には少なくなり、やがて広州から旗袍《チーパオ》(チャイナドレス)姿の姑娘《クーニャン》(少女)が来たという。女性たちは台湾から来ていたとする長谷川伸の記述とは一致しないが、前出の鍾泉老人は、日本人、朝鮮人、台湾人、中国人がいたと証言しており、時期により、女性たちの出自構成に変化があったのだろう。なお、慰安所に利用された建物は上表五巷一二にいまも現存しており、中国の国家重点文物として、近年整備が進められている。

さらに羅さんによると、慰安所裏の二、三百平方メートルの雑木林の一部を設営隊が伐採整理し、十数坪の日本屋敷が建てられたという。その戸締りは厳重で、板塀で囲まれ、衛兵が警戒していた。第六航空基地の将校たちは羅時雍さんに、「ここは三聯空司令官の特別宿舎だ」と説明していたが、羅さんは慰安所の女性たちが出入りしていたのを目撃している。長谷川伸の「事実残存抄」のなかで、矢野兼武《かねたけ》主計中佐が「ここは下士官兵の慰安所女の宿舎です」と長谷川伸らに説明していた施設が、実はこれだったのではないかと思われる。

上表村の慰安所跡（和仁廉夫撮影）

スパイ天国だったマカオ

ここでマカオの状況に戻ろう。二〇〇九年十二月二十日、マカオがポルトガルから中国に返還された澳門《マカオ》回帰十周年を記念して、中国映画『澳門往事』(Oriental Casablanca)がマカオで封切られた。翌二〇一〇年五月には、上海万博を期して中国本土でも公開され、多くの観客を集めた。上海東方之星文化発展有限公司など三社の連合出品で、徐子牧《じょしぼく》監督がメガホンをとり、イケメンと美人の誉れ高い呉建飛《ごけんひ》と呂暁霖《ろぎょうりん》を主役に配した青春娯楽映画だが、その舞台は香港陥落直後のマカオにあり、史実に取材した中国側情報部員と日本軍特務との壮絶な情報戦が物語の素材となっている。

繰りかえし述べてきたように、三竈島に近いマカオは、中立国ポルトガルの植民地であったため、第二次世界大戦で華南唯一の「安全地帯」だった。このため諜報戦や物資調達などの目的で連合国・枢軸国双方の特務機関が暗躍していた。

日本からは、一九四一年三月にマカオ入りした陸軍中野学校出身の井崎喜代太《いざききよた》大尉らによる澳門機関の活動があった。澳門機関は井崎が香港で設立した「三和公司《さんわこんす》」という貿易商社をかたり、マカオに残置していた通信技師らと三人で活動していたが、井崎喜代太が一九四一年十月に南京に異動したため、若菜二郎中尉が機関長を引き継いだ。その後、一九四二年四月にマカオを引き払い広州湾に広州湾機関を設立した。これと入れ替わるようにマカオ入りしたのが南支派遣軍の陸軍特務機関の傘下にあった沢機関である。沢栄作大尉と部下の山口久美《やまぐちひさみ》は一九四二年三月にマカオ入りし、マカオ市街の徳勝街《とくしょうがい》に事務所を構えた。地元暴力団の黄公傑《おうこうけつ》らを従えて重慶分子である国民党員に対する諜報活動を行い、中国人を連行・拷問し、暗殺なども手掛けたため、マカオ市民からひどく恐れられていた。

米国メリーランド州の国立公文書館(National Archives Record Administration)には、現在のCI

Aの前身にあたるOSS（Office of Strategic Service）の中国班が、マカオ現地の中国人協力者がもたらした情報をもとに一九四三年に作成した「マカオにおける日本諜報活動」（Macao-Counter-Espionage Summary）と題したタイプ打ちの報告書が保存されている。地図・索引も含めて四一ページあり、すべてのページにおおきく「SECRET」（機密）の印字がある。一橋大学や早稲田大学でメディア論やインテリジェンス論を講じてきた山本武利がこれを発見し、現在は『第二次世界大戦期日本の諜報機関分析』（柏書房、全八巻）という史料集に英文のまま収録、復刻されている。

ここには、マカオにおける日本軍のアジトや、日本軍将校らが入り浸っていたホテル名、さらに日本軍の諜報活動を担った企業など四五団体、日本軍の密偵、または対日協力者と疑われる人物合計一五四人の全氏名が、英語と手書きの中国語漢字名（一部人物は漢字名なし）で記されており、彼らが果たした役割も解説されている。このほか、マカオにあった日本軍特務のアジト一三カ所と、日本の特務関係者が出入りしていたというホテルなど八カ所（うち三カ所は、名称が異なるもののいずれも「国際ホテル」のため、実際には六カ所）の目撃情報が記録されていた。

そのなかには、本書執筆のきっかけとなった甘志遠や、先述したマカオのカジノ王何鴻桒のほか、日本領事館の福井保光領事、岩井英一などの官僚、さらに前出の新興洋行、昭和通商などの日本企業名とその関係者の名前を確認することができる。

マカオ最大の繁華街である新馬路の中央ホテルや国際ホテルには日本人が入り浸っていた。とくに国際ホテルは日本人の定宿化していたようで、ナイトクラブでは日本軍将校がホステスの背中に手を回してダンスを踊っていたのが目撃されている。ポルトガル人街として知られる西湾丘陵上の見晴らしの良い場所にあるピンク色のビルディングには、日本の海軍武官府が置かれていた。このほか、リビエラ・ホテルに「日本人倶楽部」があったことや、日本軍の特務が大華ホテルを利用していた姿も目撃されていた。

日中戦争の勃発以来、マカオでは祖国を支援するさまざまな募金活動が行われている。中国国民党マカオ支部長で、マカオ中華教育会会長の梁彦明《りょうげんめい》崇実中学校長は、内港に近い東亜ホテルに事務所を置き、学術・音楽・戯劇・体育の各界名士を糾合した澳門四界救済会を組織するなど、活発な抗日活動をつづけていたが、一九四二年十二月二十四日夜、崇実中学で用務を済ませ龍嵩《りゅうすう》街を歩いていたところを何者かに襲撃され、三発の銃弾を浴びて山頂病院に運びこまれた。懸命の救命もかなわず、十二月二十九日に帰らぬ人となった。享年五七であった。

その二カ月後の一九四三年二月一日には、中国国民党香港マカオ総支部の主任委員で中山県立中学校長の林卓夫《りんたくふ》がマカオ高馬路の自宅に戻るところを襲われ、五発の銃弾を浴び絶命した。享年四六であった。しかしポルトガル当局は日本軍を刺激することを恐れて、彼らの葬儀を盛大に行うことを許さなかった。

三竈島のすぐ隣の中立地帯マカオでは、このような熾烈な暗闘が繰りかえされ、それは一九四五年の日本敗戦が近づくにつれ、激しさの度合いを増していった。

幻のマカオ占領計画

一九四五年二月、今度は日本の福井保光領事と朝比奈泰暉《あさひなたいき》副領事が、朝のラジオ体操から領事館に戻る途中、数十人の暴漢に襲われた。銃撃戦の末、福井保光領事は致命傷により絶命、朝比奈泰暉副領事は一命を取りとめたものの重傷を負った。

現地では福井領事の盛大な葬儀が行われ、マカオ政庁の要人らもそろって参列した。マカオ警察は懸賞金を出して犯人を捜したが、手掛かりは得られなかった。この事件に重大な疑念を抱いたのが当時リスボン公使を務めていた森島守人である。森島は奉天領事時代をともにした福井保光をよく知っており、温厚で現地中国人にも慕われていたという。その森島がリスボンでポルトガル政府との事態収拾交渉に臨んだおり、ポルトガル政府次官が打ち明けたのは、マカオで活動していた沢機関がポルトガルの主権を無視して中国人を連行し、拷問や私刑を加えるふるまいに、マカオ政庁が手を焼いていたという事実であった。それが領事襲撃事件の背景となっていた。

一九四四年十月、日本海軍はフィリピンのレイテ島沖海戦に敗れ、翌年三月に米軍がマニラを奪還した。そののち南支派遣軍は、米軍が中国本土に向かうことを想定し、中国沿海部の迎撃態勢強化を打ち出す。一九四四年十二月、磯谷廉介香港占領地総督が大本営に辞任を願い出、香港占領地総督は田中久一南支派遣軍司令官の兼任になった。香港在留邦人の成人男性は召集され、竹やりを持って匍匐前進するなどの軍事教練が始まった。彼らは啓徳空港周辺や新界郊外の要塞整備にも動員されている。

一九四五年二月には女性や子どもに帰国命令が発令された。婦女子の帰国船は銅鑼湾の海軍第二工作部から出航し、中国大陸に沿ってゆっくりと北上し、上海、九州を経て、無事門司港に入港した。香港東洋経済社に出向していた斎藤幸治、栂井《とがい》義雄（のちに専修大学経営学部長）も帰国の途についたが、のちに編纂された東洋経済新報社の社史の記述などから見て、磯谷廉介総督は自らの辞任願い出を通じて、まだ戦争が継続しているさなかに、在留邦人の帰国など、事実上の「香港占領地総督部の店じまい」（敗戦処理）に手を付け始めていた形跡がある。

いっぽう軍部には、米軍を迎撃するため、マカオを占領下に置いて、香港・広東と一体となった防衛体制を構築すべしというマカオ占領論がにわかに頭をもたげてきた。リスボン公使の森島守人によると、福井領事暗殺直後にマカオに着任した岩井英一領事もマカオ占領論の熱心な支持者だったという。

福井領事暗殺事件をめぐってポルトガル政府との外交交渉にあたった森島守人は、暗殺事件の背後にうごめいていた軍部の危険な動きを察知していた。森島は重光葵《まもる》外相に、「一、沢機関の即時解散。二、日本浪人の即時退去、三、岩井英一領事の即時更迭、四、マカオ近海の海上封鎖を即時解除」を建言した。海上封鎖は一両日で解除され、岩井英一領事は更迭された。そしてポルトガル語に堪能な淀川正樹領事がマカオ日本領事館に着任し、マカオ占領の動きは封じられた。

しかし、もはや日本の敗戦はすぐそこに迫っていた。

第七章　日本敗戦

太平洋戦争

中国にたいする戦争に加えて、対米開戦の準備が一九四〇年後半にいよいよ浮上した背景には、一九三九年にヨーロッパで勃発した第二次世界大戦があった。ドイツがポーランドに侵攻したことを契機として第二次世界大戦が始まると、翌四〇年には、ドイツはさらにデンマーク、ノルウェー、オランダ、ベルギー、そしてフランスのパリなどをつぎつぎと占領する。

日本はヨーロッパ情勢のこの変化に乗り遅れまいとした。具体的には、フランスやオランダ、イギリスがドイツに圧倒されているのを利用して、こうした国々によって支配されていた東南アジアへとまず駒を進めようと考えた。南進論の実現である。この当時、中国の戦場は膠着状態に入っており、日本が戦争を遂行するための物資もきわめて不足していた。東南アジアを手に入れることができれば、ゴムや石油をはじめとする各種資源も獲得できる。こうして、あらたに「大東亜共栄圏」の構想が登場する。一九四〇年九月には、そのころフランス領だった北部仏印（フランス領インドシナ北部、現在のベトナム北部）、翌四一年七月には南部仏印へ軍隊を進駐させた。

おもな目的は、欧米から中国へ援助物資を運び込む際に使われていたいわゆる「援蔣ルート」を遮断することにあった。これにたいしてアメリカは、同七月には在米日本資産の凍結、八月には日本への石油の全面禁輸、九月には日本への屑鉄輸出禁止などの対抗措置をつぎつぎと打ち出し、日米間の緊張が一挙に高まっていく。

そして十二月八日、日本軍はついにマレー半島への上陸とハワイの真珠湾奇襲攻撃を敢行し、欧米との本格的な戦争に突入した。

そののち日本軍は破竹の勢いで太平洋を南下し、戦線と占領地を拡大するが、日米開戦後ほどなく開かれたアメリカとイギリスとの軍事会議では、ヨーロッパ戦線を第一とすることが確認されており、日本との戦争は優先事項ではなかった。そして一九四二年六月のミッドウェー海戦を機に日本側の優位がくずれたのち、一九四三年にいたって、アメリカ軍は長期の対日戦略構想をようやく提起する。それは台湾か中国本土、もしくは太平洋上から日本を爆撃するという、おおきくふたつの案に分かれるものだったが、最終的には、ドイツを打倒したのちに日本を太平洋から攻撃するという戦略が、同年の年末までに決まった。ただし、中国沿岸にも上陸し、日本への攻撃を中国本土から航空作戦で支援する計画もつけ加えられる。

その間、一九四三年二月にはガダルカナル島からの日本軍の撤退、五月にはアッツ島守備隊の「玉砕」を経て、四四年七月にはマリアナ諸島のサイパン島、十月にはフィリピンのレイテ島などに米軍がつぎつぎと上陸し、太平洋を北上しはじめる。さらに同年末ごろからは、マリアナ諸島に建設された基地から飛び立つB29爆撃機が、連日のように日本本土を空襲するようになった。

一九四五年一月にいたると、米軍統合参謀本部が琉球作戦計画を決定し、いよいよ沖縄上陸が射程に入った。三月には硫黄島《いおうとう》が占領される。東京都に属し、南方の海上千二百キロメートルほどに位置する硫黄島は、沖縄よりさらに東京に近い。

硫黄島での戦いがほぼ決着しようとしていた三月二十三日、米軍は沖縄に大規模な空襲をかけ、翌二十四日からは東南沖で艦砲射撃を敢行する。いわゆる「鉄の暴風」の始まりだ。そして二十六日には慶良間《けらま》諸島に上陸し、沖縄の地上戦が幕を開けることになる。

広東省沿岸の日本軍

さて、一方の中国戦線は基本的には依然として膠着したままだったが、日本側はアメリカ軍が上海方面から福建、広東にいたる沿岸地域に上陸するのではないかと想定し、一九四四年から、それに備える作戦を研究しはじめていた。そして一九四五年一月には、中国大陸各地に展開していた各部隊にたいして、支那派遣軍が、現占領地の確保と、重慶の中国政府およびアメリカ軍への作戦準備を命じた。このとき広東省を担当していた第二三軍は、三月末を目標に沿岸地帯の防衛体勢を整えるよう求められる。第二三軍では、米軍の上陸地点を広東省東部のバイヤス湾、海《かい》豊《ほう》、陸豊《りくほう》方面と判断し、対米作戦準備に入る。これを勢《せ》号作戦という。それまで広東省の沿岸一帯では、中国への援助物資を遮断することが日本軍のおもな目的だった。しかしここにいたって作戦の目的がおおきく変化し、日本本土防衛のための準備に入ることになった。

それでは、沿岸地帯の防衛態勢とは具体的にどのようなものなのか、すこしだけ紹介しておこう。当時とくに焦点となる海豊、陸豊方面に駐留していたのは、第二三軍配下の第一〇四師団だ。同師団は、一九四五年一月中旬から下旬にかけて両地区を占領し、三ヵ所に分かれて守備陣地を構築した。

陣地は洞窟式とされた。理由は、同年二月中旬から三月下旬までつづいた米軍との硫黄島の戦いで日本軍は地下陣地を構築して抵抗したが、その際の経験から、米軍の圧倒的な火力に対抗するには洞窟陣地よりほかに方法がないと判断したためだった。第一〇四師団指揮下の第一三七聯隊第八中隊には、実際に硫黄島の洞窟陣地にかんする冊子も渡されていた。

ところが洞窟陣地を構築するための資材は支給されなかった。それぞれの中隊で工夫をこらし、測量器は自作し、岩盤にぶつかったときは、まずフイゴを組み立て、破船の部品で鑿《のみ》やハンマーを作る。軍隊にはさまざまな職業のものが集まっていたこともあって、こうした作業が可能だった。アメリカ軍の重爆撃機が毎日陣地すれすれに哨戒するなかを、こうして二四時間体制でひたすら穴を掘った。

洞窟構築のつぎは、やはりアメリカ軍の上陸に備えた対戦車訓練や、斬り込み訓練である。第一〇四師団指揮下の第一〇八聯隊の場合、六月下旬から対米戦闘訓練に入った。各聯隊から何人かが師団に赴いて教育をうけ、各中隊から来た人たちにさらに教えた。武器としては、たとえば破甲爆雷（通称あんぱん）があった。磁石で戦車に貼り付ける仕組みだが、実物はなく木製のもので訓練した。刺突《しとつ》爆雷というものもある。木銃の先に特殊な爆弾がつけてあり、これを敵の戦車に突き立てて爆発させ、すぐ伏せる。爆弾は円錐形になっており、底面が外に向く形で木銃に取り付けてある。これが爆発すると、設計上そのエネルギーは前方に集中し、二〇ミリ以上の甲板を貫くという。ただしこれもまた模型のみで、実物はない。訓練に使う戦車もまた適当な材料を組み合わせて作った張りぼてだった。

刺突爆雷は荒唐無稽な兵器のようにも思えるが、同じ構造のものがベトナム・ハノイの戦争博物館に展示してある。一九四五年に日本が戦争に負けてベトナムから撤退したあと、独立しようとするベトナム人と、かつての植民地を回復しようとするフランスとのあいだで、インドシナ戦争が勃発する。このとき、日本軍が残していったこの兵器をベトナム側が使ったのだという。

三竈島の決戦準備

日本側の記録では、すでに一九四二年十一月二十三日にはアメリカ軍機が三竈島を爆撃して兵舎四棟が炎上し、また一九四四年二月十三日にもアメリカ軍爆撃機の襲撃があった。一方、同年十月には、「第六基地」指揮官の指揮のもと、航空部隊が台湾沖航空戦に、そしてすぐつづいて比島沖海戦に参加したとされる。

じつは衣笠村の北に入ることを予定した第三次移民を送る計画があり、一九四一年夏には測量もしていた。さらに第四次、第五次の計画もあり、古賀という人が中心になってやっていたというが、もはやそのような状況ではなかった。

第一国民学校の裏山の反対側、藤田峠の海側に高射砲の陣地があった。一九四四年ごろ、米軍がこの陣地を飛行機で繰りかえし爆撃し、二、三時間後には消失した。兵舎や飛行場も損害をうけるようになり、サイパン玉砕、フィリピン上陸の次は三竈島占領といううわさもあった。占領を恐れた兵隊が飛行場の爆破作業をしており、移民がおにぎりを作って兵舎につぎつぎと運んだ。城間盛輝さんはその様子を見て不安でたまらなかったという。

成瀬村近くの山の中腹では兵隊がツルハシで壕を掘り、移民がその土運びを手伝った。学校でも、八時の朝礼のあと、五年生以上は学校のための防空壕掘りをした。防空壕は各家で掘ったところに入った人も、自然の壕に入った人たちもいる。移民に被害はなかったが、近くに爆弾が落ちて、トーチカの横の竹やぶに隠れた人もいる。兵隊が飛行機に向かって鉄砲を撃っていた。青葉村から中国人の村へ行く道で、兵隊が担がれて帰ってきたこともあった。撃たれたらしい。

そのころ三竈島で暮らしていた魏福栄さんによれば、四一年に一度、朝の十時ごろに連合軍の爆撃があり、兵舎がすべて焼けた。ちょうど清明節の日のため、小学校の児童たちが並んで神社に行くところで、もう十分早かったら危なかったという。清明節は旧暦の三月のため年月日が日本側の資料と合わないが、魏さんは、四三年にも連合軍の飛行機が爆撃したことがあり、朝と午後にそれぞれ四回やってきたという。いずれにしてもこのころに、時折、米軍機が襲来したようだ。

さらに魏さんが語るところでは、一九四二、三年ごろ、三竈島の軍隊はアメリカとの決戦を想定してか病院を山に移し、缶詰なども山に運んでいった。ところが沖縄で多くの人が死んだというニュースが入り、決戦はなくなった。それでも海が見えるところに避難壕をたくさん作り、兵舎も板で建てた。日本兵の食べ物は、山芋、サツマイモ、麦、そして野菜の缶詰があったが、缶詰は腐っていて、弁当を開けてみると臭かったという。

連合軍が来るということで、毎日工事をやっていて、作業には島民も一家族につきかならず一人出なければならない。魏さんの家では、父母のほかには兄弟が一人しかおらず、魏さんが毎日仕事に出た。給料はなかった。兵舎なども山に移転し、飛行場には穴を掘って使えなくした。

敗戦

一九四五年八月十五日。三竈島は田植えの真っ最中だった。そこへ突然、「日本へ引き揚げるよー」と言われ、移民たちは風呂へ入るひまもなかったという。女子青年団でユイマールの田植えをしていた城間静子さんは、敗戦の知らせを聞いたとき、くやしくて、苗を足で泥のなかに押し込んでみんなといっしょにワーワー泣いた。開拓団長の城間盛輝さんが移民全員を学校に集め、「天皇陛下の詔勅」を読み上げた。そして山の上の軍の施設に行き、缶詰などの物資をもらってきた。

それからの約一週間、移民たちは引き揚げの準備を急いだ。刈り取ったばかりの米が籾のまま米倉いっぱいに入れてあったが、持っていくわけにはいかない。城間家では飼っていた豚を潰して塩漬けにした。しかしこれは結局、途中ですべて腐らせてしまうことになる。また水牛二頭は何家棉と探〔譚《たん》〕智源《ちげん》の二人に譲り、譲ったという証明書もつけた。あとであらぬ疑いをかけられないように配慮したのだ。八日目ごろ、軍の本部に全員集まるよう、移民団に集合がかかる。

中国人が襲ってくるかもしれないということで本部の裏山に隠れて一夜を過ごし、翌日、船に乗せられた。荷物はたくさん持たないようにといわれ、ほとんど着の身着のままだった。引き揚げの責任者は、第一次移民は城間盛輝さん、第二次移民は仲村源太郎さんだった。

一方、魏さんによれば、中国人の島民たちは日本が何年ごろ負けるか知っていたという。山本五十六《いそろく》が亡くなったことも知っていた。八月十五日の当日、工事に使う松の木を魏さんが青湾《せいわん》へ取りに行っていると、仕事を止めなさいといわれた。泣いている兵隊も、帰れると喜んでいる兵隊もいた。魏さんは車で飛行場まで送ってもらった。

移民の話では、日本が負けたことを知った中国人たちが山を越えて押し寄せ、移民村の米倉に保管してあった米などを運び出したが、移民たちはただ眺めているしかなかった。また城間文子さんも、乗船を待つ時間があったので米倉が気になって見に行ってみると、なかの米は全部盗られていたという。

ただ、占領者と被占領者という間柄であれ、長く付き合ってともに働けば、人間としての情が芽生える。毎日田畑の手伝いに来ていた島民は、荷物の梱包を手伝ってくれた。また移民団が島を離れるとき、別れを惜しんで泣く島民も少なくなかった。移民たちは、専属で働いてくれたり親しかったりした島民に家畜や脱穀機、唐箕《とうみ》、水牛にひかせる鋤などを譲った。三竈島には木の鋤はあったが、鉄の歯がついたものはなかったという。なかには各家庭にあったイギリス製の小銃を買いにきた島民があり、無料で出した移民もいた。その後、共産主義政権になってから、住民が沖縄の移民から譲りうけたものだというイギリス製の銃が、島で実際に掘り出されたこともある。一方、日本軍に協力した罪を問われるのではないかと恐れて、いっしょに連れていってくれと懇願する人もいた。しかし船がいっぱいで乗せられなかった。移民たちは桟橋まで歩いていった。

移民ではないが、興亜第二国民学校の教師をしていた台湾人通訳が、日本の敗戦後まもなく、入水自殺してしまった。日本軍に言われるまま子どもたちに間違った教育をしたことを悩んだためと、与那城隆幸さんは聞いている。三竈島の川は濁っているので人が沈んでも見えず、水面に浮いてきてから発見されたという。湯聘臣の娘さんの記憶では、この通訳は住民から嫌われていた黄（富田）で、生徒たち何人かと泳ぎに行って亡くなったのだともいう。

沖縄の移民たちを乗せた日本の船は、日本ではなく広州の収容所へ向かった。

甘志遠部隊の進駐

三竈島から逃げていた避難民たちは、日本の敗戦後すぐに島に帰りはじめ、それと入れ替わるかのように、日本軍に協力した人々はマカオへ逃げた。

移民が去ったあと、島の中国人青年たちが日本軍から武器をもらおうとしたことがあった。しかし兵隊たちはかれらを信用せず、応じなかった。まもなくそこへ、甘志遠が部隊四百人を率いて島に移り、日本軍から大砲や銃を引き渡されて「三竈島根拠地隊指揮官」となる。つまり、日本軍から三竈島を引き継いだのは甘志遠なる人物だった。八月三十一日のことである。

甘志遠は日本の早稲田大学にも留学したことのある中国人で、国民党軍の通信教官を務めた後、日本軍が香港を占領したころから、香港周辺で海上輸送の仕事に携わっていた。ただし私兵を擁して船を武装し、実際は密輸業者と変わらない。そのうえ日本語もできることから、はやくに日本軍とつながりがあり、戦争中は香港と三竈島のちょうど中間あたりにあるラサビ島に本拠を置き、香港周辺で日本海軍に協力し、敗戦当時は広東海防軍の総司令官だった。広東海防軍とは、香港、マカオ近海の治安維持のために日本海軍が組織した中国人海上部隊である。

甘志遠（本人提供）

三竈島を譲りうけた甘志遠は、海防軍をこの島に移駐させた。甘によれば、三竈島には日本海軍が残していった石油、武器弾薬、九二型飛行機のほか、それに付随する建物、封鎖された滑走路、さらには金の延べ棒、綿糸、綿布などがたくさんあり、付近のゲリラもこの島をねらっていた。また、この島を甘志遠に渡してしまったことについては、中国とイギリスの双方から日本海軍に抗議があった。そのようななかで同年十一月、甘志遠は広州で華南戦区の中国側降伏受領責任者である国民党軍の張発奎《ちょうはっけい》に会い、海防軍と三竈島をすべて中国に引き渡すことに同意し、海防軍の一部はまもなく飛行場警備部隊として広州の中国空軍基地に移った。このとき甘志遠自身は、空軍第六地区司令部顧問の肩書きをあたえられた。

甘志遠が三竈島を管理していた数ヵ月間については、『香港工商日報』に掲載された斯人《しじん》という署名入りの「三竈島回憶録（上）（下）」がほとんど唯一の記録だ（一九四九年十一月十二日、十三日）。「斯人」は三竈島で生まれ、かなりの年月をそこで過ごしており、島の事情をよく知っているという。

斯人によれば、戦争が終わってまもなく、国民政府軍事委員会の地下工作員「甘某」が、華南の日本海軍の最高当局者にたいして平和的な投降を受け入れさせ、甘自身は三竈島の総指揮官に就任することになったのだという。これが甘志遠である。かれはすでに一九四四年十月に国民政府軍事委員会の国際問題研究所から「専門委員」に任命されており、地下工作員だったというのは間違いともいえない。ただし、国民政府のスパイだったのではない。くわしくは甘志遠著『南海の軍閥・甘志遠――日中戦争下の香港・マカオ』（凱風社）に譲るが、日本海軍からも国民政府からもそれぞれ一定の肩書きをもらっている、不思議な人物だったのである。

さて、甘志遠が三竈島を管理するようになってから、住民はようやく外部と自由に行き来ができるようになった。そして甘は、日本軍の武器を香港や広州に送り、周辺の島々の物資を三竈島に集中させて安全に管理し、橋、電話、電灯、水道などを修繕した。

また島からは凶暴な日本兵が姿を消し、斯人は、「この島はまもなく平和で静かな近代的島嶼になるかと思われ、住民はみな非常に楽観的で、これからは落ち着いて暮らすことができ、抗戦中のおおきな犠牲はけっして無駄ではなかったと考えた」という。こうして甘志遠が三竈島を再建し、人々にようやく安寧の日々が訪れるかと思われた。ところが、十一月に国民党軍が管理を引き継いだのち、三竈島はふたたび、いつ終わるともしれない混乱のなかへ陥って行く。

ただ、そのころには沖縄の移民たちは日本に戻ることができた。三竈島の物語をつづけるまえに、まず移民のその後の足跡を確認しておこう。

広州到着

沖縄の移民は、敗戦の直前に病院船・氷川《ひかわ》丸で日本へ戻る手はずになっていたとされるが、それはかなわず、日本の居留民として広州に集結することになった。

移民たちが広州に到着したのは、かなり微妙な時期だった。日本は八月十四日にポツダム宣言を受諾し、十五日にはいわゆる玉音放送によって降伏が一般に公表されたにもかかわらず、一九三八年以来日本軍が占領していた広州には、日本の敗戦後もしばらくのあいだ中国軍が存在していなかった。そのため日本軍が武装したまま広州の治安を維持していたのだ。中国軍の別動軍先遣部隊が広州市内に進入しはじめたのが八月二十三日。そして九月六日に第二方面軍司令部前進指揮処が広州市に設置されて、ようやく日本軍と停戦交渉を開始し、翌七日に日本軍は新編第一軍と正式に警備を交代した。日本軍の武装解除はさらに遅れ、九月二十四日から始まり完了したのは二十七日だ。

さて、九月九日から、第二方面軍の命令によって在留邦人が龍潭《りゅうたん》に集結させられることになる。これに先だって、日本軍は居留民をまず新亜ホテル、北京ホテル、国民学校、総領事館内などに一時収容した。沖縄の移民によれば、船は香港を経て大雨のなかを広州に到着し、愛群ホテルの後ろ斜め横にあった五階建てのペイピンホテルに入ったという。「ペイピン」（北平）とは北京の別名である。移民は、上陸すると中国人に石を投げつけられ、大人が子どもを真ん中に入れて取り囲むようにして守ったとも記憶している。日本軍側の記録では、警備が日本軍から中国軍に移るにしたがって、日本人にたいする事件が増えていったとされており、移民はそのような広州を体験したのだろう。城間文子さんもまた、広州の住民たちは日本が負けたことを喜び、日本人を乗せた車が通ると石を投げるため、顔を上げないよう伏せていなければならなかったと語る。

広州市の居留民は九月十一日から九月十三日までのあいだに広州北方の龍潭にさらに移った。このとき計五九四五人。倉庫に約三千人、駅のホームに約千人、幕舎に一九四五人が入り、収容施設は狭かったが、衛生状態はおおむね良好だった。主食の米は各自が持参したものを食べ、副食はやはり各自が付近で購入した。飲料水は井戸がひとつあるのみで不便なため、軍が濾水車を配備する一方、雑用水は川の水を使った。

長洲島収容所

広州では、日本の軍人と居留民は、最終的に黄埔《こうほ》、関村《かんそん》、嶺南《れいなん》、河南《かなん》、南石頭《なんせきとう》、大岡《だいこう》、芳村《ほうそん》の七カ所に分かれて集中営（収容所）に収容されることになる。いずれも珠江をはさんで広州南部の中州やその周辺に位置する。

九月三十日、第二方面軍新編第一軍によって、居留民はすべて黄埔の集中営に移るよう命令が下される。海軍武官府、海軍広東警備隊、海軍砲艦舞子《まいこ》その他もいっしょだった。この集中営は珠江南岸の中州のさらに東の長洲《ちょうしゅう》島にあり、かつて孫文が陸軍の士官を養成するために黄埔軍官学校を設立したところだ。日本軍側の資料によれば、龍潭から大沙頭《だいさとう》までは鉄道、そこから朝日桟橋までは徒歩。荷物はトラックで運び、さらに黄埔まではヤンマーに乗り、十月二日から四日までに移転を完了した。居留民は既存建物(おもにバラック)と、あらたに白木部隊が構築したバラックに収容されるが、幕舎生活も約三割あり。人員に比して地域が狭小で、相当に混雑していた。集結人員(内地人のみ)は翌年二月二十八日で六九二七人。居留民が選任した会長を中心として自治制を施行し、医療施設として集団病院を開設した。集結以来、死亡者一〇二人、出生一〇〇人(二月十日現在)。主食の米は前年の十一月十三日以降、第二方面軍兵站から補給されるが円滑ではなく、居留民会は各人の手持ちの資金を拠出させて芋や米などを集中営付近で購入し、副食は集中が完了した十月四日以降、現物代金を受領して購入していたが、十二月九日から現物支給となったという。

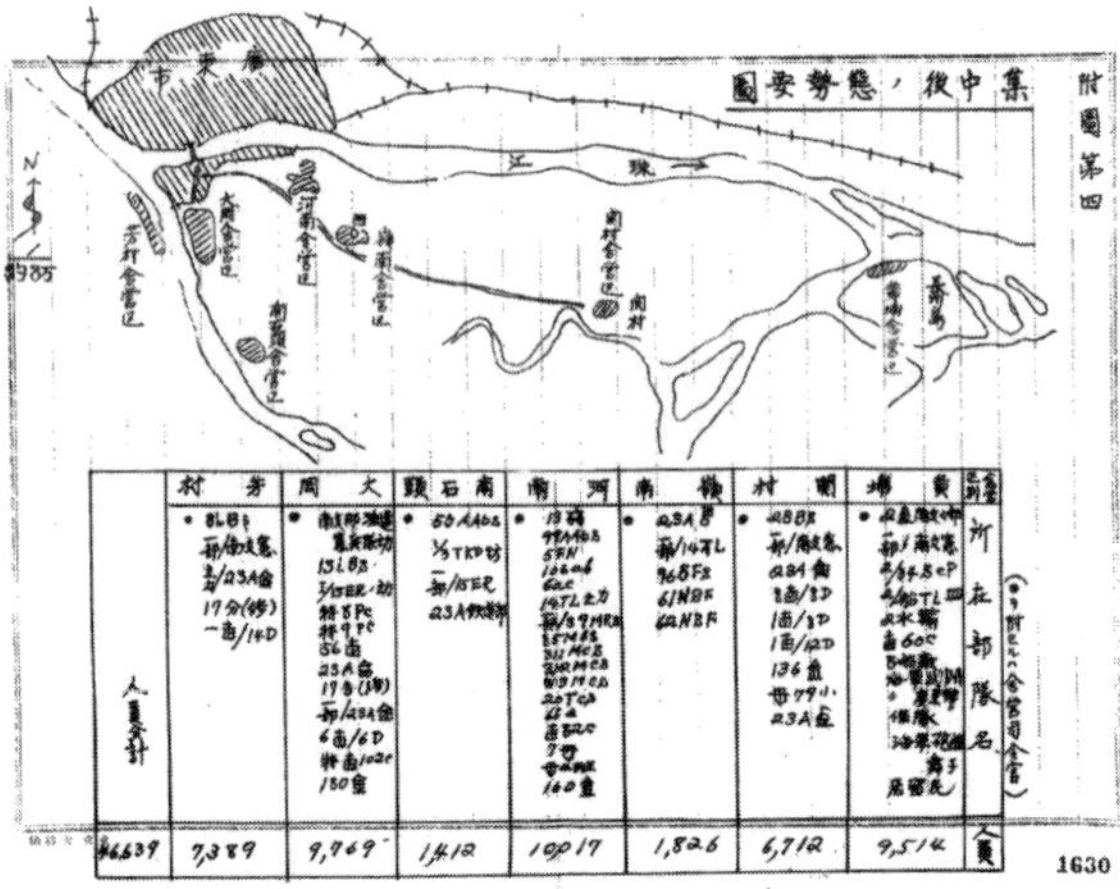

長洲島の収容所(防衛研究所戦史研究センター)

中国側の規定によれば、中国各地の日本人居留民は、各当該地区の中国陸軍受降主官（降伏受領責任者）が指定する区域に入らねばならなかった。広東省の場合は、中央部と西部が第二方面軍司令官の張発奎、東部が第七戦区長官の余漢謀《よかんぼう》をそれぞれ受降主官として、受降地点は広州と汕頭である。

携帯できるものは、衣服、寝具、炊事用具、洗濯用具などの生活必需品と、もとから持っていた食糧、時計、筆記用具、そして作戦行為と関係のない図書などの私有物、また現金は法幣で五〇〇〇元までとされた。法幣とは、蔣介石政権のもとで発行されていた紙幣である。戦争中はこのほかに、日本軍の占領地で発行されていた儲備《ちょび》券というものがあったが、これは、中国政府が定める比率によって法幣に交換しなければならなかった。

さらに、これ以外の現金や宝石、貴金属等は、すべて中国政府の銀行に預け入れ、将来の賠償金の一部にあてるものとされた。居留民の居住区域には、日本居留民集中管理所が設けられた。その後の食糧は原則として各省や市が支給するが、居留民組織の代表者が受領証を提出し、これもまた将来の賠償請求に備えるものとされた。以上の規定がそのまま適用されたかどうかは不明だが、三竈島移民も私物の多くを取り上げられた。

敗戦前に召集されて広州にいた与那城隆幸さんらは訓練のみで、戦場に出るまえに敗戦を迎えていたが、ここで移民団と合流した。集中営では収容者たちが外に出ないよう中国人の兵隊が見張っている。ただ四方は川で、簡単には逃げられない。中国人が船で食糧などを運んできた。収容所にはテント小屋がいくつも並び、全部でおよそ七千五百人いたという。競技大会、角力大会、バレーボール大会なども行なわれた。昭和二十一年の正月早々には自治委員会が発足し、全体を二五区に分け、食糧や保健衛生の改善を収容所の「本部」と交渉した。城間さんは三竈島区の自治委員として、腕章を着けて活動した。自治委員は選挙で選ばれたらしく、「日本人で女子選挙権を使用したのはおそらく我等抑留民が第一号であっただろう」と誇らしげに述べる（『越えてきた道』）。

収容所では、飲むのも洗うのも、排泄物を流すのも同じ川であり、狭い場所に大勢が詰め込まれていたため病気が流行った。食物も少なく、鍋のおこげも洗って食べた。父親たちは小さい子どもを肩車して歩き、上からはよく見えるため、子どもが指さすタバコを拾って吸うようなこともしていたという。

浦賀引き揚げ

一九四六（昭和二十一）年の三月から四月にかけて、移民たちを含め収容されていた日本人は全員、アメリカの大型輸送船で日本へ引き揚げた。居留民が乗船したのはおもにジョン・キャロル号（V77）とロバート・ニューウェル号（V72）の二隻であり、前者には三四九二人、後者には三二〇〇人が乗り込んでいた。皆、航海中はずっと甲板で寝ていたという。途中で浦崎さんの四、五歳の赤ちゃんが亡くなり、碇か何かをつけて海に沈めた。ジョン・キャロル号は四月一日に、ロバート・ニューウェル号は四月四日にそれぞれ浦賀《うらが》（横須賀港）に入港したが、このときに、大事件が起こった。つづいて五日に入港したW・M・ムーディー号（V75）にコレラが発生した

リバティー型貨物船（『浦賀港引揚船関連写真資料集』）

のだ。ここには独立歩兵第八旅団の四〇三八人が乗っていた。乗船時は異常がなかったが、航海の途中でつぎつぎと患者が発生した。W・M・ムーディー号は五月十一日まで浦賀沖の海上に足止めされ、その間にやはりコレラが確認されたジョン・キャロル号も五月四日まで上陸が許されなかった。こうして四月中旬には、一三隻の引き揚げ船が沖に並び、五月四日の時点で患者一五九三人、保菌者一九二一人、船中死亡一六九人を数え、戦後日本における最初の疫病流行となった。旧日本軍の一部が帰国前に、中国側の要請によって広州で市街の清掃や船舶作業を行っており、このなかからコレラが発生したのだった。

沖縄の三竈島移民団は、さいわいなことにロバート・ニューウェル号に乗船していたようである。この船ではコレラが確認されず、四月七日には上陸が許され、久里浜《くりはま》収容所（かも収容所）でさまざまな手続きを済ませた。ここまではみんないっしょで、ここからそれぞれに分かれることになる。

しかし米軍占領下に置かれた沖縄にすぐに帰ることはできなかった。各家族は大阪、九州各地などに親戚や知人を頼って散り、闇商売を含め食べるための苦労を重ねながら沖縄への引き揚げ船を待った。つてのない人たちは埼玉県上福岡《かみふくおか》の収容施設に送られ、進駐軍の仕事をあてがわれた。この年の四月二十八日付の『埼玉新聞』が、この時点までに海外から埼玉県内に引き揚げた「沖縄県民」だけで千人近くに達し、近くさらに四百人を「福岡村」に収容予定だと伝えた。ただし実際には、すでに二十七日に約四百人が福岡村に入ったという(『上福岡市史』通史編下巻)。収容所は旧造兵廠の徴用工舎だった。県が鍋や釜などの生活用具を支給した。同年か、遅くとも翌一九四七年までには、ほとんどの家族が帰郷したと思われるが、五家族ほどはそのまま埼玉県に永住したという。

日本に帰ったとき与那城隆幸さんは、沖縄は全滅だと聞いたが、ヤンバルは人がいるだろうと思っていた。一家は横須賀に上陸したあと、父親の兄弟が大阪にいたため、まずそこを頼った。そのころ引揚者は電車賃が無料だった。引き揚げ証明書を見せれば何人でも無料で乗ることができる。それを使って岡山まで闇の買い出しにも行った。あるとき、母親と二人して電車のなかで朝鮮人にからまれ、路地に連れ込まれたことがあった。母と沖縄語で話をしていたら、どこの出身だと聞くので沖縄だと答えると、おなじだと言って許してくれた。また警察の張り込みのことも教えてくれた。阪急電車でのことだった。

沖縄へ

そのあと与那城さん一家は沖縄に向かい、中城《なかぐすく》村の久場崎《くばさき》に上陸する。このときほかの移民家族もいた。当時アメリカ軍はここで引揚者を受け入れて検疫なども行い、殺虫剤のＤＤＴをふりかけた。一九九六年にこの海岸に「戦後引揚者上陸碑」が建てられることになる。喜納さんたちは、ここから各村に帰った。日本に着いてから五、六カ月たっていた。村ではテント生活。フクギの木がみななぎ倒されていた。石垣から、さらに八重山《やえやま》、ブラジルへ再移住した人たちもいる。

城間政吉さんの一家は、知り合いのつてでまず宮崎の大島《おおしま》町に身を寄せた。大里村の人がたくさん疎開していた。そこからさらに沖縄に帰ったのは敗戦の翌年四六年で、一番早かった。沖縄は焼け野原だった。鹿児島から日本の海防艦に乗れば一日で着く。「インヌミヤードゥイ」で上陸し、ＤＤＴをかけられ、頭から下まで真っ白になった。

帰郷しても故郷に落ち着ける人ばかりではなかった。永住と聞かされていたため、財産をすべて売って三竈島へ行き、帰郷しても住む家も土地もない家族が少なくなかった。それでも多くの人は故郷の人脈を頼ってゼロから再出発した。しかしなかには再移住せざるをえなかった家族もある。与那村にいた大宜味村出身の仲村家など何家族かは帰郷後まもなく、戦後の八重山移民としてふたたび故郷を出た。城間静子さんの同級生であった仲村（旧姓）久子さんは現在、石垣市に在住しているという。

また比嘉真吉さんの場合は、一九四五年四月に召集されて広州へ行っているあいだに奥さんが死亡。広州からまた三竈島に派遣され、警備についているときに敗戦を知った。島を引き揚げるときは、一人一〇〇〇円しか持てなかったという。子ども四人を連れて広州に移るが、末の女の子はそこで亡くなる。やがて九里浜に上陸し上福岡へ行き、四六年十二月に沖縄に戻ることができた。ところが戻ってみると、沖縄に残した家族八人はチビチリガマ（鍾乳洞）で自決してしまっていた。

比嘉和子さんの戦後

比嘉家では、和子さんたちが三竈島に到着して二年後に父親が出征し、そのままになってしまった。どこで亡くなったのか知らされておらず、三竈島で死亡したことになっているという。さきにも述べたように、沖縄にいたら兵隊にとられると言っていた父親は、もともとブラジルに移民する予定がだめになり、三竈島へ行ったのだった。行き先がどこであれ徴兵されない場所へ行きたかったのだろう。しかしその願いも空しかった。父親が出征したとき、母親は五女の妊娠二カ月だった。父親がいなくなってから、身重の母親と弟や妹たちを抱えて、和子さんが一家の中心とならざるを得ず、必死で働いた。

ある日、田植えをしていて、日本が負けたと聞いた。信じられなかったが、家に帰って母に「じゃあ、もう仕事しなくていいの」と聞くと、母親は「沖縄にケールンハジドー（帰るはずよ）」というので、もう働かなくてもいいんだと思うと、うれしかった。

日本が負けたことを知った中国人たちが山を越えて押し寄せ、倉庫に保管してあった米などを運び出したが、ただ見ているしかなかった。移民団は集められて山で一日過ごし、着の身着のまま船に乗せられた。香港を経て広州のホテルで十日間ほど滞在した。そこには、ホテルの社長だった日本人の斬られた首がさらしてあった。このホテルは中国人のものだったのを日本の占領によって日本人が所有し、日本が戦争に負けたあと、中国が取り戻していたものだった。広州で商売をしていた日本人が、在庫の着物を大量に持ってホテルにやってきて、好きなだけ取りなさいと言うので、みんな先を争って取った。その着物は、あとで食べ物と交換するなど役に立つことになる。ホテルを出ることはできず、窓から外を見て過ごした。

その後、おおきな川の中州にある長洲島の収容所で一年ほど過ごした。中国人が船で食糧などを運んできた。おおきな池があり、飲み水にしたり、洗濯をしたり、またドラム缶に砂を入れ、水をわかして飲み水にした。和子さんは炊事場に入った。収容所では、幼い子や体力のない年寄りが栄養失調でつぎつぎと死んでいく。生後一年前後の五女・洋子とおなじくらいの赤ん坊がほかに四、五人いたが、みな栄養失調で亡くなり、洋子一人だけが残った。死んでも葬式はしてもらえず、川に投げ込まれる。洋子も危うく川に投げ込まれるところを、当時四歳の次男が「息してるよー」と言ったので助かった。

日本に引き揚げて、そこでみなと別れた。親戚のいない和子さん一家の場合は、埼玉の上福岡へ行った。頼る人がいないものはここに集められた。ここでお金が支給されて、難儀をしたかいがあったと喜んだ。寒かったが、布団、敷布などすごくサービスがよく、洋服ももらえた。

一年ほどして、暖かくなったころ沖縄に戻り、名護の役所のまえで車を降りた。父方の祖父母の敷地に仮小屋を建ててしばらく住んでから、標準型の規格住宅をもらった。借金して家を建て、また母が市場で米屋をした。借金の返済や、また弟、妹たちを学校に出すため、パイン工場、オリオンビールの従業員の下宿、軍の作業、メイド、沖縄バスの車掌など、死にものぐるいで働き、また沖縄では珍しいおでん屋を開業した。ベトナム戦争のころは米兵がよく来て有り金を全部出すので、非常に儲かった。その後、夫と出会い結婚する。戦死した父親の恩給は、かなり遅くなって和子さんが三八歳のときに出た。

第八章　三竈島の終わらない戦争

国共内戦の勃発

日中戦争当時の中国は、国民党が中心となって組織された「国民政府」が中国を代表する政府だった。しかし一部の地域は中国共産党が支配し、中国は一種の分裂状態にあった。そして、これら両党はそれぞれに軍隊を擁し、日本軍は国民政府（国民党）軍と共産党軍（中国人民解放軍）というふたつの軍隊と戦ったのだった。

一九四五年八月に第二次世界大戦が終わると、日本の旧軍人や居留民は日本へ戻り、戦後の歩みが始まった。ところが中国大陸では一九四六年六月に、国民党軍と共産党軍との間で戦闘が勃発し、そののち数年間にわたって中国を二分する内戦となる。やがて共産党軍が北から南へ向かって徐々に国民党軍を追い詰め、一九四九年一月には北京、四月に首都（当時）の南京、五月には上海を占領し、十月一日には毛沢東が北京の天安門広場で中華人民共和国の成立を宣言する。

しかしこの時点でも内戦は完全には終結しておらず、人民解放軍が中国大陸最南端の広東省に入るのは、新中国の建国が宣言された翌日の、十月二日のことだった。

撤退センター

ところが、三竈島の状況はむしろ、新中国誕生後ににわかに緊迫する。

まず、これにさきだつ七月にはすでに三竈島が国民党側の海上防衛の基地となり、珠江口守備指揮部が置かれていた。広州からは珠江というおおきな川が幾筋にも分かれながら香港西方で外洋に流れ出し、三竈島はその西岸方面に位置している。その海防上の要地として三竈島が重要性を増しはじめたのである。当時、島の飛行場は数段に分断され、格納庫、燃料庫などの設備はすべて破壊されていた。九月のはじめまでにこの飛行場の修理が終わり、小型機が離着陸できるようになる。トーチカの構築なども積極的に進められ、当局が三竈島を華南の海空軍基地にしようとしているのではないかという憶測も現れる。それにともなって三竈島の警察所でも、日本軍が造った道路を拡充しようとしていた。

十月十四日に共産党軍がついに広州を占領すると、大量の国民党軍と物資とが三竈島に流入しはじめ、小さな島にもかかわらず、十九日までに軍人とその家族が約一万人に達した。衛戍《えいじゅ》司令部、国防部指揮所、保安第二、三、五師、一〇九軍、喩英奇《ゆえいき》部隊などがつぎつぎと中山県に南下し、県の中心地である石岐やマカオ近くの前山、南屛《なんぺい》などに駐屯して、そこから船で三竈島に渡り、さらに船や飛行機で広東省南西部の湛江《たんこう》や雷州《らいしゅう》半島、台湾、海南島などへ撤退するのだ。三竈島は軍が撤退する際の唯一の海路上の中継地となり、また空軍の基地にもなっていた。

このころ三竈島からマカオへやってきた住民の話によれば、島ではもうひとつの大型飛行場を昼夜兼行で建設しており、飛行機は全島で二〇機あり、華南の沿海を偵察したり広州を爆撃したりするものはすべてこの島から飛び立っているという。当時は、中山県政府もまた三竈島で業務を行っていた。

十月二十三日夜には、共産党軍三百人ほどが三竈島北方の斗門《ともん》県の中心部に一時侵入する一方で、中山県の中心都市である石岐では、二十七日までの五日間、すでに国民党軍が撤退しているにもかかわらず共産党軍が侵入してこないという真空状態が続いていた。しかし共産党軍はそのままさらに南下し、おなじく二十七日の昼には、マカオからわずか三十キロメートルほどの地点に到達する。

国民党軍と島民の衝突

三竈島へ撤退した国民党軍は、十月二十七日までにはすでに三、四万人にも達するとされ、田心周辺の五つの村、つまり飛行場の西北側にあった村の民家に分駐して、海南島行きの船を待っていた。しかし医薬品や食糧が不足し、三竈島の状況は「混乱」と「厳戒」の四文字で表現できるという。そのようななかで、不良兵士がむりやり品物を買い取って代金も十分に支払わなかったり、虎門《こもん》指揮部の班長が村の女性を強姦し、しかも参謀がその兵士を勝手に釈放して住民の怒りを買ったりしていた。そして三竈島出身で新任の七区警察所所長である関国華はこれら外来者と仲が悪く、香港の新聞は、関が住民と外来者との争いをしきりに挑発しようとしていると伝えた。

関国華は、日本軍が占領中だった一九三八年九月中旬に三竈島の日本兵を襲った「特務隊」隊長と同じ名前であり、同一人物だろう。じつは戦後、第七区の区長と警察所長は呉発仔が兼任していた。やはり三竈島の日本軍を繰りかえし襲撃したゲリラの隊長である。つまり、戦時中に活躍した人たちが、その役割を評価され、戦後になって要職についたようだ。ただし、呉発仔は一九四八年三月初旬ごろに、マカオから三竈島へ戻る途中で何者かに誘拐されてしまう。関国華はおそらくその後任である。かれが外来の国民党軍と仲が悪かったというのは個人的な問題ではなく、三竈島出身者として住民を代表する立場で行動したという意味に理解すべきだろう。

それだけでなく、島民と国民党軍との衝突は、はやくから兆しがあった。一九四八年九月十日に、武装した住民四百人が飛行場に入り込み、亜鉛、鉄、タイヤ、車両などを運び去る事件があった。これは、かつて飛行場建設のために没収された土地の補償として、日本軍が残した機材の半分を空軍に要求したものの拒絶されたためだった。住民の要求が認められないばかりか、飛行場の物資はすでに某部隊が何回かにわたって勝手に持ち出し、さらにこのときは某有力者が残った物資の買い取り許可を官庁から得て、運び出そうとしていた。これにたいして住民がまたも一部を求めたものの、有力者に断られた。そこで住民たちは実力行使に出たのだった。

さきに紹介した斯人《しじん》による「三竈島回憶録」は、軍隊による物資の持ち出しをつぎのように説明している。国民党政府が甘志遠から三竈島を引き継いだとき、陸、海、空の三部門から接収要員がやってきたが、そのなかでとくに陸軍が軍事設備から艦船まであらゆるものを持ち去り、島民は怒っても口に出すことができなかった。なかには、堅固な陣地を破壊してなかの鉄骨を取り出したり、地下に埋設してあった太い電線を掘り出したりするものもあった。艦艇の一部は岸に停泊させたまま錆びるにまかせ、また武器や物資はマカオへ運んで売り払った。共産党軍との戦争に敗れることが誰の目にも明らかになった最後の瞬間にも、国民党軍はこのようなことに精を出していた。不思議ではあるが、当時、国民党軍のこうした腐敗と堕落は中国で広く見られた現象であり、三竈島周辺だけのことではなかった。

略奪基地化へ

三竈島は海南島や台湾に撤退するための中継地としてだけでなく、一九四九年十月下旬ごろまでには、珠江デルタ地帯の共産党軍を封鎖する基地としての役割も求められはじめていた。ところがこのとき、「この種のいわゆる海上〝封鎖〟は、実際は海上〝略奪〟に過ぎない」と非難する新聞記事が現れる(『大公報』十月二十九日)。軍隊による物資の横取りは三竈島内にとどまるものではなかったのである。

詳細はつぎの通りだ。三竈島の海面には、国民党軍の艦艇が五隻と、強制的に徴用された大小の汽船が三十数隻航行していたが、そのうち軍艦三隻は封鎖用に、二隻は撤退軍の輸送用に使われていた。そのころ三竈島でさらに撤退するための船を待っていた軍人とその家族は七千人ほどあり、島の民家はすべて軍が占拠していたもののそれでも足らず、兵士の多くが山で野宿し、テントもない状態だ。

そのようなとき、マカオ近辺の海上や石角《せきかく》付近の内陸河川で、「珠江区水上自衛隊」その他を名乗る部隊が往来する船を止めて「封鎖」の名目で通行料をむしり取り、そのためにマカオと三埠、石岐、江門《こうもん》を結ぶ三航路はほとんど半停止状態に陥っていた。十月二十七日にはまた、マカオから三埠《さんぶ》に向かっていた捷利号が砲艇につかまり、三〇〇〇香港ドルを取られて途中で引き返した。こうして、一般の航商たちのあいだには、「解放軍が中山、新会《しんかい》の沿河地区から蔣介石《しょうかいせき》の軍を追い出しさえすれば、蔣の海軍は勝手なことができなくなる」と、共産党軍を待ち望む空気さえ生まれていた。封鎖部隊が手にした金の行方については、新聞記事は何も説明していないが、三竈島に送られるのではなく、それぞれの部隊が自分たちの懐に入れたことは間違いない。前述の甘志遠も、沿海の島々で同様の事例があったことをいくつも紹介している。

さて、十一月四日夜までには、マカオに隣接する前山《ぜんざん》、南屏、湾仔《ワンチャイ》など、国民党軍が中山県での大陸側の最後の拠点としていた地区が共産軍に占領され、三竈島を除く中山全域が共産党支配下に入った。マカオへは数百人の国民党軍と数千人の農民がなだれ込み、敗走した兵隊の多くは食べるものもなく、乞食となり、数百人の難民が路上で寝ているという。三竈島北方の斗門県城もすでに共産軍の手に落ちていた。

この前夜、川竈《せんそう》巡防処、保安第三師、第六師その他の長官が緊急の軍事会議を開き、どのように三竈島を守り、その軍糧を確保し、軍隊を海南島へ撤退させるかなどについて話し合った。ところが、三竈島に撤退していた各部隊はそれぞれ勝手なことをして、自分たちの利益だけを考え、軍糧のあてがないとなるともっぱら住民からむしり取り、翌四日には略奪が始まり、民家の十に九は人が逃げてしまった。さらに部隊間でも食糧を奪い合って衝突を起こし、「戦わずして自ら乱れる」ありさまとなった。

三竈島解放

十一月六日午後には、三竈島対岸の大霖島、小霖島を守っていた国民党軍が三竈島に撤退し、マカオへ逃れてきた島民によれば、八日には大小霖島から三竈島に向かって砲撃が始まっているという。このとき中山県の大陸部はすべて共産軍が押さえ、三竈島をはじめとする島嶼部を残すのみだったが、三竈島では軍の大部分はすでに海南島に撤退し、飛行機全六〇機も台北に移動して、空白状態になっていた。残存する守備隊は、警察所の兵力とわずかな海軍陸戦隊、あわせて三百余人のみだった。

三竈島は結局、戦闘ではなく交渉によって共産軍側に明け渡されることになった。ここで中心的な役割を果たしたのが、またもや関国華だ。関はこっそりと共産党軍の工作員に接触して投降する準備を進めた。共産軍側が提示した条件は、投降後は警察をすべて改編し、石岐県政府と軍事管制委員会の指揮下に入ること、また撤退する国民党軍を共産党軍は追撃しない、などだった。関はこの条件を受け入れ、十一月十日に正式に投降することになった。同日、大小霖島、大《だい》山《さん》島、横琴島などの共産党軍が三竈島に上陸した。

このとき国民党軍は、さらに沖の万山群島へ移った。翌一九五〇年四月三十日には海南島からも国民党軍が撤退し、広東省で残るは万山群島のみとなる。五月二十五日から、第四野戦軍第四四軍を主体とする共産党軍が万山群島に総攻撃をかける。例の甘志遠もまた、このころ万山群島に逃げていた。そしてラサビ島、担杆列島、外伶仃島などを経て、最後には北尖島《ほくせん》に移るが、共産党軍は五月二十五日にはラサビ島を、七月一日には外伶仃島、八月三日には担杆列島などをつぎつぎと占領し、八月四日には北尖島を含む佳蓬《かほう》列島を占領し、ここにいたって広東全域が完全に共産党政権の掌握下に入った。甘志遠はその直前、持ち込んでいたTNT火薬二〇箱と武器とをすべて爆破し、香港へ逃亡した。

再軍事化

ここですこし時間を遡ろう。三竈島と万山群島はわずかしか離れていない。一九四九年のうちに共産軍は三竈島の防衛を強化し、軍事建設を進めるとともに、毎晩九時以降は住民の外出を禁止し、李日《りじつ》という漁民が真夜中に軍隊の検査命令を拒んで射殺される。これは、三竈島住民のつぎの苦難を予兆させる事件であった。

翌一九五〇年の一月までに、さらに「不良分子」の摘発が行われ、武装している郷長や、匪賊のようなものたちがすべて拘留された。また、島の管理が強化される。

二月には国民党機がマカオの北方でビラを散布し、そこには「国民党政府は、いつでも広東省境に反攻する準備ができている」と書かれていた（『華僑日報』二月十一日）。三月には、国民党軍が万山群島から大陸に襲来し、そのとき三竈島が最初の上陸地点になるといううわさが、三竈島で広まった。四月にはロシア人空軍顧問の「諾施締夫」が三竈島飛行場の整備計画責任者となり、滑走路の拡張と地下式の格納庫、燃料庫の増築を進めはじめる。そのために広州から労働者三百余人を運んだが足りず、さらに斗門、乾霧《かんむ》など近隣の二七郷の男女三百余人も徴用される。七月には、大量の器材がさらに運び込まれるとともに、ロシア人技術者約十人、日本人技術者三人、労働者約七百人が到着する。

ソ連は日中戦争開始以前から国民党や共産党を援助していたが、戦後はとくに一九五〇年二月に中国とのあいだで中ソ友好同盟相互援助条約を結び、多くの技術者を提供した。この蜜月時期は一九六〇年の「中ソ対立」までつづく。ロシア人空軍顧問も、このような中ソ関係のなかで働いていたのだろう。三竈島の場合むしろ意外なのは「日本人技術者」が三人もかかわっていることだ。中国にいた日本兵や日本人居留民は、戦後、基本的には日本に送還されたが、とくに技術者は、一部が中国に「留用」された。新中国に残って工業などの立て直しに協力するよう要請されたのである。

この「日本人技術者」もそのような人たちだろうが、空軍の場合は残留日本人とのあいだに特別な関係があった。中国共産党軍はそもそも空軍を持たず、戦後になって創設されている。その際、日本陸軍の航空隊が中心的な役割を果たした。関東軍の第二航空軍独立第一〇一教育飛行団第四練成飛行隊の約三百余人である。隊長は林弥一郎《はやしやいちろう》少佐だった。かれらを核として一九四六年に「東北民主聯軍航空学校」ができ、そして四九年十一月に北京で中国空軍司令部が発足した。三竈島へやってきたのは、この旧第四練成飛行隊員だった可能性もある。

さて、広東省の沿海部では、一九五〇年四月下旬には横琴島、南北水島、三竈島などに兵力を増強して万山群島攻撃の準備を整えるとともに、中山県では、スパイが数多く潜入しているとして船舶や県境の検査を強化した。そして、七月中旬までには三竈島の飛行場の整備がほぼ終わり、二十五日には、広州の天河飛行場を飛び立った練習機が三竈島に着陸する。なんとこの飛行機は、旧日本軍の「九四式練習機」だという。もともと数ヵ月前に中国東北部から広州へ移動していたもので、修理の終わった一八機から二〇機のうちの三機だった。

朝鮮戦争と反革命鎮圧運動

一九四九年十月に毛沢東が中華人民共和国の成立を宣言したことはさきに述べた。十二月になると、国民党の「中華民国政府」が臨時首都を台湾に移し、蔣介石自身も台北に逃れる。広東省の沿海部その他でまだ戦闘がつづいていたとはいえ、こうして国共内戦は中国共産党の勝利がほぼ確実となった。

一九四九年に内戦の帰趨が決したのにつづき、翌一九五〇年は、新中国の内部がおおきな転換点を迎える画期となる。きっかけは六月から始まった朝鮮戦争だ。当時のアメリカ大統領トルーマンは当初、中国と台湾政府の内戦には干渉しないという立場を取っていた。ところが朝鮮戦争が勃発するとすぐさま「朝鮮情勢についての大統領の声明」を発して北朝鮮を非難するとともに、共産主義の脅威が太平洋地域に及ぶのを防ぐために台湾を守る必要があるとして、第七艦隊に台湾の防衛を命じた。これによって共産主義中国と台湾政府との関係が固定化し、現在にいたる「二つの中国」ができあがる。

一方、朝鮮戦争自体には、アメリカ軍を中心とする国連軍が韓国側から参戦したのにたいして、中国は中国人民志願軍を北朝鮮側に送ることになる。これにともなって中国では、社会が戦時体制化し、経済統制が強化されるとともに、各種の大衆運動によって社会の引き締めが図られた。そして、この動きのなかで急速に社会主義化が進行する。つまりのちの人民公社化にいたる転換点が朝鮮戦争にあった。

初期の大衆運動のなかで三竈島にも密接に関係するのが、反革命鎮圧運動だ。一九五〇年七月に「反革命活動の鎮圧に関する指示」が出されたのを機に、「反革命」とみなされた人々への摘発が本格化する。しかし何が「反革命」なのかははっきりせず、その適用範囲は広がっていく傾向にあった。

このような情勢のなかで、七月中旬から八月にかけて広州の天河、白雲《はくうん》両飛行場から空軍の兵士や技師が三十余人、また三竈島の飛行場からも十余人が逃げ出すなど、空軍人員の逃亡があいつぐ。さらに天河、白雲両飛行場では「不穏分子」と見なされた百二十余人が突然、二四時間以内に出発して東北へ移動することを命じられた。広州市では、国民党政府の各機関に勤めていた旧職員や軍人が五百人以上拘束され、とくに重要なもの三十余人が殺害されたほか、約二百人が東北に送られ、三百人ほどが「某島」に運ばれているという。のちほど見るように、この「某島」というのは三竈島の可能性が高い。

またこのころ中山県では国民党軍が反攻してくるといううわさが盛んに伝わり、広州でも、共産党の支配は長くはつづかないという「神のお告げ」が広まった。そして十一月十五日には、珠江河口を回遊していた台湾の艦艇が担杆島を砲撃した。三竈島では、島民の出入りが厳しく制限され、行政を担う郷公所で証明書を受け取らねばならなかった。またそれまでは鶏や鴨、ブタなどを自由に島外へ持って行って売ることができたが、いまでは事前に郷公所で証明を受けて税金を払うことになった。さらに十六日前後には担杆島や、また三竈島で共産軍の一部が台湾側へ寝返っている。

一九五一年一月には、大陸側の塘家《とうか》、湾仔、そして三竈島で突然、漁船のトン数の調査が行われ、百トン以上の船にはエンジンを取り付けることとなった。表向きの理由は漁業の増産のためだったが、漁民たちはその目的を疑った。以前、共産党軍が海南島や万山群島に進攻したとき多くの漁船が徴用され、そして海の藻くずと消えたからである。しかも国際情勢が緊張するなかでのこの突然の命令である。しかし漁民たちは逃げるわけにもいかず、消極的な抵抗として、自分で船の一部を削ってエンジンが搭載できないようにした。さきに見たように、広東省の島嶼部はすでに前年の八月上旬に完全に制圧されているものの、朝鮮戦争に加えて、台湾海峡にはアメリカの第七艦隊、そしてその向こうに台湾の国民政府が存在し、三竈島の住民は依然として緊張のなかに置かれていた。そのようななかで反革命鎮圧運動が島の内部におおきな不安をもたらした。

三竈島抗日ゲリラの末路

一九五一年に入ると、「鎮圧」がさらに具体的な形を取るようになる。一月下旬までに飛行場の一帯が立ち入り禁止となり、付近の海岸には歩哨が立ち、砲艇が接岸する海岸は漁船の停泊が禁止された。そして村人数百人に屋根の修理や飛行場の草取りをさせるとともに、格納庫や燃料庫をさらに増設し、またかつて日本軍が撤退したときに器材の多くを「当地の呉姓および関姓らの村人が盗んで売り払った」として、事件の再調査と器材の行方の追及が始まった。

ここで、「呉」姓と「関」姓が名指しされていることは非常に重要だ。これは明らかに、日本軍の占領期にゲリラとして活躍した呉発仔と関国華の一族を指すに違いない。さきにも触れたように、この二人は戦後、おそらくゲリラ活動が評価されたためだろうが、区長や警察所長に任命され、島の中心人物となる。まもなく呉発仔は誘拐されて行方不明となるが、関国華はその後、島を共産党側に引き渡すうえでも重要な役割を果たした。しかしいずれにしても、この両者は戦後の一時期、区長と警察所長という国民党政権の末端を担ったことには変わりがない。これは反革命鎮圧運動の対象となる。

共産党政権下でこの二人がきびしく断罪されたことは、一九六六年に執筆された『三竈島血難史』に照らしても明らかだ。この史料は呉発仔のことを、「欺いて群衆の信頼を得、自分の威信を高める」ために日本軍を攻撃したのだと言い、また戦後は、「土豪悪覇の関国華、呉家貞《ごかてい》、譚《たん》国《こく》らが各地に居座ってアヘン館を開き賭博をやらせ、公に名を借りて私腹を肥やし、呉発仔にいたっては群衆を圧迫し、人を生き埋めにして機関銃を撃ち込み、その弾の費用さえ群衆に負担させ、種々のゆすりたかりなど、悪事の限りを尽くした」と記し、その「悪行」を列挙している。これは、一九六六年当時、かれらがこのようなレッテルを貼り付けられたものと理解すべきだ。

ここに名前が挙げられている人々がその後どうなったかは不明だが、一九五一年一月二十六日付の『華僑日報』で、おおよその見当がつく。見出しは、「三竈の大量殺人　一日の間に銃殺された者、百余人に達する」である。記事の内容は、三竈島は珠江口の要で飛行場もある重要な島のため、躍起となって「嫌疑分子」を拘束し、一月二十二日には、そのうち百人ほどを対岸の大霖島に護送して銃殺した。「大部分は日本軍の占領時期にゲリラや、また傀儡軍の兵士」だが、そのころは生活のために傀儡軍かゲリラに加わるほかなかった、とする。傀儡軍というのは、日本軍の側についた武装組織のことだ。甘志遠の部隊もそのひとつで、大陸側の日本軍の占領地には傀儡軍がいくつも存在し、日本軍の支配の一翼を担っていた。

呉発仔は一九五一年に殺されたともいわれ、関国華自身やその一族も、この反革命鎮圧運動のなかで処刑されたものと思われる。

続く粛清

一九五一年二月の上旬には、三竈島の住民一万人のうち殺されたものが一割に達し、また住民のなかに紛れ込んだ国民党軍のゲリラを逮捕しているとされる。四月上旬には、前郷長の梁迪《りょうてき》華《か》、保長の黄鴻安《こうこうあん》ら二十余人が逮捕され、同じ日に日本軍統治時期に治安維持会長だった湯聘臣の子ども湯定国《とうていこく》、国民党員湯定倫《とうていりん》、盧章中《ろしょうちゅう》、呉文書《ごぶんしょ》、呉文江《ごぶんこう》、呉春華《ごしゅんか》ら一六人が監獄から連れ出されて銃殺された。湯聘臣の子どもを「湯定綸」とする史料もある。『三竈島血難史』は、湯定倫や、またやはり日本統治期に青年団長だった呉光宗《ごこうそう》は、「反革命分子」として「万人墳の烈士の前で人民による当然の制裁」をうけたと記す。日本の敗戦後、身の危険を感じた湯聘臣自身は、第三夫人と子どもの洪青さんを連れて香港に逃れた。

おなじく四月上旬までには、区政府が駐屯軍とともにすでに五回にわたって戸口検査を行い、村民六百余人を捕らえ、島に設置された臨時拘留所と区政府の監獄に収容しているが、どちらも満員で、三月は計百余人が銃殺され、四月二日の午前中には、収監中の「反共分子」呉家養《ごかよう》と譚某、関某ら一八人が殺された。三竈島で四度目の処刑だという。そのうちかつての警察所所員三人と労働者一人は、反共分子で武器を隠し持っていた容疑、数名は大小霖島の中学校の関係者でスパイの罪名、また村人の関某は、数カ月前に飛行場の建設に駆り出された際、あやまって共産党軍の兵営に足を踏み入れてしまい、やはりスパイとして逮捕されていた。

五月上旬には、飛行場で仕事をしているのはすべて囚人だと伝えられる。三竈島に監獄が建設され、珠江区の各県からスパイや旧警官らの囚人が送られ、すでに千余人になっている。また全島が「特区」とされ、三竈島に戸籍を持つ住民以外は出入りが許されず、また戸籍を持つものであっても出入りには特別な通行証が必要となり、「非常に厳しく封鎖されている」。そのほか、島では新兵を訓練しており、その数は二千人ほどだという。

五月下旬には、共産党当局は海南島楡林《ゆりん》港につづいて三竈島を華南海空軍の第二補給基地にしようとしており、海、陸軍がそれぞれ管理機構を設置し、千トン以上の輸送船を収容できる巨大な埠頭のほか、島を廻る公路を建設していると報道された。また、三竈島の「反動分子」三百余人と乾霧の八十余人が、名前が公表されないまま秘密裏に処刑され、多くの住民が、自分が危なくなるのではないかと考えて危険を冒して脱出しているという。

十一月には横琴島から中年以下の男女が三竈島に送られて訓練を受けさせられたため、三竈島で若者が朝鮮戦争に徴兵されて殺されるといううわさが流れ、また普段からの圧迫に耐えきれず、二十九日の深夜に男女の島民二百余人が漁船で近隣の小島へ逃げたのをはじめ、連日逃亡するものが十数隻となった。

呉、譚両族の抵抗

一九五一年十二月から五三年末にかけて共産党による三竈島支配がいよいよ完成の段階を迎える。

この時期までに、三竈島とその周辺では依然としてさまざまな事件がつづいた。珠江河口の東南海上に台湾の艦艇が出没し、反共ゲリラが広東の沿海部に侵入するなかで、三竈島へ物資を運ぶ船や三竈島の弾薬庫が爆発、また共産軍の飛行機が島に墜落したが、それはソ連製のジェット機で、操縦していたのは日本人の「山村一郎」だったことが明らかになる。さらに、三竈島に駐屯していた両広縦隊の一個連隊が飛行場の倉庫などを爆破して逃亡した。そしてさきにも述べたように住民の逃亡もあいつぐ。

一方、「共産島は三竈島をきわめて重視し」、飛行場の拡張のほか、公路や海岸沿いの砲台の建設などをさらに進めた。

そして同時に、島民にたいする弾圧も強化された。住民の多くがかつての呉発仔の仲間だと見なされ、銃殺されたものが七百余人に達し、三竈街と聖堂の両監獄にはなお四百余人が収監されていた。かれらは呉姓が多くを占め、八、九割の者が財産を封鎖された。共産軍は、「この孤島の反共ゲリラ分子を徹底的に粛清しなければならない」として、通行証の発行を一律に拒絶した。三竈島の青壮年は殺され、監禁され、徴兵されてしまい、残っているものは二、三割にもならず、当時の島の人口は六、七千人になったとされる。

三竈島出身の華僑譚国棟《たんとくとう》は、かつて呉発仔の抗日活動に資金を援助したことがあった。そのためにやはり粛清されそうになり、一九五二年七月ごろに島を抜け出した。ところが弟の譚少懐《たんしょうかい》が捕まってしまう。弟を捕まえて兄を島に戻らせようとしたのだ。だが、譚国棟はそれに応じず、結局、譚少懐は銃殺されてしまった。呉発仔の部隊にいた呉家創《ごかそう》、呉文達《ごぶんたつ》、呉森《ごしん》なども同時に殺された。これが呉、譚の両族を怒らせ、八月十二日の夜には、両族の若者数名が三竈島西洋田の共産党幹部二人を牛刀で刺殺し、マカオへ逃げる事件が起こった。

この間も、三竈島近くの海上では反共武装船が出没して、共産党軍の物資輸送船をあいついで襲ったり、島を砲撃したり、三竈島の部隊の一部が寝返り、また輸送船を任された連隊長が船とともに姿を消す、といった事件が繰りかえされる。

一九五三年十二月二十七日の朝、三竈島の蓮塘付近で火災が発生し、六十余軒の家を焼く大火事となる。これは、戦後の国民党統治時期に呉発仔に従っていた呉啓《ごけい》という住民の放火だった。呉発仔の死後、呉啓は農業を営んでいたが、最近になって突然、「清算」の対象とされ、殴られたうえに、縛り上げられて、食べ物もあたえられないまま烈日や寒風のなかに三日間さらされた。釈放されたあと、報復のために共産党軍の兵舎を焼き払おうとした。ところが北風にあおられて火が民家に燃え移ってしまったのだった。呉は逮捕され、その場で銃殺された。

三竈島と沖縄

こののち、香港の新聞からは三竈島関係のニュースがしだいに消えていく。共産軍による支配がすみずみまで行きわたり、都合の悪い人たちは殺されるか逃亡するかして、島の状況がそれなりに落ち着き、もはやニュースになるような出来事が起こらなくなったのだろう。

反共分子とみなされた人々にたいする徹底的な弾圧は、そのころ中国全土で繰り広げられており、三竈島だけの特別なものではない。ただし三竈島の場合は、島を封鎖し、飛行場を中心とする軍事施設のために住民を使役し、危険とみなされた住民を大量に殺害した。これはまさに、かつて日本軍が行っていたことと同じだ。一九五一年十二月二十七日付の『香港工商日報』は島の状況を、「日本軍が占領していたときよりもさらに残酷である」とさえ述べる。

三竈島は、珠江河口の海上という軍事上の要地にあったことが災いし、日本軍による占領以降、国民党軍、共産党軍と支配者を替えながらも、長きにわたって住民の受難が繰りかえされることになったのである。

ここで、魏福栄さんのその後をすこし紹介しておこう。朝鮮戦争のとき三竈島の解放軍も朝鮮へ行ったが、魏さんは日本語がわかるため、そのときいっしょに行かないかと誘われた。しかし現在の奥さんともすでに知り合っていたため断った。魏さんの記憶では、一九五一年に島外への渡航が禁止され、人々は外に出ることができなかったものの、魏さんは五八年にあえて三竈島を脱出する。そのころ三竈島では食べ物はかなり豊富で、豚肉も脂身のあるものは食べないくらいだった。その直後、五九年から六一年まで飢饉となる。これはそのころ全国規模で発生した大飢饉だ。ただし、三竈島で餓死した人はいなかったという。もともと食べ物の豊富な島だったためだろう。魏さんは六〇年に香港へ移った。

翻って沖縄を考えてみると、戦争で焦土となったとはいえ、三竈島の移民は一部を除いて無事に故郷へ戻ることができた。この段階でかれらの戦争は終わったようにも見える。しかし現在、沖縄本島の土地の多くが米軍や自衛隊の軍用地のままであり、また本書執筆中の現在も名護市の辺野古《へのこ》は米軍基地の移設問題で揺れている。

沖縄は中国や台湾に近い最南端の島として、日本で唯一、住民を巻き込んだ地上戦が展開され、そして戦後も、アメリカによる統治、日本への返還などを経ながら、軍事基地に翻弄されている。沖縄と三竈島はいずれも、軍事上の要地という地理的な要因によって戦争に深く巻き込まれ、沖縄の場合、それがいつ終わるとも知れない。

日中戦争中の一九三九年から一九四五年まで、わずかな期間ではあったが、そのようなふたつの島の住民が三竈島で交錯した。

あとがき

戦後、まったくの偶然から三竈島の旧島民と沖縄の旧移民が香港で再会することになった。本文中に何度も登場した魏福栄さんが香港の裕華《ゆうか》国貨デパートで働いていたとき、平良新松さんがそこを訪れたのだった。おそらく魏さんが日本語を話したことがきっかけになったのだろうが、平良さんが聞いてみると、三竈島の第二国民学校の出身だという。魏さんは、与那城隆幸さんのところで働いていた人の子どもだった。

じつはこれ以前に、三竈島の旧島民が沖縄を訪れながらも、移民に再会できないことがあった。与那城隆幸さんのところで働いていた蔡さんという人だ。目がおおきいので移民たちから「ミンタマー（目ん玉さん）」と呼ばれ、いまは香港に住んでいる。戦前は船に乗り、海賊の手伝いもし、戦後もやはり船乗りで那覇にも来たことがあるらしい。ところが与那城さんの住所がわからないため探し当てられなかったのだった。

一九八四年一月十一日、平良新松さんの兄弟五人が、魏さんの案内で戦後はじめて三竈島を訪問しようとした。しかし中国側の入島許可が降りず、入ることができなかった。ただ、喜納安武さんがかつての小学校のまえで写したという写真には、八四年七月十三日の日付がついており、このときには島に入ることができたようだ。喜納さんによれば、戦後はじめて三竈島に行ったとき、魏さんが事前に連絡してくれており、飛行場近くの村の入り口では村人がたくさん待っていて、爆竹を鳴らして迎えてくれた。殺されるかと思っていたが、逆に大歓迎されたという。

ところが、八六年十月十五日に平良新松、城間政吉さんら一八人が香港まで行ったものの、また入ることができず、引き揚げ時に広州市内で滞在したところなどを訪ね歩いたのみだった。

一九八八年六月二十日、沖縄の那覇・南部在住者を中心に「三竈島友の会」(初代会長:平良新松、現会長:城間政吉)を結成した。きっかけになったのは糸数昌政先生だった。一九一三(大正二)年生まれのこの先生のために、興亜第一国民学校の同窓生が那覇市の料亭「寿」で古稀の祝宴を開いた。糸数先生は糸満市内の小学校教頭在職中に脳梗塞で倒れて退職。半身不随になっており、平良新松さんが先生を背負って「寿」の二階に上がった。天気がよく、暖かい日で、三十人ほどが集まった。

このあと平良さんと城間さんが相談して友の会を作ることになった。そのころ城間さんは金融機関に勤めていたが、あちこち歩いて名簿を作り、知り合いから知り合いへと芋づる式に会員が増えていった。

その後、中部や北部の在住者にも呼びかけ、二、三年ごとに会合を持って親睦を深め、一九九八年には会員四六人で三竈島も訪れた。このときもまた、友の会の同島訪問を現地の人々が歓迎してくれた。このとき与那城隆幸さんは、自分たちがかつて意図せずとも結果的に島民から奪った水田が地元に返され、青々とした稲田が広がるさまを、懐かしくもあり、すまないようならうれしいような複雑な思いで見たという。

このように、友の会の人たちは、平良兄弟を中心に何度か三竈島を訪れた。そのときまでは校舎が残り、酒造所になっていた。魏さんによれば、移民時代に平良さんの家では蔡為《さいい》さん夫妻を雇っていたが、のちに蔡為さんが亡くなったとき、平良さんが一〇万円を出して墓を作ってあげたという。一万円が一六〇香港ドルの時代で、魏さんがこの金を預かって三竈島へ持っていった。城間さんの場合、戦後はじめて行ったとき、かつて家族で住んでいた家が半分残っており、中国人のおばあさんが入っていたという。玄関を見てわかった。飛行場の東北に港があり、桟橋もあった。ただ、最後に行ったときは、三竈島にはもう昔の面影はなく、木の生え方さえも以前とは全然違ってしまっていた。

友の会の参加者は四、五十名。みなで集まって思い出話をしたり、糸数先生の「秋の野道」をうたったりした。一年に一回か、二、三年に一回集まり、そのほかに旅行費用を積み立てて八、九人で沖縄本島、離島、大島などをまわることもあった。

友の会ではまた、費用を出し合って魏福栄さんを沖縄に呼び、あちこち案内した。

現在はメンバーの高齢化にともなって会の解散が宣言されたというが、故郷を離れた異国の小さな島で苦労をともにして結ばれた絆は、いまもなお健在である。当初の目的であった島への永住を果たせず、また「銀行に預けたお金は全部パーになった」にもかかわらず「三竈島はいいところだった」「行ってよかった」と懐かしむ人が多いのは、同島がおおきな戦禍に遭わなかったからでもあろう。島の軍事的重要性が低下したことも幸いしたに違いない。「南洋はたいへんだったと思う」「沖縄にいたら死んでいたかもしれない」と移民たちは言い、我が身の幸運に感謝する。

ただ、ひとつ注意しておきたいのは、親と子どもたち、第一次移民と第二次移民のあいだで、島での生活にたいする印象がかなり違っているように見えることだ。第一次移民のなかには、帰還船で横須賀に戻った直後に五歳の子どもを栄養失調で亡くした人もあり、「こんなの思い出すからやっぱり、この話したくないんです。……私、あんまりいい気持ちしないですよ。思い出して、いろいろ思い出して。若いときからとっても苦労してきていますから。話をしとうはないですよ。……いい思い出というものはひとつもないですね」と語る。また、第一次移民の戸主として三竃島に渡った渡慶次さんは、移民のとき子どもだった人たちにたいして、「こんな話までどこまでわかるかねえ」と体験の違いを思わせることばをもらす。第一次移民、第二次移民に限らず、とりわけ戸主たちは、まったく異なる環境のなかで自分たちの暮らしを一から切り拓かねばならず、その苦労は並大抵のものではなかっただろう。

一方、現在香港に住む三竃島出身者は一世のみでも千人ほど。香港の同郷会は創設一三〇年になる。この同郷会は、村人の親睦のためのもの、また古里を忘れないためのものだ。毎年、親睦会を開き、そのときは三竃島の人もやってくる。これはマカオでも開かれている。

魏さんによれば、羅時雍さんは一九九三年に中国を旅行したとき香港と三竃島にも立ち寄った。そして知り合いを尋ねる手紙を三竃島へ送ったようだが、それが九八年に魏さんのもとに届いた。羅先生のことをまだ覚えていて台湾に手紙を出すと、折り返し電話があり、会うことができた。そのあと年に三回も四回も台湾へ会いに行き、先生の家族も喜んでいた。さらに一九九九年と二〇〇二年に、羅先生といっしょに三竃島へも行った。

二〇〇二年には、本書共著者の一人である蒲が、沖縄の移民関係者を探すため『沖縄タイムス』に文章の掲載を依頼した。その原稿が「小禄村から三灶島　軍事基地と農業開拓民」と題して、八月上旬に三回にわたって連載されると、すぐに読者から反応があった。それが喜納安武さんだ。そして十一月に沖縄ではじめての聞き取り調査をすることができた。その後、喜納さんの紹介で共著者の浦島とも知り合うことになる。二〇〇五年九月には、現地調査のためにはじめて三竃島に渡った。蒲が事前にメールで連絡をとり、中継地の珠海市で和仁と落ち合ったのだが、このときが初対面だった。調査には、広東語の通訳も兼ねて和仁の友人の香港人・張学煌《ちょうがくこう》さんが同行した。

われわれが香港の魏福栄さんを知るきっかけになったのはこの調査旅行であり、沖縄の人たちを通してではない。三竃島の万人墳に手向けられていた花輪のなかに、「香港安瀾軒三灶同郷会」と書かれているのを和仁が見つけ、それをたどったのである。羅時雍さんとの出会いも、ある種の偶然だった。本書にも登場する三竃島の自治会長・湯聘臣の娘である湯洪青さんが、羅時雍さんを香港の長洲島に案内したことがあった。このとき羅さんが吉野という日本人夫婦と出会い、話題が三竃島におよんだ。長洲島に長く暮らす吉野夫妻は、偶然にも和仁の友人だった。和仁はすぐ台北に飛び、羅時雍さんと面会を果たす。二〇〇九年のことである。羅さんは翌年に死去しており、間一髪だった。

こうして、日本側は浦島、蒲、和仁の三人に、香港側はさきに名前をあげた張さんのほか、やはり和仁の友人だった呉輝《ごき》さんを加え、香港、三竈島、マカオ、珠海市、沖縄、さらにはニューヨークなどで調査を重ねた。聞き取り調査をはじめた二〇〇二年から数えて、今年ですでに一五年が経過することになる。

調査の過程で、旧島民から興味深い一言を聞いた。「誰が王様になってもおなじなので、殺し焼くということをしなければ、日本が勝っていた」というのだ。これは、日本による中国支配を容認するものと受け取られかねない発言で、現在の中国では真っ向から批判されるだろう。だがかつての中国では、政府がきめ細かい行政サービスを提供していたわけでもなく、人々は、結局は自力で生きていた。このことばは、そのような庶民の本音に違いない。つまり、自分の生活が脅かされなければそれでよい。ところが日本軍の侵略は、そのようなささやかな生活さえも破壊するものだった。これでは到底、庶民を日本側に引きつけることはできなかっただろう。

長い調査のなかで、日本側では故喜納安武さんと城間政吉さん、中国側では魏福栄さんにとりわけたいへんお世話になった。あらためてお礼を申し上げたい。なお、魏福栄さんはかなりの高齢となるがまだお元気で、われわれが香港へ行くたびに、日本の古い歌謡曲を唱って聞かせようとする。

本書の執筆は、蒲(「はじめに」、第一～第三、第七～第八章、「あとがき」)、浦島・蒲(第四、第五章)、和仁(第六章)で分担し、このうち第四、第五章は『出稼ぎと移民Ⅲ』(名護市役所、二〇〇八年）に収められた浦島の旧稿を多く利用している。

また本書出版にあたっては、現代書館の菊地泰博、原島康晴の両氏に大変お世話になり、出版用の原稿をまとめることができた。あらためてお礼を申し上げたい。

主要参考文献

日本軍関係

江口圭一『十五年戦争小史』青木書店、一九九一年
笠原十九司『海軍の日中戦争――アジア太平洋戦争への自滅のシナリオ』平凡社、二〇一五年
防衛庁防衛研究所戦史室編『戦史叢書　中国方面海軍作戦〈1〉』朝雲新聞社、一九七四年
防衛庁防衛研究所戦史室編『戦史叢書　中国方面海軍作戦〈2〉』朝雲新聞社、一九七五年
防衛庁防衛研究所戦史室編『香港・長沙作戦』朝雲新聞社、一九七一年
永石正孝『海軍航空隊年誌』出版共同社、一九六一年
中山雅洋『中国的天空――沈黙の航空戦史』（上下）大日本絵画、二〇〇七年
福田茂夫『第二次大戦の米軍事戦略』中央公論社、一九七九年
鈴木隆史『日本帝国主義と満州　1900―1945』（上下）塙書房、二〇〇八年
香港海軍会実行委員会編『香港海軍の年譜』香港海軍会、一九八九年
津村敏行『戦記　南海封鎖』海洋文化社、一九四一年
甘志遠著・蒲豊彦編『南海の軍閥 甘志遠――日中戦争下の香港・マカオ』凱風社、二〇〇〇年
『三灶島特報』（以下、出版元などを明示しないものは、防衛研究所戦史研究センターおよびアジア歴史資料センターの史料である）
「支那事変作戦調C1　南支方面作戦（其の1）　自昭和12年7月7日至昭和13年1月31日」
「支那事変作戦調C2　南支方面作戦（其の2）　自昭和13年2月1日至昭和13年11月30日」
「主要作戦研究26　三竈島占拠作戦」
第五水雷戦隊「三竈島防備に関する意見」

「海軍根拠地三竈島に外国海軍汽艇を接近せしめたる件」
「三竈島小学校開設補助申請書」
「三竈島小学校開設計画概要書」
「三竈島開拓者組合規約」
「機密第六航空基地部隊日令第六号（昭和十三年十月十一日）」
「三竈島在住支那人保健防疫規定」『第三聯合航空隊司令部事変日誌（其ノ六）』
「第六航空基地所在部隊支那語講習実施要領」『第三聯合航空隊司令部事変日誌（其ノ六）』
中国戦区日本海軍広東地区連絡部『戢戦善後処理要報』（山田信男『広東海軍武官府の終焉――附・東亜同文書院の「大旅行」』交通新聞社、二〇〇三年）
『海軍航空基地資料』第四、一九四三年
『戦闘詳報綴　軍艦加賀』
「中国陸軍各地区受降主官、地点日本軍責任者及部隊等一覧表」
「中国境内日本居留民集中管理辦法」『極秘　参考電文及命令綴（渉外医院関係）波集団司令部（1）』
『昭和20・10　広東地区善後処理要報』〈第4・集中地集結後の状況／14・中国側の管理給養及保護等に関する事項（別冊第3）〉
『大井篤日記（5）（8）』
『羅時雍手稿』私家版
森島守人『真珠湾・リスボン・東京――続一外交官の回想』岩波書店、一九五〇年
鮫島盛隆『香港回想記――占領下の教会に召されて』創元社、一九七〇年
岩井英一『回想の上海』「回想の上海」出版委員会、一九八三年
落合松枝『道程』私家本、二〇〇四年
山本武利編『第2次世界大戦期日本の謀報機関分析』（全八巻）柏書房、二〇〇〇年
白井明雄「栗林将軍は如何にして『洞窟戦法』を創案したか」『軍事史学』通巻一一七号、一九九四年

森岡利春編『歩兵第百八聯隊史――大阪・兵庫・愛知を主とする郷土部隊』歩兵第108連隊史発刊委員会、一九七六年
「森岡利春回想録」

沖縄関係

『角川日本地名大辞典　47　沖縄県』角川書店、一九八六年
沖縄県教育委員会編『沖縄県史』「通史」「移民」、沖縄県教育委員会、一九七四年
名護市史編さん委員会編『出稼ぎと移民Ⅲ』名護市役所、二〇〇八年
那覇市企画部市史編集室編『那覇市史』「通史篇」第二巻、那覇市、一九七四年
大里村史編纂委員会編『大里村史』大里村史編纂委員会、一九五九年
比嘉準栄編『海外移民の手引』琉球政府社会局移民課、一九五三年
城間盛輝『越えてきた道』私家版

その他

福大公司企画課編『広東省のタングステン鉱』福大公司企画課
福大公司企画課編『三竈島概説』福大公司企画課、一九三九年
山本常雄『阿片と大砲――陸軍昭和通商の七年』ＰＭＣ出版、一九八五年
浅井計彌『遥かなる旅路――ニーハオ！金太』中日新聞出版局、一九九六年
木村園江『花と星と海と――四ヶ所ヨシの歳月』芙蓉会、一九九六年
朱徳蘭編『台湾慰安婦関係資料集』第二巻、不二出版、二〇〇一年
朱徳蘭『台湾総督府と慰安婦』明石書店、二〇〇五年
長谷川伸『生きている小説』光文社、一九五八年。（一九九〇年より中公文庫）
上福岡市教育委員会・上福岡市史編纂委員会編『上福岡市史』「通史編」下巻、上福岡市、二〇〇〇年

中国

同書編纂委員会編『広東百科全書』中国大百科全書出版社、一九九五年
同書編纂委員会編『広東省近古地名詞典』上海辞書出版社、一九九一年
『広東文史資料』第五〇輯、一九八七年
国家文物局主編『中国文物地図集　広東分冊』広東省地図出版社、一九八九年
盧権主編『広東革命史辞典』広東人民出版社、一九九三年
同書編纂委員会編『広東人民武装闘争史』第三巻、広東人民出版社、一九九四年
『香山県志』一八二七年
『珠海市志』珠海出版社、二〇〇一年
蘇小東『中華民国海軍史事日誌』九洲図書出版社、一九九九年
黎一楽編著『中山抗戦初期史料考述』（中山文史第四七輯）政協広東省中山市委員会中山文史編輯部、二〇〇〇年
「抗戦史料」『中山文献』創刊号、一九四七年六月
徐統興集稿『三竈島血難史』一九六六年
カップチョイ・ロバート『日軍侵略三竈島暴行』
莫嘉度『従広州透視戦争』上海社会科学院出版社、二〇〇〇年
伝玉蘭編『抗戦時期的澳門』マカオ政府文化局澳門博物館出版、二〇〇一年
「安瀾軒創立小啓」
蔡佩玲主編『口述歴史：抗日戦争時期的澳門』澳門東亜大学公開学院同学会・澳門歴史学会・録像空間、二〇〇五年
冷夏『何鴻栄伝』明報出版社、一九九八年
和仁廉夫『歳月無声』花千樹出版、二〇一三年

黄金河『文化三竃』国戯劇出版社、二〇〇五年
『風雨歴程　邁歩騰飛』三竃海澄小学、二〇〇四年
夏衍『走険記』『夏衍選集』第三巻、四川文芸出版社、一九八八年
羅時雍『迎二〇〇一年第一個春節香港行記』私家本、二〇〇一年

新聞、雑誌等

『東京朝日新聞』
『大阪朝日新聞』
『大阪毎日新聞』
『沖縄日報』
『琉球新報』
具志川市史編さん室編『具志川市史編集資料』〈12　移民・出稼ぎ関係新聞記事集成—アジア・太平洋地域—〉具志川市教育委員会、二〇〇二年
『週刊金曜日』二八七号、一九九九年九月
『中山日報』
『大公報』
『申報』（香港版）
『香港華字日報』
『香港工商日報』
『天光報』
『良友』

三竈島関連年表

一九三七年　七月　盧溝橋事件を機に日中戦争が本格化。
　　　　　　八月　北京占領。
　　　　　十二月　南京占領。三竈島第一次占領。
一九三八年　二月　三竈島第二次占領。
　　　　　　四月　ゲリラ隊の襲撃。島内掃討と住民虐殺。
　　　　　　六月　航空機の進出開始。ゲリラ隊の第二次襲撃。
　　　　　　九月　第六航空基地ほぼ完成。
　　　　　　十月　広州占領。
一九三九年　五月　沖縄で三竈島移民の議論開始。
　　　　　　九月　第一次移民先発隊五〇名到着。
一九四〇年　五月　第一次移民家族四六戸計二四八名到着。
一九四一年　？月　第二次移民の戸主四五名到着。
　　　　　十二月　太平洋戦争始まる。香港占領。
一九四二年　六月　ミッドウェー海戦を機に日米両軍の形勢が逆転。
一九四三年　五月　アッツ島の守備隊が玉砕。

一九四四年　十月　第二次移民の家族、大人八九名、子ども一四二名到着。
一九四五年　　米軍による日本本土空襲が本格化する。
　　八月　敗戦。日本兵と移民は広州の収容所へ。
一九四六年　四月　沖縄移民、引揚船で浦賀に到着。
　　六月　国民党と共産党のあいだで内戦が始まる。
一九四九年　七月　三竈島に珠江口守備指揮部が設置される。
　　十月　中華人民共和国建国。共産党軍が広州を占領。
　　十一月　共産党軍が三竈島に上陸。
　　十二月　中華民国政府が首都を台湾に移す。
一九五〇年　六月　朝鮮戦争始まる。
　　八月　反革命鎮圧運動始まる。
一九五一年　一月　三竈島の抗日ゲリラや日本の統治に関係した住民が粛清されはじめる。
一九五四年　　三竈島の状況が安定した模様。

蒲豊彦（かば・とよひこ）
一九五七年、岐阜県生まれ。大学教員。専門は近現代中国農村史。編著に『出路――ある中国農村青年の日記』（現代書館）など。

浦島悦子（うらしま・えつこ）
一九四八年、鹿児島県生まれ。沖縄在住。ライター。名護市史編纂調査・執筆に携わる。著書に『みるく世や　やがて』（インパクト出版会）など。

和仁廉夫（わに・ゆきお）
一九五六年、東京都生まれ。ジャーナリスト。著書に『歳月無聲――一個日本人追尋香港日占史跡』（香港・花千樹出版）など。

三竈島《さんそうとう》事件
――日中戦争下の虐殺と沖縄移民

二〇一八年九月二十日　第一版第一刷発行

編著者　蒲　豊彦
著　者　蒲　豊彦・浦島悦子・和仁廉夫
発行者　菊地泰博
発行所　株式会社現代書館
東京都千代田区飯田橋三―二―五
郵便番号102-0072
電　話03（3221）1321
FAX03（3262）5906
振　替00120-3-83725

編　集　原島康晴
組　版　エディマン
地図制作　曽根田栄夫
印刷所　平河工業社（本文）
東光印刷所（カバー）
製本所　積信堂
装　丁　大森裕二

 ISBN978-4-7684-5839-6

http://www.gendaishokan.co.jp/

現代書館

西崎雅夫 編著
関東大震災朝鮮人虐殺の記録
――東京地区別1100の証言

一九二三年九月、戒厳令下の東京の空の下で「朝鮮人暴動」の流言が飛び、信じられない虐待・虐殺事件がごく普通の人々によって起こされていた。本書には体験した人しか語られない「具体性」がある。有名人や市井の人の体験談や目撃談を集めた。　9000円＋税

孫崎享・鈴木邦男 著
いま語らねばならない戦前史の真相

戦前史から読み解く日本論。幕末の黒船来航から昭和二〇年の敗戦まで、日本人は何を考えてきたのか？　幕末のテロリズムが日本を救った？　薩長は今の政党よりマシ？　真珠湾攻撃に宣戦布告は不要だった！　等、スリリングな昭和史討論。　1600円＋税

山田邦紀 著
軍が警察に勝った日
――昭和八年　ゴー・ストップ事件

昭和八年、信号無視の陸軍兵士を警官が注意、些細な口論が死者まで出す巨大権力闘争に発展。戦争は軍人の怒声ではなく正論の沈黙で始まった！〈もの言わぬ忖度大国・日本〉への戦前史からのメッセージ。　中島岳志氏・毎日新聞書評絶賛！　2200円＋税

保阪正康・鈴木邦男 著
昭和維新史との対話
――検証　五・一五事件から三島事件まで

テロ事件から読み解く日本現代史。血盟団事件や2・26事件等の当事者を取材した保阪正康と鈴木邦男の徹底討論。戦前、日本人は何のため国家を改造しようとしたのか？　青年将校や愛国者の心理から日本の希望と課題を浮き彫りにする。　1800円＋税

米倉史隆 著
子ども兵を知っていますか？
――アフリカの小さな町から平和について考える

日本人フォトジャーナリストがアフリカで出会った少年兵の真実。子どもを強制徴用し、無理やり戦闘に投入する蛮行がいまも続くアフリカの実態とは？　犠牲になる子どもたちの叫びを現地取材で詳らかにする。写真多数。　2000円＋税

高橋真樹 著
ぼくの村は壁で囲まれた
――パレスチナに生きる子どもたち

七〇〇キロの壁と、イスラエルからの激しい空爆。何世代にもわたって、故郷に帰れないパレスチナ難民。ホロコースト犠牲者の国が何故迫害するのか。日本人には分かりにくい問題を、子供の目線で書いた、写真・地図・注釈多数の本物の入門書。　1500円＋税

定価は二〇一八年九月一日現在のものです。